I0050429

La transition démographique de l'Afrique

La transition démographique de l'Afrique

dividende ou catastrophe ?

**David Canning, Sangeeta Raja et
Abdo S. Yazbeck,
éditeurs**

Ouvrage publié conjointement par l'Agence Française de Développement
et la Banque mondiale

© 2016 Banque internationale pour la reconstruction et le développement / La Banque mondiale
1818 H Street NW
Washington, DC 20433
Téléphone : 202–473–1000 ; Site internet : www.worldbank.org

Certains droits réservés

1 2 3 4 19 18 17 16

Cet ouvrage a été publié sous sa forme originale en anglais sous le titre de *Africa's Demographic Transition: Dividend or Disaster?* en 2015. En cas de contradictions, la langue originelle prévaudra.

Cet ouvrage a été rédigé par les services de la Banque mondiale avec la contribution de collaborateurs extérieurs. Les observations, interprétations et opinions qui y sont exprimées ne reflètent pas nécessairement les vues de la Banque mondiale, de son Conseil des Administrateurs ou des pays que ceux-ci représentent. La Banque mondiale ne garantit pas l'exactitude des données citées dans cet ouvrage. Les frontières, les couleurs, les dénominations et toute autre information figurant sur les cartes du présent ouvrage n'impliquent de la part de la Banque mondiale aucun jugement quant au statut juridique d'un territoire quelconque et ne signifient nullement que l'institution reconnaît ou accepte ces frontières.

Rien de ce qui figure dans le présent ouvrage ne constitue ni ne peut être considéré comme une limitation des privilèges et immunités de la Banque mondiale, ni comme une renonciation à ces privilèges et immunités, qui sont expressément réservés.

Droits et autorisations

L'utilisation de cet ouvrage est soumise aux conditions de la licence Creative Commons Attribution 3.0 IGO (CC BY 3.0 IGO) http://creativecommons.org/licenses/by/3.0/igo/. Conformément aux termes de la licence Creative Commons Attribution (paternité), il est possible de copier, distribuer, transmettre et adapter le contenu de l'ouvrage, notamment à des fins commerciales, sous réserve du respect des conditions suivantes :

Mention de la source — L'ouvrage doit être cité de la manière suivante : Canning, David, Sangeeta Raja et Abdo S. Yazbeck, éds. 2016. « La transition démographique de l'Afrique : dividende ou catastrophe ? » Collection L'Afrique en développement. Washington, DC : Banque mondiale. DOI : 10.1596/978-1-4648-0821-0. Licence : Creative Commons Attribution CC BY 3.0 IGO

Traductions — Si une traduction de cet ouvrage est produite, veuillez ajouter à la mention de la source de l'ouvrage le déni de responsabilité suivant : *Cette traduction n'a pas été réalisée par la Banque mondiale et ne doit pas être considérée comme une traduction officielle de cette dernière. La Banque mondiale ne saurait être tenue responsable du contenu de la traduction ni des erreurs qu'elle pourrait contenir.*

Adaptations — Si une adaptation de cet ouvrage est produite, veuillez ajouter à la mention de la source le déni de responsabilité suivant : *Cet ouvrage est une adaptation d'une œuvre originale de la Banque mondiale. Les idées et opinions exprimées dans cette adaptation n'engagent que l'auteur ou les auteurs de l'adaptation et ne sont pas validées par la Banque mondiale.*

Contenu tiers — La Banque mondiale n'est pas nécessairement propriétaire de chaque composante du contenu de cet ouvrage. Elle ne garantit donc pas que l'utilisation d'une composante ou d'une partie quelconque du contenu de l'ouvrage ne porte pas atteinte aux droits des tierces parties concernées. L'utilisateur du contenu assume seul le risque de réclamations ou de plaintes pour violation desdits droits. Pour réutiliser une composante de cet ouvrage, il vous appartient de juger si une autorisation est requise et de l'obtenir le cas échéant auprès du détenteur des droits d'auteur. Parmi les composantes, on citera, à titre d'exemple, les tableaux, les graphiques et les images.

Toute question relative aux droits et licences doit être adressée à World Bank Publications, The World Bank, 1818 H Street, NW Washington, DC, 20433, USA ; télécopie : 202–522–2625 ; courriel : pubrights@worldbank.org.

ISBN (imprimé) : 978-1-4648-0821-0
ISBN (digital) : 978-1-4648-0823-4
DOI : 10.1596/978-1-4648-0821-0

Photo de couverture : © Sarah Farhat/Banque mondiale. Autorisation nécessaire pour toute autre utilisation.
Maquette de couverture : Debra Naylor, Naylor Design Inc.

Collection L'Afrique en développement

Créée en 2009, la collection « L'Afrique en développement » s'intéresse aux grands enjeux sociaux et économiques du développement en Afrique subsaharienne. Chacun de ses numéros dresse l'état des lieux d'une problématique et contribue à alimenter la réflexion liée à l'élaboration des politiques locales, régionales et mondiales. Décideurs, chercheurs et étudiants y trouveront les résultats des travaux de recherche les plus récents, mettant en évidence les difficultés et les opportunités de développement du continent.

Cette collection est dirigée par l'Agence Française de Développement et la Banque mondiale. Pluridisciplinaires, les manuscrits sélectionnés émanent des travaux de recherche et des activités de terrain des deux institutions. Ils sont choisis pour leur pertinence au regard de l'actualité du développement. En travaillant ensemble sur cette collection, l'Agence Française de Développement et la Banque mondiale entendent renouveler les façons d'analyser et de comprendre le développement de l'Afrique subsaharienne.

Membres du comité consultatif

Agence Française de Développement
Jean-Yves Grosclaude, directeur de la stratégie
Alain Henry, directeur de la recherche
Guillaume de Saint Phalle, responsable de la division gestion et diffusion des connaissances
Cyrille Bellier, responsable de la division recherches et développement

Banque mondiale
Francisco H. G. Ferreira, économiste en chef, région Afrique
Richard Damania, économiste principal, région Afrique
Stephen McGroarty, directeur éditorial, division des publications et connaissances
Carlos Rossel, éditeur

Afrique subsaharienne

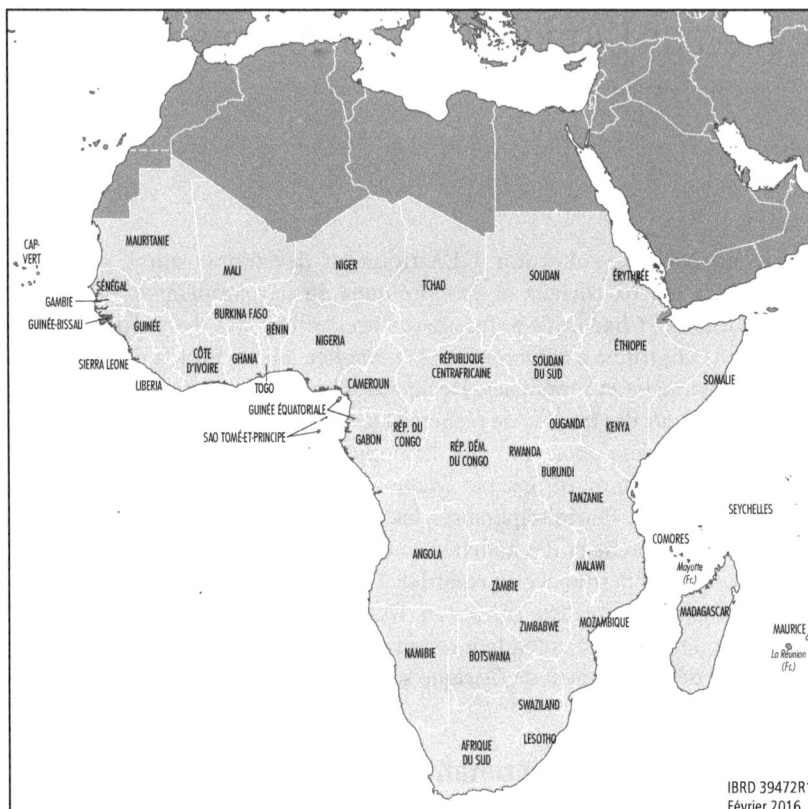

CAP-VERT

MAURITANIE

MALI

NIGER

TCHAD

SOUDAN

ÉRYTHRÉE

SÉNÉGAL

GAMBIE

GUINÉE-BISSAU

GUINÉE

BURKINA FASO

BÉNIN

NIGERIA

CÔTE D'IVOIRE

GHANA

SIERRA LEONE

LIBERIA

TOGO

CAMEROUN

RÉPUBLIQUE CENTRAFRICAINE

SOUDAN DU SUD

ÉTHIOPIE

SOMALIE

GUINÉE ÉQUATORIALE

SAO TOMÉ-ET-PRINCIPE

GABON

RÉP. DU CONGO

RÉP. DÉM. DU CONGO

RWANDA

BURUNDI

OUGANDA

KENYA

TANZANIE

SEYCHELLES

COMORES

Mayotte (Fr.)

ANGOLA

MALAWI

ZAMBIE

ZIMBABWE

MOZAMBIQUE

MADAGASCAR

MAURICE

La Réunion (Fr.)

NAMIBIE

BOTSWANA

SWAZILAND

AFRIQUE DU SUD

LESOTHO

IBRD 39472R1
Février 2016

Titres de la collection
L'Afrique en développement

* *Africa's Infrastructure: A Time for Transformation* (2010), Vivien Foster et Cecilia Briceño-Garmendia (éds.)

* *Gender Disparities in Africa's Labor Market* (2010), Jorge Saba Arbache, Alexandre Kolev et Ewa Filipiak (éds).

* *Challenges for African Agriculture* (2010), Jean-Claude Deveze (éd.)

* *Contemporary Migration to South Africa: A Regional Development Issue* (2011), Aurelia Segatti et Loren Landau (éds.)

L'industrie légère en Afrique : Politiques ciblées pour susciter l'investissement privé et créer des emplois (2012), Hinh T. Dinh, Vincent Palmade, Vandana Chandra et Frances Cossar

Les entreprises informelles de l'Afrique de l'ouest francophone : Taille, productivité et institutions (2012), Nancy Benjamin et Ahmadou Aly Mbaye

Financer les villes d'Afrique : L'enjeu de l'investissement local (2012), Thierry Paulais

Transformations rurales et développement : Les défis du changement structurel dans un monde globalisé (2012), Bruno Losch, Sandrine Fréguin-Gresh et Eric Thomas White

* *The Political Economy of Decentralization in Sub-Saharan Africa: A New Implementation Model* (2013), Bernard Dafflon et Thierry Madiès (éds.)

* *Empowering Women: Legal Rights and Economic Opportunities in Africa* (2013), Mary Hallward-Driemeier et Tazeen Hasan

* *Enterprising Women: Expanding Economic Opportunities in Africa* (2013), Mary Hallward-Driemeier

* *Urban Labor Markets in Sub-Saharan Africa* (2013), Philippe De Vreyer et François Roubaud (éds.)

* *Securing Africa's Land for Shared Prosperity: A Program to Scale Up Reforms and Investments* (2013), Frank F. K. Byamugisha

L'emploi des jeunes en Afrique subsaharienne (2014), Deon Filmer et Louis Fox

* *Tourism in Africa: Harnessing Tourism for Growth and Improved Livelihoods* (2014), Iain Christie, Eneida Fernandes, Hannah Messerli et Louise Twining-Ward

Les filets sociaux en Afrique : Méthodes efficaces pour cibler les populations pauvres et vulnérables en Afrique (2015), Carlo del Ninno et Bradford Mills (éds.)

Le système d'approvisionnement en terres dans les villes d'Afrique de l'Ouest : L'exemple de Bamako (2015), Alain Durand-Lasserve, Maÿlis Durand- Lasserve et Harris Selod

* *Enhancing the Climate Resilience of Africa's Infrastructure: The Power and Water Sectors* (2015), edited by Raffaello Cervigni, Rikard Liden, James E. Neumann, et Kenneth M. Strzepek (éds.)

* Uniquement disponibles en anglais

Tous les ouvrages de la collection « L'Afrique en développement » sont accessibles gratuitement sur : http://librairie.afd.fr/filtres/?terms=215 et https://openknowledge.worldbank.org/handle/10986/2150

Sommaire

Cartes

Encadrés

Graphiques

Tableaux

Avant-propos

« La démographie, c'est le destin ». Voilà un message qui est à la fois important et inexact. Il y a peu de doute sur le fait que les évolutions démographiques peuvent avoir un profond impact sur la pauvreté, la croissance économique, la santé, la fragilité et le développement humain – et cela en fait un sujet d'une extrême importance. Pour autant, la nature même des changements démographiques n'est pas immuable. La leçon la plus importante à tirer de cet ouvrage est que le bon choix de politiques peut aider les pays à tirer profit des retombées positives des évolutions démographiques en termes de développement global.

Ce rapport présente une série d'actions politiques à mettre en œuvre lors des différents stades de la transition démographique. Des expériences au niveau régional et mondial sont mises à contribution pour fournir des éléments factuels sur ce qui marche et ne marche pas. Les différents pays ont tout un ensemble de mesures à leur disposition pour accélérer la transition, améliorer les investissements dans les nouvelles cohortes de jeunes, élargir les marchés du travail et promouvoir l'épargne.

Bien que cette étude s'intéresse aux leçons d'Asie de l'Est, d'Amérique latine et du Moyen-Orient, l'Afrique subsaharienne présente actuellement deux caractéristiques démographiques singulières. Il s'agit en effet de la seule région du monde qui en est encore à un stade très précoce de la transition démographique. De ce fait, elle peut s'inspirer des autres régions qui sont passées par le même chemin pour s'assurer que les évolutions démographiques ouvrent la voie à une prospérité plus profonde et plus durable. Comme le souligne cet ouvrage, cela n'est ni facile ni automatique. Pour réussir dans cette voie, il faut mettre en œuvre des actions politiques dans différents domaines. Celles-ci devront être axées sur les résultats, coordonnées dans le temps et adaptées aux différents stades de la transition démographique.

La deuxième caractéristique démographique singulière de la région est son caractère hétérogène. Même si un petit nombre de pays sont déjà bien avancés dans la transition, et ont des taux de fécondité qui sont en dessous du taux de renouvellement des générations, beaucoup d'autres affichent des retards surprenants dans la transition ces dix dernières années. Certains pays avancent très lentement dans la transition naturelle et ont toujours des taux de fécondité très élevés. Ces grandes disparités plaident pour des politiques différenciées qui ciblent différents secteurs et processus. Elles font également valoir l'apprentissage entre pays et le partage de connaissances.

L'Afrique subsaharienne a connu une croissance et un développement économique impressionnants et soutenus. Une partie de cette croissance est alimentée par l'exploitation des ressources naturelles et des politiques d'ouverture des marchés et d'attractivité aux investissements. La transition démographique – et tout particulièrement le rythme à laquelle elle a lieu et les politiques de développement humain et économique qui l'accompagnent – est en mesure de stimuler une seconde vague de croissance économique. Cette deuxième vague sera basée cette fois sur des cohortes de jeunes en meilleure santé et mieux éduqués, lesquels arrivent sur des marchés du travail en pleine expansion et contribuent à l'amélioration des marchés financiers.

Pour exploiter le dividende démographique, il faut, avant toute chose, autonomiser les femmes et les jeunes filles en améliorant leur niveau de santé, d'éducation et de compétences, et en leur donnant plus de pouvoir au niveau social, économique et familial. Le support de politiques publiques proactives pourrait permettre de réaliser le plein potentiel du dividende démographique de l'Afrique subsaharienne.

Makhtar Diop
Vice-Président, Région Afrique
Banque mondiale

Crédits et remerciements

Le présent volume fait partie du programme d'études régionales pour l'Afrique, une initiative de la Vice-présidence de la région Afrique à la Banque mondiale. La présente série d'études vise à combiner des niveaux élevés de rigueur analytique et de pertinence politique, et à les appliquer à divers sujets importants pour le développement économique et social de l'Afrique subsaharienne. Le contrôle qualité et la supervision ont été assurés par le Bureau de l'économiste en chef pour la région Afrique.

Le présent rapport a été préparé par une équipe dirigée par Sangeeta Raja, mais aussi David Canning, Elina Pradhan et Abdo Yazbeck. Les autres membres de l'équipe de base de la Banque mondiale sont : Anne Bakilana, Yoonyoung Cho, David Locke Newhouse, Jonas Ingemann Parby, David Robalino, Michael Weber et Roland White. Les membres de l'équipe venant d'autres organisation incluent : Reiner Kingholz, Ruth Müller et Franziska Woellert (Berlin-Institut für Bevölkerung und Entwicklung) ; Parfait Eloundou-Enyegue (Cornell University) ; Jocelyn Finlay, Mahesh Karra et Akshar Saxena (Harvard University) ; Donald Hicks et Neelima Ramaraju (LLamasoft) ; Peter Glick et Sebastain Linnemayr (RAND) ; ainsi que Jean-Pierre Guengant, Supriya Madhavan, John May, Charles Simkins, Bienvenue Tien, Joshua Wilde et Claudia Wolfe. Ces experts ont aidé à préparer documents de référence sur lesquels l'ensemble de cette publication s'est appuyée. Carolyn Makumi et Yvette Atkins ont assuré un soutien supplémentaire aux activités de recherche. L'équipe a bénéficié du soutien sans faille de Deon Filmer et David Evans.

L'équipe remercie Ritva Reinikka, directrice du éveloppement humain pour l'Afrique et Shantayanan Devarajan, économiste en chef pour l'Afrique pour leurs contributions en termes d'orientation générale cours de la première phase du travail, pour leur orientation stratégique. L'équipe remercie également Trina Haque, gestionnaire de la Pratique mondiale Santé, nutrition et population pour la region Afrique, et Olusoji Adeyi, directeur de la Pratique mondiale Santé, de la nutrition et de la population pour leur soutien continu tout au long du processus. L'équipe tient aussi à remercier l'économiste en chef pour l'Afrique,

H. G. Ferreira, pour son soutien pendant les phases finales de la préparation de l'ouvrage. L'équipe a grandement bénéficié de l'appui de Kavita Watsa et de Kristina Ifeoma Nwazota en termes de communication. Plusieurs membres du personnel de la Banque mondiale, ainsi que des décideurs politiques, des universitaires et d'autres parties prenantes ont formulé des observations à divers stades de l'élaboration du présent rapport. Wolfgang Fengler, Markus Goldstein, Michele Gragnolati (Banque mondiale) et Ron Lee (Berkeley University) ont formulé des observations particulièrement pertinentes. L'équipe assume la responsabilité de toute erreur ou omission.

L'équipe tient à souligner le soutien généreux fourni pour la préparation de ce rapport par le Gouvernement des Pays-Bas par le biais du BNPP Trust Fund, la Fondation Hewlett et le Bureau de l'économiste en chef du Vice-président de la Région (AFRCE).

La conception, l'édition, la production et la distribution du livre ont été coordonnées par Stephen McGroarty, Abdia Mohamed, Nora Ridolfi et Janice Tuten de la D division des publications et connaissances de la Banque mondiale. Un remerciement particulier à Elizabeth Forsyth pour avoir édité l'ouvrage et à Bruce Ross-Larson pour son soutien éditorial sur le chapitre de présentation. La traduction française de l'ouvrage fournie par la Banque mondiale a été révisée par Renaud d'Avout d'Auerstaedt (Dupont & Smith speciality translations) sous la supervision de Charles Sellen (AFD).

À propos des éditeurs et contributeurs

Éditeurs

David Canning est professeur Richard Saltonstall des sciences de la population et professeur des sciences économiques et de santé internationale au département de la santé publique et de la population à la Harvard Chan School of Public Health. Il est titulaire d'un doctorat en économie de l'Université de Cambridge et a occupé des postes de professeur à la London School of Economics, à l'Université de Cambridge, à l'Université de Columbia et à la Queen's University de Belfast. Il est directeur adjoint du Harvard Center for Population and Development Studies. Il a mené des recherches approfondies sur l'impact des améliorations de la santé sur les résultats économiques et a fait partie du Groupe de travail n°1 de la Commission Macroéconomie et Santé de l'Organisation mondiale de la santé. Il a également travaillé sur le dividende démographique, étudiant comment les changements dans la fécondité et la structure par âge affectent les performances macroéconomiques.

Sangeeta Raja est une spécialiste principal de la santé publique à la Banque mondiale. Elle a plus de quinze ans d'expérience professionnelle en santé de la reproduction en Afrique et a été membre fondateur de la Reproductive Health Supplies Coalition d'une maîtrise en santé publique de la Boston University. Elle est titulaire d'une maîtrise en santé publique de la Boston University. Mme Raja a dirigé le groupe de travail de l'étude sur le dividende démographique. Elle gère également plusieurs opérations de prêt en Afrique. Avant de rejoindre la Banque mondiale, elle a travaillé pour John Snow Inc. et UNICEF à la fois au siège et sur le terrain.

Abdo Yazbeck est gestionnaire de la pratique santé, nutrition et population pour l'Afrique de l'Est et l'Afrique australe et économiste de santé principal. Il est titulaire d'un doctorat en économie avec une expertise santé et travail. Le dernier poste qu'il ait occupé est celui de gestionnaire du Département du développement humain pour la région Europe et Asie centrale. Avant cela, il a été le directeur de programme de l'équipe Santé et SIDA de l'Institut de la Banque mondiale pendant cinq ans. Avant cela, il a travaillé pendant sept ans comme économiste de santé principal a pour l'Asie du Sud, pilotant le soutien à des programmes de santé au Bangladesh, en Inde, aux Maldives et au Sri Lanka. Abdo a également travaillé comme économiste de santé principal dans le secteur privé avec une orientation Afrique, Moyen-Orient et ancienne Union soviétique après avoir fait partie de l'équipe du *Rapport sur le développement dans le monde 1993 : Investir dans la santé* Il a aussi enseigné l'économie à la Rice University et à la Texas A&M University. Il est l'auteur et/ou édité six autres ouvrages dont *Better Health Systems for India's Poor, Learning from Economic Downturns, Reaching the Poor with HNP Services* et *Attacking Inequality in the Health Sector.*

Contributeurs

Anne Bakilana est économiste de santé principal à la Banque mondiale, avec une expertise en travaux d'analyse et en gestion des projets du secteur de la santé en Europe et en Asie centrale et dans la région Afrique. Avant de rejoindre la Banque mondiale, elle a travaillé comme enseignant-chercheur principal à la School of Economics de l'University of Cape Town. Elle est titulaire d'une licence en économie de l'University College London et d'une maîtrise et d'un doctorat en démographie de la London School of Economics.

Yoonyoung (Yoon) Cho est un économiste du travail dans la Pratique mondiale de Protection sociale et travail de la Banque mondiale. Yoon travaille sur des sujets liés au marché du travail, et notamment les compétences, l'esprit d'entreprise, l'activation et l'obtention de diplômes, la migration et l'intermédiation sur le marché du travail, en se focalisant tout particulièrement sur les personnes pauvres et vulnérables. Elle a travaillé au Moyen-Orient et en Afrique du Nord, en Asie, en Afrique subsaharienne, en Europe et en Asie centrale. Plus récemment, elle s'est intéressée à des questions liées à la conception et la mise en œuvre des programmes de travail et de filets sociaux de sécurité en Albanie, au Bangladesh et au Pakistan. Elle a publié des articles dans des revues spécialisées avec comité de lecture et est pair examinateur pour des revues académiques ainsi que produits du savoir de la Banque mondiale. Elle a obtenu un doctorat en économie de la University of Wisconsin-Madison en 2005.

Parfait M. Eloundou-Enyegue est professeur-chercheur en sociologie du développement à la Cornell University. Il est titulaire d'un doctorat de la Pennsylvania State University et a effectué des recherches postdoctorales à RAND (à Santa Monica). Une grande partie de ses recherches en démographie ont porté sur les liens d'interdépendance entre la fécondité et la scolarisation des enfants en Afrique subsaharienne mais ses travaux actuels abordent également les implications de l'évolution démographique mondiale sur les inégalités socio-économiques. Avec le soutien de la Fondation Hewlett, il coordonne un réseau de chercheurs en Afrique subsaharienne qui travaillent sur les questions liées au dividende démographique dans cette région.

Jocelyn Finlay est chercheuse au Harvard Center for Population and Development Studies. Économiste de formation, elle profite actuellement de l'environnement multidisciplinaire de la Harvard TH Chan School of Public Health. Les recherches de Jocelyn portent sur la compréhension des conséquences économiques de la santé et de l'évolution démographique en particulier dans les pays à revenu faible et intermédiaire. Ses domaines de recherche sont notamment les conséquences économiques de l'évolution démographique, les aspects économiques de la santé de la reproduction, les questions liées à la santé maternelle et infantile et les réponses économiques et sociales aux catastrophes naturelles. Jocelyn travaille sur les enquêtes démographiques et de santé et a créé une base de données sur les législation en matière de santé de la reproduction à travers le monde de 1960 à nos jours. En plus de ses travaux empiriques, Jocelyn mène des travaux d'analyse qualitative systématique, comme par exemple récemment au Burundi et au Ghana.

Peter Glick est économiste principal à la RAND Corporation et directeur du Centre pour la recherche et les politiques en développement international au sein de RAND Labor and Population. Ses recherches sur les pays en développement couvrent les domaines de la santé, de l'éducation, de l'emploi et de la pauvreté. Il a récemment étudié les comportements à risque pour la santé chez les jeunes en Cisjordanie et dans la Bande de Gaza, les impacts d'opérations de la cataracte en Éthiopie et l'emploi dans la région du Kurdistan irakien. Il a également mené des recherches approfondies sur le VIH/SIDA en Afrique, y compris des études sur l'évolution des connaissances de la prévention et des comportements et les effets de la thérapie antirétrovirale sur le bien-être économique. Il a conçu et mis en œuvre de nombreuses enquêtes auprès de ménages et de fournisseurs de service en Afrique et au Moyen-Orient.

Jean-Pierre Guengant est directeur de recherche émérite de l'Université Paris 1 Panthéon-Sorbonne. Il est titulaire d'un doctorat en économie du développement et d'une maîtrise en démographie. Il a été représentant résident de l'IRD au Niger et au Bénin, puis au Burkina Faso et en Côte d'Ivoire jusqu'en 2009. En 2011, il a occupé le poste de directeur adjoint de la Division de la population des Nations Unies à New York. Il est l'auteur de nombreuses publications, notamment sur l'Afrique subsaharienne et les Caraïbes, et il a récemment donné des conférences sur la population et le développement à Paris, à l'Assemblée parlementaire du G20, et à Bruxelles, pour l'Union européenne, ainsi que dans plusieurs capitales et villes africaines.

Mahesh Karra est doctorant en économie de la santé mondiale à la Harvard T.H. Chan School of Public Health et assistant de recherche au Harvard Center for Population and Development Studies. Ses recherches portent largement sur l'économie du développement, l'économie de la santé, l'économétrie et les méthodes quantitatives et la démographie appliquée. Ses plus récents travaux examinent plus particulièrement les aspects économiques de la fécondité et de la santé maternelle et infantile. Mahesh est titulaire d'une double licence en économie et en études hispaniques de l'Université McGill et d'une maîtrise en économie de la Graduate School of Economics de Barcelone.

Reiner Klingholz a étudié la chimie et a obtenu son doctorat en biologie moléculaire. Il a travaillé comme rédacteur scientifique et environnemental pour *Die Zeit* et le magazine *GEO* et a été rédacteur en chef du magazine scientifique *Geo-Wissen*. Depuis 2003, Reiner Klingholz est directeur de l'Institut de Berlin pour la population et le développement, un groupe de réflexion qui s'intéresse aux questions démographiques. Il a écrit plusieurs livres sur les enjeux du changement planétaire et a été chargé de cours au Stellenbosch Institute for Advanced Study en Afrique du Sud en 2013 et en 2015.

Sebastian Linnemayr est économiste à la RAND Corporation, directeur adjoint du Centre pour la recherche et les politiques en développement international (RAPID) de la RAND et professeur affilié à la Pardee RAND Graduate School. Ses recherches actuelles portent sur l'utilisation d'incitations économiques et de perspectives issues de l'économie comportementale sur l'adhésion aux traitements médicamenteux, en particulier pour les personnes vivant avec le VIH en Afrique subsaharienne. Avant de rejoindre la RAND, il a été chercheur postdoctoral à la Harvard School of Public Health. Le Dr Linnemayr dirige actuellement trois projets financés par les NIH qui enquêtent sur la façon dont l'économie comportementale peut être utilisée pour améliorer l'adhésion aux médicaments antirétroviraux (ARV) en Ouganda.

Supriya Madhavan est conseiller principal sur la mise en œuvre de la recherche au sein du Bureau de la santé mondiale à l'Agence américaine pour le développement international (USAID). Elle a plus de vingt ans d'expérience à l'international et aux États-Unis en matière de recherche et la mise en œuvre de programmes relatifs à la planification familiale et à la santé reproductive, à la santé maternelle et infantile et aux maladies infectieuses. Avant de rejoindre USAID, Supriya a travaillé avec Population Services International, la Fondation Aga Khan, le département de la santé publique de Chicago, et la University of California à San Francisco. Elle est démographe de formation et titulaire d'un doctorat de la population et de la santé de a John Hopkins University et d'une maîtrise en santé publique de Columbia University.

John F. May est un spécialiste des politiques et des programmes démographiques et professeur invité au Population Reference Bureau. Il est également professeur adjoint de démographie à Georgetown University à Washington, DC. Il a été démographe principal à la Banque mondiale pendant quinze ans. Avant de venir aux États-Unis en 1987, il a travaillé sur de nombreux projets démographiques à travers le monde le monde pour le FNUAP, UNICEF, USAID et UIESP. Il a travaillé Haïti et en Nouvelle-Calédonie pour les Nations Unies. Il a également travaillé pour Futures Group International, un cabinet de conseil américain offrant des services de modélisation et d'élaboration de politiques et de programmes en matière de démographie et de VIH/SIDA. Il est titulaire d'un doctorat en démographie de l'Université de Paris-IV (Sorbonne). Son livre intitulé *World Population Policies: Their Origin, Evolution, and Impact* (Springer, 2012) a reçu le Prix Global Media 2012 du meilleur livre sur la population par le Population Institute. En 2013, il a été élu membre associé de l'Académie royale de Belgique.

Ruth Müller a fait des études de journalisme à Hanovre, puis a obtenu une maîtrise en études est-européennes à la Free University Berlin. Au cours de ses études, elle s'est principalement intéressée aux processus de transition politique dans les États post-socialistes, aux relations internationales et à la recherche sur la communication. Elle travaille comme associée de recherche à l'Institut de Berlin pour la population et le développement depuis 2012. Dans son travail, elle cible principalement la dynamique des populations à travers le monde et leur connexion au développement socio-économique.

David Newhouse a rejoint la Pratique mondiale sur la Pauvreté de la Banque mondiale comme économiste principal en 2014 et couvre le Pakistan et le Sri Lanka. Avant cela, il était économiste du travail dans la Pratique mondiale sur la Protection sociale et travail. Il a co-dirigé les efforts de la Banque mondiale en matière de veille du marchés du travail dans les pays en développement et d'analyse de la réponse politique à la crise financière de 2008. Il est le co-auteur de trois documents de référence du *Rapport sur le développement dans le monde 2013 : Emplois*, et a conduit l'évaluation du programme d'emploi des jeunes en milieu urbain en Papouasie-Nouvelle-Guinée. Il a rejoint la Banque mondiale en 2007, et a travaillé dans le bureau de Jakarta comme directeur du groupe de travail sur le rapport sur l'emploi en Indonésie. Avant cela, il a travaillé pendant trois années comme consultant la cellule d'analyse de la pauvreté et de l'impact social du FMI, donnant des conseils stratégiques sur les subventions énergétiques et alimentaires. David est titulaire d'un doctorat en économie de Cornell University, et a publié plusieurs articles sur un large éventail de questions relatives au travail, à la santé et à l'éducation dans les pays en développement.

Jonas Ingemann Parby a été le responsable technique sur l'urbanisation et le dividende démographique et sur un document de travail spécifique sur l'urbanisation en Afrique et sa relation avec le dividende démographique. Il est spécialiste du milieu urbain au sein du Groupe de la Banque mondiale. Jonas a une expérience de dix ans en développement urbain à travers l'Afrique, l'Asie du Sud-Est et l'Amérique latine. Il est diplômé en développement international et en administration publique de l'Université de Roskilde, au Danemark. Avant de rejoindre la Banque mondiale, il a servi comme conseiller pour la DANIDA (l'agence danoise de développement international) et a travaillé dans des organisations non gouvernementales internationales et locales.

Elina Pradhan, née et élevée au Népal, est doctorante au Department of Global Health and Population de la Harvard T.H. Chan School of Public Health. Elle s'intéresse à à la modélisation, à l'évaluation et à la conception de politiques de santé des populations dans des milieux aux ressources limitées. Elle travaille sur un large éventail de projets portant sur des sujets tels que l'impact des politiques nationales d'éducation sur l'éducation des femmes et le comportement des adolescents en matière de reproduction, des politiques visant à tirer profit du dividende démographique en Afrique subsaharienne et des modèles mathématiques de l'impact d'interventions dépistage/traitements sur la santé de la population. Elle est titulaire d'un BS en ingénierie chimique du Massachusetts Institute of Technology et d'une maîtrise en santé mondiale et de la population Harvard TH Chan School of Public Health.

Neelima P. Ramaraju est directrice des applications en santé mondiale à LLamasoft, Inc., un des leaders mondiaux dans les logiciels et services de conception de chaîne d'approvisionnement. Dans l'exercice de ces fonctions, elle travaille en étroite collaboration avec des organisations partenaires publiques et privées avec sur les chaînes d'approvisionnement et sur l'utilisation de modélisation et d'analyse mathématique comme éclairage de la prise de décisions. Elle a pris part à des projets en Éthiopie, en Haïti, au Kenya, au Mozambique, en Tanzanie et ailleurs, s'investissant tout particulièrement dans la restructuration des chaînes d'approvisionnement des filière de santé publique pour améliorer la qualité du service et réduire les coûts. Elle est titulaire d'un BS en génie industriel et en ingénierie système de la Georgia Institute of Technology et d'un MBA et d'une maîtrise en génie industriel et en ingéniérie industrielle à l'University of Michigan.

David Robalino, ressortissant équatorien, a rejoint la Banque mondiale en 1999 avec le statut de Jeune professionnel. David a travaillé sur des sujets liés au marché du travail, aux compétences, à l'assurance sociale et à la politique budgétaire et a publié de nombreux ouvrages sur ces questions. Il a travaillé dans plusieurs pays d'Amérique latine, du Moyen-Orient, d'Afrique du Nord, d'Afrique subsaharienne et d'Asie. Son tout dernier ouvrage s'intitule *Social Insurance, Informality, and Labor Markets: How to Protect Workers while*

Creating New Jobs (Oxford University Press, 2014). David est aussi codirec-teur du Programme d'emploi et de développement à l'Institute for the Study of Labor (IZA). Avant de rejoindre la Banque mondiale, David était chercheur à la RAND Corporation.

Akshar Saxena est un étudiant doctorant en économie de la santé mondiale à la Harvard T.H. Chan School of Public Health. Il s'intéresse à l'économie du vieillissement, aux maladies non transmissibles et à l'offre de soins de santé primaires en Afrique, en Asie et aux États-Unis. Il travaille actuellement sur la macroéconomie du vieillissement, analysant les dynamiques entre la santé, la retraite, les pensions et les assurances. Il a travaillé pour le passé pour le ministère de la Santé à Singapour. Il est titulaire d'une licence en économie de la National University of Singapore et d'une maîtrise en politique publique de la Lee Kuan Yew School of Public Policy.

Charles Simkins a été le professeur d'économie politique Helen Suzman à l'Uni-versité de Witwatersrand à Johannesburg, en Afrique du Sud, pendant de nom-breuses années. Il s'est retiré de ce poste et travaille désormais comme consultant pour la Fondation Helen Suzman et le Centre for Development and Entreprise sur les questions de croissance en Afrique du Sud et de la promotion d'un ordre constitutionnel libéral. Il manifeste depuis longtemps un intérêt marqué pour la démographie et les domaines économiques connexes et il a récemment achevé ses travaux de prospective sur l'enseignement scolaire et universitaire.

Bienvenue N. Tien est un consultant à temps plein pour le Groupe de la Banque mondiale. Dans le passé, il a effectué des recherches sur les politiques relatives au travail, à la pauvreté, à l'éducation et au commerce, ainsi que sur le lien entre la formation du capital humain et le développement économique. Depuis qu'il a rejoint la Banque mondiale en 2012, il a travaillé dans plusieurs Pratiques mondiales : Protection sociale et travail, Éducation et Pauvreté. Ses plus récentes missions ont porté sur l'emploi des jeunes, les compétences et les inégalités de chances dans les États fragiles et sortant d'un conflit d'Afrique subsaharienne et d'Asie du Sud. Il a auparavant travaillé pour un groupe de réflexion sur l'éco-nomie basé à Washington, le DIWDC, où il a le co-auteur d'articles évalués en comité de lecture publiés en anglais et en allemand. M. Tien est titulaire d'une maîtrise en économie de l'Université de Toledo (Ohio).

Michael Weber est un économiste du Domaine de solutions transversales pour les Emplois de la Banque mondiale. Il a publié et travaillé sur l'emploi des jeunes, le secteur informel, la réglementation du travail, les politiques volontaristes de soutien du marché du travail et les régimes d'assurance sociale. M. Weber a initié et mené des projets innovants visant à explorer les interven-tions sur le comportement et les finances, les préférences et les contraintes de la jeunesse, les effets de la mise en œuvre de codes du travail, ou encore les simulations sur les effets des politiques du travail et les systèmes d'imposition et d'indemnisation dans les pays en développement. Au cours des dernières années, il a également suivi activement les tendances mondiales et régionales de l'emploi et a participé à de la recherche sur les questions relatives à la qualité des données ainsi que les indicateurs du marché du travail. Avant de rejoindre le Groupe de la Banque mondiale en 2008, M. Weber a travaillé dans une organisation de recherche appliquée regroupant les trois principales universités de Vienne. Il est titulaire d'un doctorat en économie et d'une maîtrise d'économie et de commerce.

Joshua Wilde est professeur assistant d'économie à l'University of South Florida. Ses recherches portent essentiellement sur le lien entre la démographie et la macroéconomie dans le monde en développement. La plupart de ses travaux traite des effets macroéconomiques de la baisse de la fécondité et du lien entre la santé infantile et maternelle et les choix en matière de fécondité sur la performance économique à long terme. Il est titulaire d'un doctorat en économie de la Brown University.

Franziska Woellert a étudié la géographie à l'Université de Göttingen, et tout particulièrement la coopération internationale, la migration et la gestion des ressources. Elle a effectué plusieurs stages dans des institutions travaillant dans le domaine de la coopération au développement avant de devenir membre du Centre de développement rural (SLE) à Berlin en 2007. Elle a travaillé à l'Institut de Berlin pour la population et le développement de 2008 à 2010 puis à nouveau à partir de 2013. De 2010 à 2012, elle a travaillé en Namibie dans le domaine de la gestion des ressources pour le compte de la GIZ (l'agence allemande pour la coopération internationale).

Claudia Wolff est économiste de santé principal chez Medtronic. Elle est titulaire d'un doctorat en économie de la Stockholm School of Economics. Au cours de ses études de doctorat, elle a travaillé sur plusieurs projets de recherche à l'University College London, ainsi qu'en Éthiopie et en Inde. Ses recherches portent sur l'évaluation empirique des technologies de la santé, ainsi que sur les politiques de santé et du travail. Elle a travaillé comme consultante au sein du Groupe de travail du Réseau du développement humain (HDN) de la Banque mondiale ainsi que pour la Banque européenne pour la reconstruction et le développement.

Acronymes

APD	aide publique au développement
CAP	couple-années de protection
EDS	enquête démographique et de santé
IDE	investissements directs étrangers
ISF	indice synthétique de fécondité
ONU	Organisation des Nations Unies
NU	Nations Unies
PIB	produit intérieur brut
PGF	productivité globale des facteurs
RAS	région administrative spéciale
SIDA	syndrome d'immunodéficience acquise
TCV	théorie du cycle de vie
VIH	virus de l'immunodéficience humaine

Présentation

Introduction

Le terme de « dividende démographique » décrit l'interaction entre les changements dans la structure par âge d'une population qui connaît une transition démographique et une croissance économique rapide. La baisse de la mortalité infantile, suivie de la baisse de la fécondité, se traduit par une « explosion » démographique et une période pendant laquelle un pays dispose d'un grand nombre de personnes en âge de travailler et d'un petit nombre de personnes dépendantes. Avoir un grand nombre de travailleurs par habitant donne un coup de pouce à l'économie à condition qu'il existe suffisamment de possibilités d'emploi.

Ce qui joue le plus grand rôle dans le fait d'aboutir ou non à un dividende important est néanmoins l'évolution de la productivité des travailleurs. Avoir des familles de petite taille permet aux familles comme aux États de disposer de plus de ressources pour investir dans la santé et dans l'éducation de chaque enfant. Cela permet aussi à plus de femmes d'intégrer la population active. Si l'environnement économique est favorable, et que cette cohorte grande et bien éduquée trouve du travail bien rémunéré, un premier dividende intervient car ce travail productif stimule les revenus familiaux et nationaux. Avec l'allongement de la longévité, cette grande cohorte aux revenus plus élevés que les précédentes, cherchera à épargner pour la retraite. C'est ainsi qu'avec des politiques appropriées et un secteur financier suffisamment développé, un second dividende pourra intervenir, cette fois issu du niveau plus important d'épargne et d'investissement, ce qui entraînera par ailleurs à des gains de productivité supplémentaires.

À l'exception de quelques pays d'Afrique australe et de certains pays insulaires, les taux de fécondité et les taux de dépendance des jeunes en Afrique subsaharienne sont parmi les plus élevés dans le monde, exposant la région à des taux de pauvreté plus élevés, à des investissements moindres par enfant, à une réduction de la productivité du travail, à un niveau élevé de chômage ou de sous-emploi et à un risque supérieur d'instabilité politique. Mais la démographie ne conduit pas nécessairement à une catastrophe. Si l'accent passe de la taille de la population aux structures par âge de celle-ci, les perspectives pour l'Afrique peuvent être positives. La baisse de la fécondité augmente mécaniquement le revenu par habitant dans le court terme et peut augmenter l'épargne et les investissements sur le long terme. Avec des politiques prudentes, les pays africains peuvent profiter des avantages de ce dividende démographique. Des actions appropriées peuvent donc contribuer à obtenir une population en bonne santé, instruite et outillée capable de contribuer à une croissance effective et durable et réductrice de pauvreté. Le dividende démographique peut même accélérer la croissance économique d'une manière qui diffuse la prospérité dans toute la société.

Il existe de bonnes raisons de croire au potentiel de l'Afrique à bénéficier d'un dividende démographique importante. Les taux de mortalité infantile, facteur-clé de la transition démographique, sont en train de diminuer de façon rapide dans la majorité des pays de la région. Les taux de fécondité y varient fortement avec le niveau d'éducation des femmes. Par exemple, en Éthiopie, les femmes ayant fait des études secondaires ont un indice synthétique de fécondité (ISF) d'un peu moins de 2 enfants par femme, ce qui est en-deçà du seuil de renouvellement des générations, alors qu'à l'échelle nationale l'ISF est d'un peu moins de 5 enfants par femme. L'expansion rapide des effectifs scolaires dans la région fait qu'il est probable que l'indice synthétique de fécondité de la cohorte d'âge scolaire sera inférieur à ceux des cohortes précédentes. Il y a aussi un regain d'intérêt pour l'amélioration de l'accès aux services de planification familiale. Et une fois qu'une baisse importante de la fécondité commence, des boucles de rétroaction peuvent accélérer le processus.

Pour réaliser ce potentiel, chaque pays doit entamer une démarche de planification et de préparation stratégique. La première étape, mais aussi sans doute la plus difficile, consiste à accélérer la baisse de la fécondité dans les pays où elle est actuellement lente ou au point mort. Une baisse accélérée de la fécondité va aboutir à une main d'œuvre plus importante, en meilleur santé et plus productive, et ce renforcement du capital humain pourra à son tour stimuler une croissance économique plus rapide si les politiques économiques créent une demande suffisante de main d'œuvre. La réduction de la fécondité engrange des gains immédiats de revenu par habitant grâce à la diminution du taux de dépendance des jeunes. Toutefois, pour exploiter le plein potentiel du dividende démographique, il faut des politiques économiques qui permettent mettre à profit cette opportunité. La formulation et la mise en œuvre des politiques qui renforcent les institutions financières et encouragent l'épargne vont canaliser la hausse des revenus vers l'épargne intérieure et des investissements qui vont, à leur tour, contribuer à la croissance et au développement.

La relation entre la transition de la fécondité et le développement humain fonctionne dans les deux sens, créant ainsi un cercle vertueux capable d'accélérer la baisse de la fécondité, le développement social et, finalement, la croissance économique. Les données empiriques font état de trois cataly-seurs hautement interactifs :

- *La santé, et tout particulièrement la santé des enfants.* La bonne santé des enfants est une composante essentielle de la baisse de la fécondité. À mesure que la santé et les taux de survie infantiles s'améliorent, la confiance des familles s'accroît et le nombre d'enfants désirés par les familles descend. Le fait d'avoir des familles de taille plus réduite améliore la santé des mères, ce qui améliore à son tour la santé des enfants, donnant lieu à un cercle vertueux.

- *L'éducation, et tout particulièrement celle des filles.* L'éducation des femmes est un catalyseur essentiel de la baisse du nombre d'enfants désirés et du passage d'un taux de fécondité élevé à un taux faible. La baisse de la fécondité, à son tour, a un effet important sur l'éducation car elle permet d'aboutir sur un nombre réduit d'enfants mais plus sains, mieux nourris et mieux éduqués.

- *L'autonomisation des femmes, en lien direct avec les deux premiers catalyseurs.* Des femmes mieux éduquées et en meilleure santé (et ayant plus de pouvoir décisionnel dans leur famille et plus de pouvoir social et économique), ont tendance à avoir moins d'enfants (Banque mondiale 2011).[1] Les femmes qui ont moins d'enfants (que ce soit à la suite d'un mariage plus tardif, de rapports sexuels plus tardifs ou de naissances plus espacées) sont beaucoup plus susceptibles d'intégrer le marché du travail, d'avoir des revenus plus élevés et d'être plus autonomes.

Bien que l'accélération de la transition démographique puisse participer à fournir davantage travailleurs et de meilleure qualité, les pleines retombées éco-nomiques ne peuvent survenir que s'il y a une forte demande de main d'œuvre : l'offre de main d'œuvre ne suffirait pas en l'absence d'une demande suffisante. En outre, la main d'œuvre doit être employée de façon productive. L'Asie de l'Est a bénéficié du dividende économique parce qu'elle a combiné une transi-tion démographique rapide à des politiques orientées vers l'exportation qui ont augmenté la demande de main d'œuvre. Les meilleurs résultats sont ceux qui font suite à des politiques économiques qui augmentent la demande de main d'œuvre couplées à des politiques qui soutiennent le développement d'une main d'œuvre qualifiée et en bonne santé, ce qui peut d'ailleurs en soi attirer des inves-tissements créateurs d'emplois.

Après une période de stagnation, le décollage de la croissance économique en Afrique au cours des quinze dernières années suscite un certain optimisme pour l'avenir. Une hausse des investissements directs étrangers (IDE) compense dans une certaine mesure la faiblesse de l'épargne intérieure. Cependant, tous les IDE n'ont pas le même impact sur la création d'emplois. Certains IDE peuvent soute-nir le développement d'industries extractives qui ne participent pas à absorber l'augmentation de l'offre de main d'œuvre. À court terme, le dynamisme économique de la région offre une certaine marge de manœuvre budgétaire qui peut permettre aux gouvernements de mettre en place des politiques susceptibles d'accélérer le déclin de la fertilité et à tirer profit de la transition démographique résultante. La vision à long terme repose sur la capacité de l'Afrique à poursuivre cette croissance rapide et à créer des emplois à haute productivité qui absorbent la poussée démographique chez les jeunes ainsi que l'augmentation attendue de main d'œuvre féminine participant au marché du travail formel.

Ce rapport présente un programme constructif pour améliorer les chances pour l'Afrique subsaharienne de d'abord accélérer la transition démographique, puis de saisir les retombées sociales et économiques potentielles pour amener un dividende démographique. Il existe une vraie possibilité de réaliser une transition démographique rapide et un important dividende démographique vu la diminution rapide de la mortalité infantile dans la région, l'accroissement rapide de la scolarisation des filles, l'augmentation de la demande pour la planification familiale, la ferme volonté politique à des échelons élevés de relever les défis démographiques et la croissance économique rapide. Parmi les motifs d'inquiétude, on compte les taux de fécondité stagnants, les poches tenaces de malnutrition infantile, les normes culturelles qui valorisent fortement une fécondité élevée, l'inégalité des sexes et la faiblesse de l'épargne intérieure. Sur la base d'éléments de preuve issus d'Afrique et d'ailleurs, ce rapport identifie les politiques qui peuvent participer à relever les défis de la transition et s'appuyer sur les succès récents en la matière.

Bien que ce rapport prenne une approche régionale pour présenter le potentiel de dividende démographique en Afrique subsaharienne et définir des recommandations générales, ce sont des considérations au niveau des pays qui vont permettre d'orienter les approches pertinentes par rapport aux contextes locaux. Il existe une énorme hétérogénéité à travers l'Afrique, ce qui fait qu'il est essentiel d'éviter d'adopter une approche systématique réductrice. Les actions prioritaires énumérées à la fin de cet aperçu général présentation sont probablement pertinentes pour la plupart des pays. Pour autant des actions spécifiques prenant en compte les contraintes et les opportunités propres à chaque pays doivent les accompagner. Les pays qui ont encore des taux de mortalité infantile et de fécondité élevés vont naturellement insister sur les politiques visant à accélérer la transition démographique. Ceux qui ont fait des progrès considérables en matière de mortalité et de fécondité et qui constatent une augmentation de la part de la population en âge de travailler mettront l'accent sur la création d'emplois pour cette main d'œuvre en pleine expansion. Les pays avec de plus grandes cohortes de travailleurs âgés mettront l'accent sur la promotion de l'épargne et de l'investissement.

L'expression « dividende démographique » pourrait signifier une interaction simple entre la structure par âge et la croissance économique. Mais ce rapport présente la façon dont s'articulent plusieurs domaines qui sont au cœur du développement humain, social et économique. Pour pousser la transition démographique et produire un dividende, il faut travailler sur la santé, l'éducation, la population, le développement des entreprises et de l'investissement, l'épargne intérieure et le commerce. Les relations entre ces domaines peuvent amener des cycles vertueux aussi bien que des cycles vicieux. Une fois que la transition démographique se met en place, elle peut s'accélérer, la croissance économique entraînant alors une nouvelle évolution démographique qui alimente elle-même la croissance économique. L'interdépendance et l'éventail des questions abordées nécessitent un engagement national et des réponses qui transcendent les cloisonnements sectoriels et mobilisent de large segments de la société.

Dividende ou catastrophe démographique ?

Le concept de dividende démographique a été introduit à la fin des années 1990 pour décrire l'interaction entre les changements dans la structure de la population et la croissance économique rapide en Asie de l'Est (Bloom, Canning et Malaney 2000 ; Bloom et Williamson, 1998). Le premier dividende démographique, qui dope l'économie, concerne l'impact sur l'offre de main d'œuvre des changements de la structure par âge de la population. Ce dividende peut intervenir si trois effets se produisent. Tout d'abord, l'amélioration de l'état de santé des populations, et en particulier des enfants, augmente le taux de survie des enfants et contribue à baisser le nombre d'enfants nés de chaque famille étant donné que le nombre total d'enfants que voudront avoir les familles diminuera. La combinaison de l'augmentation du taux de survie infantile dans une cohorte et de la plus petite taille des familles dans les cohortes suivantes entraîne l'apparition d'une génération nombreuse, c'est-à-dire d'une large cohorte qui fait son chemin à travers la structure par âge, avec d'importants effets macroéconomiques. Deuxièmement, les investissements dans la santé et l'éducation sont plus élevés dans les cohortes qui suivent l'apparition de la génération nombreuse. Vu que les familles ont moins d'enfants, elles disposent de plus de ressources par enfant pour investir dans l'éducation et la santé des enfants survivants, et c'est aussi le cas pour les pouvoirs publics, ce qui conduit à une augmentation du qui capital humain (Kalemli-Ozcan, Ryder et Weil, 2000 ; Schultz 2005). L'offre de main d'œuvre est d'ailleurs aussi stimulée par le fait que la faible fécondité permet à davantage de femmes d'intégrer la population active (Bloom et al., 2009). Troisièmement, il faut un contexte économique favorable qui permette à cette génération nombreuse de trouver des emplois bien rémunérés et leur éviter de manquer d'emplois ou d'être contraints de prendre des emplois peu productifs. Si ces trois étapes sont correctement franchies et au moment opportun, il se produit un dividende économique quand la grande cohorte commencera à travailler dans des emplois hautement productifs, stimulant alors le revenu des ménages et le revenu national. Il est nécessaire d'assurer un environnement économique favorable pour que cette cohorte en nette hausse puisse trouver des emplois bien rémunérés plutôt que d'être simplement sans emploi ou contraints de prendre des emplois à faible productivité. Si les trois étapes sont réussies et franchies au moment opportun, il se produit un dividende économique car la grande cohorte va prendre des emplois hautement productifs, ce qui stimule le revenu familial et national.

En plus de ce premier dividende basé sur une offre de main d'œuvre productive, un second dividende potentiel peut résulter de l'épargne et des investissements de cette génération nombreuse alors qu'elle avance en âge et économise en vue de la retraite. Ce dividende ne peut apparaître que s'il y a des politiques permettant de promouvoir l'épargne et que le secteur financier est suffisamment développé pour attirer l'épargne et les utiliser pour financer des investissements productifs. Plus tard, la génération nombreuse vieillira, conduisant à un taux élevé de dépendance des personnes âgées et il faut donc que l'épargne soit suffisante pour financer la retraite de la cohorte et ses besoins en matière de santé (graphique P.1).

Il n'est pas assuré qu'il y ait un dividende démographique dans tous les pays. Si, par exemple, la baisse du taux de natalité se fait lentement, les investissements dans l'éducation sont moins probables parce que les familles et les pays disposeront de moins de ressources par enfant. Si les réformes économiques ne sont pas réussies et que pas assez d'emplois à haute productivité sont créés, l'augmentation de l'offre de main d'œuvre pourrait ne pas être utilisée de façon productive et les revenus n'augmenteront alors pas de façon conséquente. S'il n'y a pas de

Graphique P.1 Les quatre phases de la transition démographique de la Suède (1750–2010)

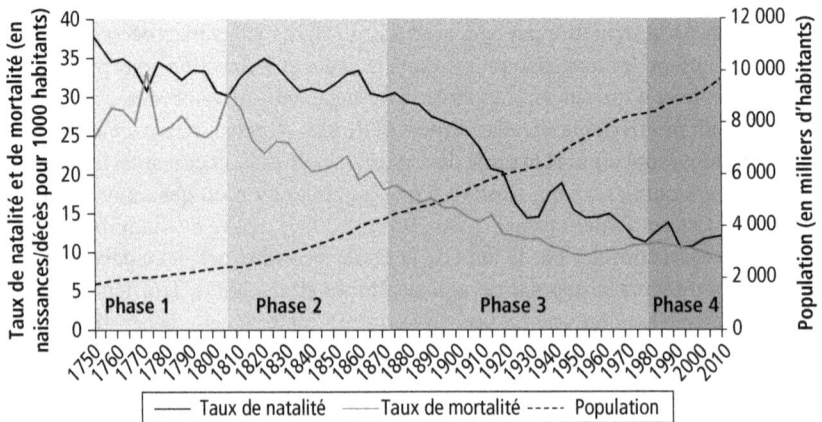

Source : Statistics Sweden.

réforme du secteur financier, les économies de cette large cohorte ne se maté-rialiseront pas en volume suffisant pour stimuler l'investissement.

Bien qu'il n'y ait pas de garantie que le dividende démographique se réalise, si la taille des familles ne devait pas diminuer cela pourrait exposer les pays à des risques supplémentaires. La grande cohorte de jeunes qui apparaît quand la mortalité infantile commence à décliner met une pression énorme sur les ressources des ménages et des pays. Le dividende démographique ne se produit que lorsque la fécondité diminue et que les cohortes suivantes sont plus petites, baissant alors le taux de dépendance des jeunes et permettant des investisse-ments plus élevés par enfant. Sans baisse de la fécondité, les pays devront faire face à une population augmentant sans cesse et à des cohortes de jeunes tou-jours plus grandes. Les enfants seront alors encore plus exposés à des risques sanitaires, à la malnutrition et au manque d'investissements publics et privés dans l'enseignement. Cela se traduire par des taux de dépendance des jeunes plus importants, une pauvreté plus élevée, un chômage ou un sous-emploi plus élevé et des risques accrus d'instabilitié. La démographie fixe peut-être la desti-née des pays mais ceux-ci peuvent élaborer des politiques qui leur permettent d'essayer d'en tirer un dividende plutôt qu'un désastre.

Les dynamiques démographiques de l'Afrique

Au cours des dernières années, l'Afrique subsaharienne a connu de profonds changements dans la structure de sa population. La baisse rapide du taux de mortalité, en particulier chez les enfants, a contribué à un accroissement rapide de la population. En Afrique de l'Est et du Sud, l'espérance de vie était en aug-mentation jusqu'à ce que les effets du VIH-SIDA commencent à s'y faire sentir, même si la disponibilité accrue de traitements antirétroviraux a contribué dans une certaine mesure à une reprise de cette tendance haussière. Beaucoup de pays africains ont également commencé à connaître une fécondité plus faible, en par-ticulier chez les femmes urbaines instruites. Ces changements démographiques vont très probablement avoir des effets significatifs sur la performance écono-mique. Toutefois, par rapport aux autres régions du monde, l'Afrique subsaha-rienne connaît une baisse très lente de la fécondité. Bien que les taux de mortalité infantile aient baissé, les taux de fécondité sont restés élevés, ce qui conduit à une forte dépendance des jeunes. Les taux élevés de dépendance des jeunes sont exacerbés par le lourd fardeau du VIH/SIDA, en particulier en Afrique orientale et australe, en augmentant la mortalité chez les adultes en âge de travailler.

En plus des deux dividendes économiques potentiels — l'augmentation des revenus du travail et de l'épargne — qu'une transformation rapide dans la structure par âge et la baisse des ratios de dépendance peuvent apporter, il peut y avoir trois retombées bénéfiques supplémentaires. Premièrement, une baisse de la fécondité est généralement associée au retardement de l'âge de la première naissance et un plus grand espacement des naissances – deux phénomènes qui améliorent la santé maternelle et infantile. Deuxièmement, un taux plus faible de dépendance des jeunes permet d'investir plus dans la scolarité de chaque enfant. Troisièmement, la baisse de la fécondité augmente le potentiel des femmes sur le marché du travail et conduit donc à investir plus dans l'éducation et l'autonomisation des femmes. Ces retombées sont en soi des objectifs valables mais aident également à faciliter l'apparition des deux dividendes économiques.

L'Afrique subsaharienne est confrontée à de grands défis dans l'exploitation de son dividende démographique. Tout d'abord, il semblerait que la transition démographique se fasse à un rythme particulièrement lent. Dans les années 1950, les trois régions du graphique P.2 avaient des parts de population en âge de travailler en baisse en raison de la baisse du taux de mortalité infantile et du taux de dépendance des jeunes. Entre 1975 et 2010, l'Asie de l'Est a connu une baisse rapide de la fécondité qui a réduit la dépendance des jeunes et augmenté la part de la population en âge de travailler, laquelle était de 1,5 et a plafonné à 3,5 au cours de ces trente-cinq années. Cette augmentation signi-ficative signifie qu'elle a accompagné étroitement le décollage économique de

Graphique P.2 Taux de dépendance réel et projeté dans plusieurs régions du monde (1950–2000)

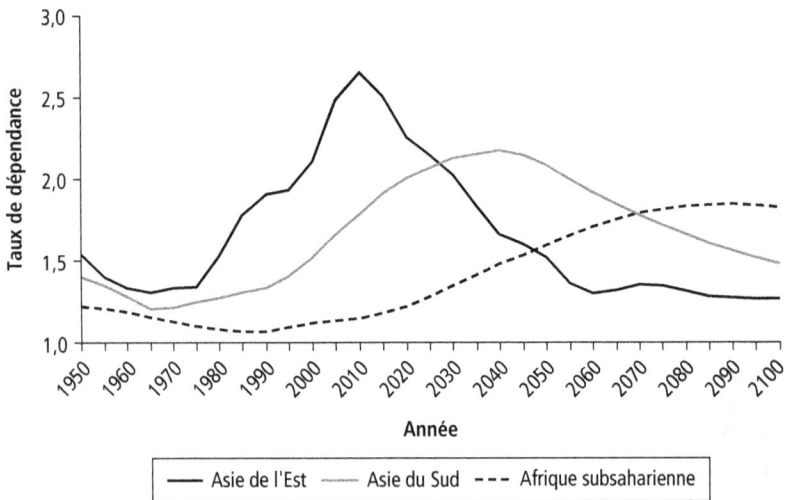

Source : Division de la population de l'ONU, 2013.
Remarque : Le taux de dépendance se définit comme le rapport entre le nombre de personnes dépendantes et la population en âge de travailler (ayant entre 16 et 64 ans). Les données postérieures à 2010 sont basées sur un scénario central de projection pour la fécondité.

l'Asie de l'Est. On estime qu'environ un tiers de la croissance qui a eu lieu au cours du « miracle économique » de l'Asie de l'Est peut être imputée au dividende démographique (Bloom, Canning et Malaney, 2000 ; Bloom et Williamson, 1998). L'Asie du Sud suit l'exemple de l'Asie de l'Est et la baisse de la fécondité qu'on y observe signifie que sa population en âge de travailler est en train d'augmenter rapidement et atteindra son maximum en 2040.

En revanche, la baisse prévue de la fécondité en Afrique subsaharienne laisse entendre que la population en âge de travailler commencé à augmenter en 1990 mais ne plafonnera qu'en 2080, c'est-à-dire après une période de 90 ans. En outre, le ratio de dépendance démographique sera inférieur à 2 lorsqu'il atteindra son maximum. Par conséquent, les effets de la transition démographique sur la croissance devraient être faibles et lents dans le cas de l'Afrique subsaharienne. Il reste à savoir si la baisse de la fécondité en Afrique subsaharienne peut être accélérée afin que le dividende démographique potentiel soit plus grand et puisse se produire plus rapidement.

Le deuxième défi tient au fait que le potentiel de dividende démographique ne se réalise pas toujours. Bien que la réduction du taux de dépendance des jeunes apporte des avantages évidents, il ne se traduit pas nécessairement pas l'atteinte du plein potentiel de croissance économique. Pour que les retombées positives du dividende démographique puissent se matérialiser, il faut que la demande de main augmente en proportion avec l'important accroissement de la population en âge de travailler. Sans politiques sociales et économiques appropriées, l'offre de main d'œuvre supplémentaire peut entraîner une augmentation du chômage et du sous-emploi, ce qui peut conduire à son tour à l'instabilité politique, une criminalité élevée et une détérioration du capital social (Urdal, 2006). Intuitivement, les principaux déterminants pour savoir si un pays capitalise sur son opportunité démographique ont à voir avec le degré de flexibilité de l'économie et de la façon dont elle peut absorber l'augmentation rapide de la main d'œuvre. L'Amérique latine et l'Afrique du Nord ont toutes deux connu des réductions substantielles de la fécondité et une augmentation de leur population en âge de travailler, mais pas le décollage économique qu'a connu l' Asie de l'Est (Bloom et Canning, 2003).

Une diminution lente de la fécondité

Les baisses des taux de mortalité et de fécondité ont été plus lentes en Afrique subsaharienne que dans les autres régions. Néanmoins, le taux de mortalité des moins de cinq ans a diminué considérablement en Afrique subsaharienne au cours des cinquante dernières années (graphique P.3). Sur la période 1950-1955, 307 enfants sur 1000 nés chaque année n'atteignaient pas leur cinquième anniversaire. Sur la période 2005-2010, le taux de mortalité des moins de cinq ans était tombé à 126 ‰ (Division de la population de l'ONU, 2013). C'est là une réalisation remarquable étant donné la faible croissance économique sur la

Graphique P.3 Taux de mortalité des enfants de moins de cinq ans dans plusieurs régions du monde (1960–2012)

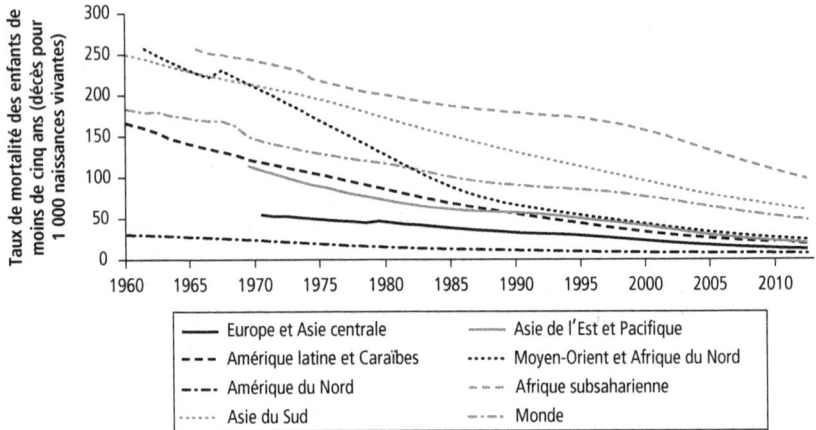

—— Europe et Asie centrale	—— Asie de l'Est et Pacifique
- - - Amérique latine et Caraïbes	······ Moyen-Orient et Afrique du Nord
—·— Amérique du Nord	— — Afrique subsaharienne
······ Asie du Sud	—··— Monde

Source : Banque mondiale, 2012.

majorité de la période. Les améliorations en matière de santé ont par exemple principalement été impulsées par des interventions de santé publique plutôt que par la hausse de revenus.

Aujourd'hui, la mortalité infantile en Afrique subsaharienne est au même niveau que celle en Afrique du Nord ou en Asie du Sud dans les années 1980. Si les baisses de mortalité ont été remarquables, les taux restent plus élevés que dans toutes les autres régions du monde. Il existe par ailleurs de grandes disparités régionales. L'Afrique australe a des taux de mortalité infantile relativement faibles, avec une fourchette comprise entre 17 et 50 décès pour 1000 naissances vivantes. Les taux de mortalité sont presque deux fois plus élevés en Afrique centrale, en Afrique de l'Est et en Afrique de l'Ouest, avec plus de 150 décès pour 1000 naissances vivantes dans certains pays.

La transition de la fécondité a également été lente. La fécondité en Afrique subsaharienne a diminué, passant de 6,5 enfants par femme en 1950–1955 à 5,4 en 2005-10, mais beaucoup moins que dans d'autres régions (Graphique P.4). En Asie de l'Est, la fécondité a baissé de 5,6 à 1,6 sur la même période. Une fois de plus, les moyennes régionales masquent les grandes différences. Ainsi, en République démocratique du Congo et au Niger, les indices synthétiques de fécondité sont en hausse.

L'écart temporel entre la baisse de la mortalité infantile et la baisse de la fécondité indique que la population en Afrique subsaharienne est appelée à augmenter rapidement. Ce rythme de croissance soutenu de la population contraste avec la croissance lente, voire même la baisse de la population dans

Graphique P.4 Indice synthétique de fécondité dans plusieurs régions du monde (1960–2012)

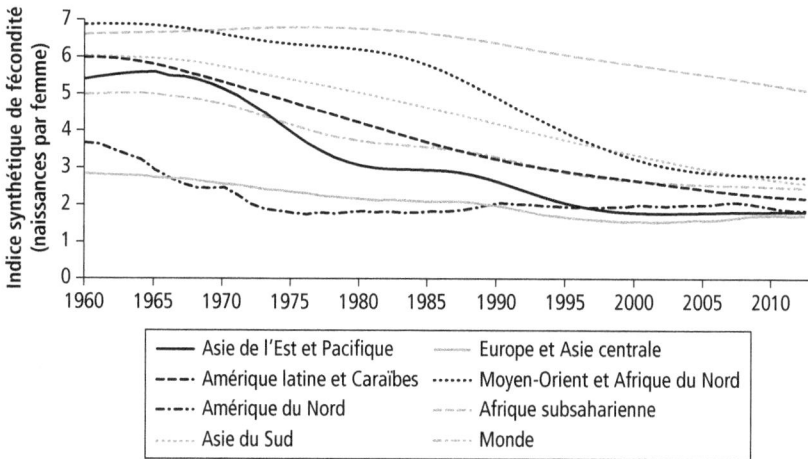

Source : Banque mondiale, 2012.

les autres régions, où la fécondité est beaucoup plus faible. En 2060, il y aura environ 10 milliards de personnes dans le monde : 5,2 milliards en Asie, 2,8 milliards en Afrique, 1,3 milliards dans les Amériques, 0,7 milliard en Europe, et 0,1 milliard dans le reste du monde. Ainsi l'Afrique est en passe de compter pour une partie beaucoup plus significative de la population mondiale.

Une question clé est de savoir si la fécondité en Afrique continuera à baisser lentement ou si la transition de la fécondité va s'accélérer, comme cela s'est passé en Asie de l'Est (Bongaarts et Casterline, 2013). La raison pour laquelle il faut être optimiste quant aux perspectives de l'accélération est que, même si la baisse de la fécondité a été lente dans l'ensemble, certains pays ont connu des baisses de fécondité très rapides. En outre, même dans les pays où la moyenne des taux de fécondité est élevée, certains groupes de femmes — par exemple, celles qui ont un niveau d'études élevé—ont des taux de fécondité souvent proches du seuil de remplacement des générations. Il ne faut donc pas tirer de conclusions hâtives sur la fécondité élevée en Afrique.

Des disparités dans la transition de la fécondité

Un groupe de pays d'Afrique australe a des indices synthétiques de fécondité inférieurs à 3 (tableau P.1). Un autre groupe, lequel compte la République démocratique du Congo, le Niger et le Nigeria, a des taux de fécondité très élevés, dépassant plus de 6 enfants par femme. Entre ces deux extrêmes se trouvent des pays avec différents niveaux de fécondité. Le Ghana et le Zimbabwe ont des taux

Tableau P.1 Indice synthétique de fécondité en Afrique subsaharienne, par niveau de revenu du pays (2012)

PIB par habitant (quintile)	Indice synthétique de fécondité (naissances par femme)						
	1–1,99	2–2,99	3–3,99	4–4,99	5–5,99	6–6,99	7+
1 Le plus faible				République centrafricaine Érythrée Liberia	Guinée Malawi Mozambique	Burundi Rép. Dém. du Congo Somalie	Niger
2				Comores Éthiopie Guinée-Bissau Madagascar Rwanda Sierra Leone Soudan Togo	Burkina Faso Gambie Ouganda		
3			Lesotho Zimbabwe	Bénin Cameroun Kenya Sénégal	Soudan du Sud Tanzanie	Tchad Mali	
4		Cap-Vert	Djibouti Ghana	Côte d'Ivoire Mauritanie Sao Tome-et-Principe	Rép. du Congo Zambie	Nigeria	
5 Le plus élevé	Maurice	Afrique du Sud Botswana Seychelles	Namibie Swaziland	Guinée équatoriale Gabon	Angola		

Source : Banque mondiale, 2012.

de fécondité d'entre 3 et 4 enfants par femme, l'Éthiopie et le Kenya ont des taux compris entre 4 et 5, tandis que la Tanzanie et l'Ouganda ont des taux compris entre 5 et 6.

Le tableau P.1 montre également le niveau de fécondité en fonction du niveau de revenu du pays. Il existe une corrélation évidente entre un revenu plus élevé et une fécondité plus faible dans la plupart des pays, mais avec quelques exceptions. L'Angola, la République du Congo, le Nigeria et la Zambie ont ainsi une fécondité élevée alors que leur PIB par habitant est relativement élevé. Cela s'explique par les niveaux de revenus élevés provenant des ressources naturelles, ce qui accroît le PIB moyen par habitant mais sans nécessairement se traduire par des niveaux de vie plus élevés pour la plupart des habitants.

Graphique P.5 Indice synthétique de fécondité dans plusieurs pays d'Afrique subsaharienne (1960–2012)

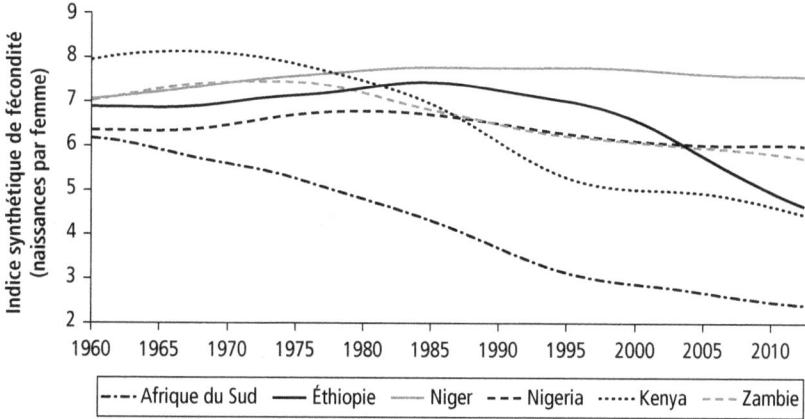

Source : Banque mondiale, 2012.

Il existe une énorme hétérogénéité dans les niveaux de fécondité en Afrique, comme en témoigne le tableau P.1. Au Niger, au Nigeria et en Zambie, les indices synthétiques de fécondité sont restés constamment élevés depuis 1960, avec tout au plus des baisses très modestes (graphique P.5). Dans un autre groupe de pays, dont le Kenya, la fécondité a baissé rapidement dans les années 1980, mais est restée au point mort après 1995. Dans encore un autre groupe, dont fait partie l'Éthiopie, la fécondité a baissé à partir de 1995 environ, tandis qu'en Afrique du Sud, elle a rapidement baissé au fil du temps. En plus de cette variation entre les pays, il y existe une grande variabilité au sein des pays. La fécondité est plus faible dans les capitales, avec des niveaux légèrement plus élevés dans les zones urbaines (graphique P.6). Elle est la plus élevée dans les zones rurales.

Le fait que certains pays et certaines parties de pays soient rapidement passés à des taux de fécondité faibles souligne les possibilités qui existent pour le continent dans son ensemble.

Accélérer la transition

Pourquoi la transition démographique, et en particulier la transition de la fécondité, est-elle si lente en Afrique, et est-ce que son accélération peut apporter un dividende démographique plus rapide et plus important ? Alors qu'une transition démographique plus rapide est avantageuse, notamment du fait des revenus supplémentaires que cela génère, les gens se soucient de beaucoup

Graphique P.6 Indice synthétique de fécondité en Éthiopie, au Ghana et au Kenya, par lieu de résidence

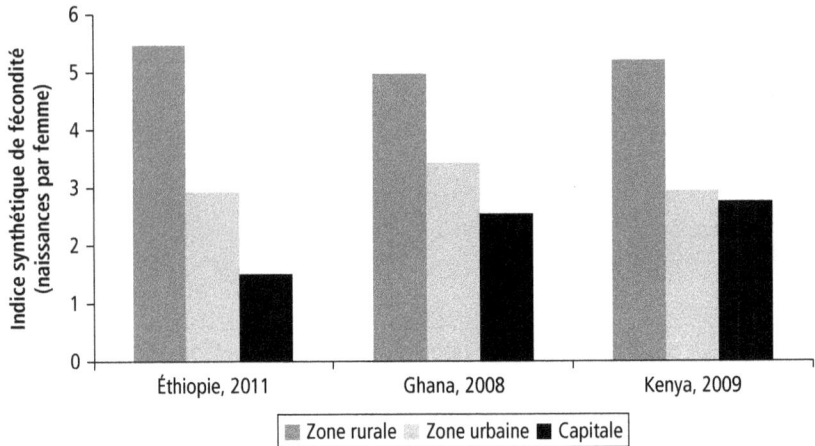

Source : Basé sur les enquêtes démographiques et de santé les plus récentes de chacun des pays concernés.

d'autres choses que leur seul revenu, et notamment de leur santé et du nombre d'enfants qu'ils ont. La plupart des bienfaits du dividende démographique profitent directement aux familles qui retardent l'âge de la première naissance, augmentent l'espacement des naissances et limitent le nombre total de naissances (Bloom et al., 2012). Ces avantages prennent la forme d'une amélioration de l'état de santé d'une augmentation des possibilités de travail pour les femmes, d'une meilleure santé et d'une meilleure éducation pour les enfants ainsi que de revenus et plus élevés pour les ménages.

Il est essentiel d'avoir des politiques qui permettent aux familles de prendre des décisions éclairées et d'obtenir les moyens pour les mettre en œuvre. L'égalité des sexes est un élément important dans la prise de décision sur la taille de la famille parce que les femmes supportent la plupart des coûts directs liés à la procréation. Toutes les politiques visant à accélérer la transition sont louables, indépendamment du dividende démographique potentiel et de leur effet sur la fécondité. Avoir une population qui est en meilleure santé, mieux éduquée et qui est en mesure de faire des choix sur la structure de leur famille est une chose intrinsèquement positive.

Inciter les familles à avoir moins d'enfants

La fécondité a cinq principaux déterminants sociaux : la mortalité infantile, l'urbanisation, l'éducation des filles, le coût d'élever des enfants et les investissements souhaités pour ces derniers.

La morbidité et la mortalité infantile sont des déterminants majeurs du niveau de fécondité souhaité par les familles. Une des plus fortes constantes en démographie est que la transition de la fécondité commence généralement après que la transition de la mortalité soit déjà bien établie (graphique P.1). Immédiatement après la mort d'un enfant, un couple peut choisir d'avoir un autre enfant dans le but de compenser ou de remplacer cette perte. De plus, les couples vivant dans un environnement à forte mortalité pourraient se retrouver à avoir beaucoup d'enfants du fait de la perspective probable que certains de leurs enfants ne survivront tout simplement pas (Ben-Porath, 1976 ; Sah, 1991 ; Schultz, 1969, 1976). La corrélation entre le taux de mortalité et le taux de fécondité est nettement positive (graphique P.7). On estime que chaque décès d'enfant entraîne environ une naissance supplémentaire (Hossain, Phillips et LeGrand, 2007 ; LeGrand et Phillips, 1996 ; LeGrand et al., 2003). Dans les environnements à forte mortalité, environ 25 % des enfants meurent. Cela implique que, dans une société en phase de pré-transition avec une fécondité aux alentours de 8 enfants par femme, l'élimination complète de la mortalité infantile pourrait diminuer la fécondité d'environ 2 enfants par femme. Le taux de mortalité élevé des moins de cinq ans est probablement un vecteur très important des niveaux élevés de fécondité désirée en Afrique subsaharienne, et la réduction de la mortalité infantile accélérerait donc la transition de la fécondité. Le tableau P.2 fournit des informations pour les pays d'Afrique subsaharienne. Certains pays, tels que le Tchad, la République démocratique du Congo, le Mali, le Nigeria et la Somalie, continuent d'avoir des taux de mortalité infantile et de fécondité

Graphique P.7 Corrélation entre le taux de mortalité des moins de 5 ans et l'indice synthétique de fécondité en Afrique subsaharienne et dans le reste du monde (2012)

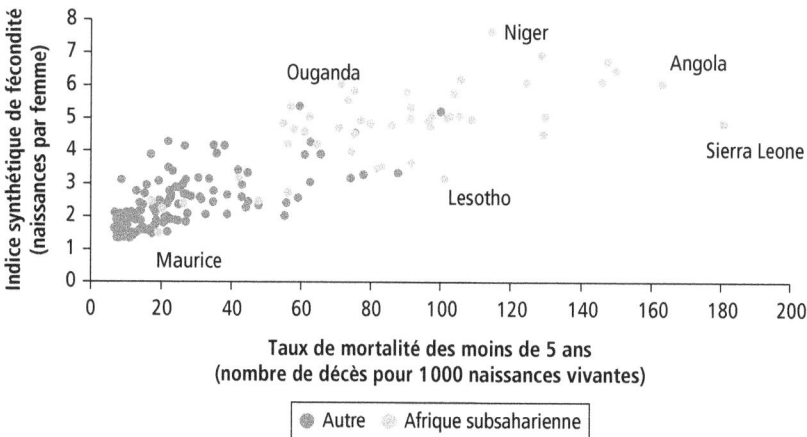

Source : Banque mondiale, 2012.

Tableau P.2 Taux de mortalité des moins de cinq ans et indice synthétique de fécondité en Afrique subsaharienne, par pays (2012)

Taux de mortalité des moins de 5 ans, par quintile	Indice synthétique de fécondité						
	1–1,99	2–2,99	3–3,99	4–4,99	5–5,99	6–6,99	7+
1 Le plus faible (13,1–55)	Maurice	Afrique du Sud Botswana Cap-Vert Seychelles	Namibie	Érythrée Rwanda Sao Tomé-et-Principe	Tanzanie		
2 (58,2–73,1)			Ghana	Éthiopie Gabon Kenya Madagascar Sénégal Soudan	Gambie Malawi Ouganda		
3 (74,8–94,9)			Djibouti Swaziland Zimbabwe	Bénin Cameroun Comores Liberia Mauritanie	Mozambique Zambie		
4 (95,5–113,5)			Lesotho	Côte d'Ivoire Guinée équatoriale Togo	Burkina Faso Rép. du Congo Guinée Soudan du Sud	Burundi	Niger
5 Le plus élevé (123,7–181,6)				République centrafricaine Guinée-Bissau Sierra Leone	Angola	Rép. Dém. du Congo Mali Nigeria Somalie Tchad	

Source : Banque mondiale, 2012.
Note : La mortalité des moins de 5 ans est exprimée en décès pour 1000 naissances vivantes. L'indice synthétique de fécondé est exprimée en naissances par femme.

très élevés. Investir dans la santé des enfants peut être une condition préalable à la réduction de la fécondité dans ce groupe de pays.

Dans les sociétés agricoles où les familles travaillent leurs propres terres, les enfants peuvent apporter un plus à la production des ménages dès leur plus jeune âge (Schultz, 1997). Toutefois, même dans ces zones rurales, les enfants sont généralement des consommateurs nets du point de vue du ménage (Lee, 2000 ; Lee et Kramer, 2002). Dans les zones urbaines, la séparation entre le domicile et le lieu de travail est plus grande et il existe moins de possibilités pour que les enfants se livrent à des activités productives. Avec le coût élevé de la vie dans les villes, ces facteurs pourraient expliquer les taux de fécondité plus faibles en milieu urbain.

Bien qu'un couple puisse préférer avoir plus d'enfants, le coût d'un enfant supplémentaire peut être élevé, en particulier lorsque l'on considère l'investissement-temps considérable pour élever des enfants, tout particulièrement pour les femmes. À mesure que le niveau d'éducation et les revenus potentiels des femmes augmentent, elles font face à un coût d'opportunité croissant en termes de salaires perdus en procréant. Bien que la fécondité a tendance à augmenter avec la hausse du niveau d'éducation et de revenu des hommes, elle baisse rapidement avec l'amélioration de l'éducation des femmes, reflétant bien ce compromis. Ainsi, en Éthiopie, l'indice synthétique de fécondité chez les femmes non instruites est tout juste inférieur à 6 enfants par femme (graphique P.8). Les femmes ayant suivi 12 ans de scolarité (celles ayant terminé leurs études secondaires) ont quant à elles une fécondité de moins de 2 enfants par femme. Une réforme de l'éducation qui a conduit à une augmentation substantielle du nombre de filles instruites en Éthiopie a eu les mêmes effets sur la fécondité, ce qui laisse penser qu'il s'agit d'une relation de cause à effet (Pradhan et Canning, 2013). Des liens de causalité similaires ont été mis en évidence dans plusieurs études. Par exemple, une réforme de l'éducation au Kenya qui a augmenté la durée de l'enseignement primaire d'une année a eu pour effet d'augmenter le niveau d'instruction des femmes, de retarder l'âge de mariage et de faire baisser la fécondité (Chicoine, 2012). Une autre étude menée au Kenya, un essai

Graphique P.8 Indice synthétique de fécondité en Éthiopie, selon le niveau d'éducation des femmes (1998–2011)

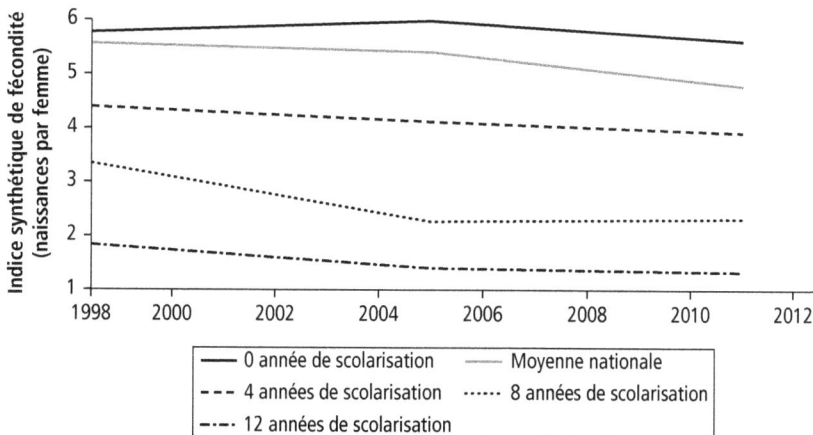

Source : Enquête démographique et de santé pour l'Éthiopie (2011).

Graphique P.9 Taux de scolarisation dans l'enseignement secondaire en Afrique subsaharienne en fonction du sexe (1970–2012)

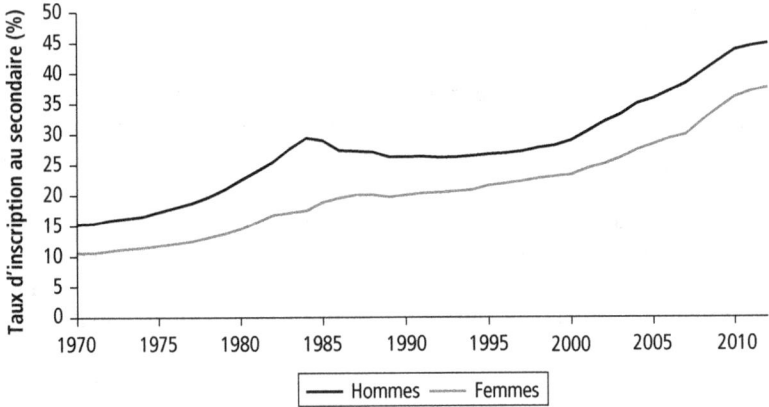

Source : Banque mondiale, 2012.

contrôlé randomisé par Duflo et al. (2006), a déterminé que réduire le coût des uniformes scolaires réduisait non seulement les taux d'abandon scolaire mais également le nombre de cas de mariage et de maternité chez ces adolescentes. Osili et Long (2008) ont étudié la réforme de l'éducation au Nigeria et constaté que l'augmentation de la durée d'éducation des filles d'une année réduisait la fécondité précoce de 0,26 naissance.

Cette relation inverse entre la fécondité et le niveau d'instruction des filles est évidente dans de nombreux pays d'Afrique subsaharienne, dont l'Éthiopie. À l'heure actuelle, les niveaux d'éducation augmentent rapidement en Afrique subsaharienne (graphique P.9), ce qui signifie que la fécondité pourrait diminuer dans un proche avenir. Mais dans de nombreux pays les garçons restent beaucoup plus susceptibles d'être inscrits à l'école que les filles.

La hausse du niveau d'éducation est très prometteuse, mais il est possible qu'elle augmente également les inégalités. Une faible fécondité chez les plus scolarisées se traduira par un investissement parental plus élevé et des familles plus réduites, ce qui entraîne l'amélioration de l'état de santé et de l'éducation de la prochaine génération. Mais la fécondité élevée chez les femmes avec un faible niveau d'éducation et vivant dans de grandes familles peut conduire à de faibles investissements dans les enfants, ce qui perpétue l'écart qui existe en termes d'éducation, de santé et de revenus. Cette transmission intergénérationnelle des inégalités peut être brisée dans une certaine mesure par des programmes d'éducation et de santé publique, puis l'investissement public par enfant pourra augmenter au fur et à mesure que le taux de dépendance des jeunes diminue

(Eloundou-Enyegue, 2013). Il pourrait cependant bien y avoir une augmentation des inégalités au début de la transition vu que les ménages avec un niveau scolarisation et des revenus élevés sont les premiers à opter pour une faible fécondité.

La baisse de la fécondité peut également être examinée sous le prisme du changement des préférences des couples, passant de familles très larges avec des investissements faibles par enfant à des familles avec moins d'enfants mais plus d'investissements par enfant. À mesure que les revenus et l'éducation deviennent plus importants, les couples accordent plus d'importance à la santé et à l'éducation de leurs enfants, ce qui peut se faire en ayant moins d'enfants. Ce changement dans les préférences des couples pour un nombre plus faible d'enfants « de meilleure qualité » est désigné sous le nom de compromis quantité-qualité (Becker, 1981 ; Hanushek, 1992). En plus des revenus et des études des parents, les rendements de l'éducation et l'accumulation du capital humain influent également sur les préférences des parents à avoir moins d'enfants. Si les progrès technologiques augmentent le retour sur investissement des études, les familles pourront décider d'avoir moins d'enfants afin d'investir davantage dans l'éducation de chacun d'entre eux.

Changer les normes sociales et faire progresser l'égalité hommes-femmes

Des preuves sur le fait que les changements de fécondité reflètent des changements dans les normes sociales et culturelles viennent compléter les données empiriques sur les liens entre les caractéristiques des ménages, les motivations économiques et la fécondité (Bongaarts et Watkins, 1996). Lorsque les changements environnementaux ou sociaux qui affectent la fécondité de certains groupes se font, ils peuvent avoir des effets indirects qui se répandent sur toute la communauté. Pour cette raison, les changements dans les comportements de procréation peuvent être plus facilement observés et étudiés à un niveau global. En outre, la présence d'effets indirects au niveau sociétal peut aider à expliquer pourquoi dans certains pays la transition de la fécondité prend autant de temps à démarrer mais se met ensuite rapidement en branle.

L'importance des normes sociales dans les décisions en matière de fécondité souligne la nécessité de concevoir des politiques et des programmes adaptés (Bongaarts et Watkins, 1996). Une action résolue de la part des pouvoirs publics peut aider à redéfinir les normes sociales en matière de fécondité et de taille des familles. Les messages des médias démontrant les avantages sanitaires et économiques des familles de petite taille pourraient suffire à changer les comportements (Westoff et Koffman, 2011). Les normes sociales se propagent principalement par le biais des réseaux sociaux et l'apprentissage par les pairs et l'influence sociale peut être mise à profit pour réduire la fécondité. Les normes sociales prennent généralement plus de temps à se répandre dans les sociétés hétérogènes que dans les sociétés homogènes.

L'inégalité entre les sexes compte pour beaucoup dans la détermination des comportements de procréation. En Afrique, les hommes et les femmes ont souvent des préférences différentes en matière de fécondité, les femmes souhaitant généralement moins d'enfants que les hommes (Voas, 2003). C'est probablement le cas parce que les femmes supportent la majorité des coûts liés à la procréation et à l'éducation des enfants. Les femmes investissent plus de temps dans le fait d'élever leurs enfants, sont plus exposées à des risques pour leur santé et sacrifient plus d'opportunités que les hommes quand elles ont des enfants. Il est également prouvé que les femmes sont plus directement attachées au bien-être de leurs enfants que les hommes. Lorsqu'elles reçoivent des ressources financières similaires, les femmes dépensent plus pour la santé, l'éducation et la nutrition de leurs enfants que les hommes (Thomas, 1990, 1994).

En raison de ces facteurs, le nombre d'enfants qu'aura un couple dépend directement de la position de la femme dans le ménage et de son pouvoir de négociation par rapport à celui de son mari. Quand les écarts d'âge, de niveau d'éducation et de revenus entre époux sont élevés, les maris ont généralement plus de pouvoir de négociation et un position plus dominante dans le ménage car les hommes ont tendance à être plus âgés et plus éduqués et à gagner plus que leurs épouses. En améliorant le niveau d'éducation des femmes et leurs opportunités sur le marché du travail pour les mettre à un niveau égal à celui des hommes, cela affectera tout un ensemble de décisions prises par les ménages, y compris celles qui en déterminent la fécondité.

Retarder l'âge du mariage et améliorer le recours à la planification familiale

Pour agir sur les facteurs qui déterminent le niveau de fécondité souhaitée, il faut réduire la mortalité infantile, améliorer l'éducation des femmes, influencer les normes sociales et promouvoir l'égalité des sexes. Il existe par ailleurs ce que l'on appelle les déterminants proches (ou parfois plus justement, déterminants proximaux) de la fécondité, liés à des processus biologiques ou des mécanismes comportementaux et notamment :

- l'insusceptibilité post-partum à la grossesse, laquelle peut intervenir du fait de longues périodes d'allaitement maternel exclusif (l'aménorrhée postpartum due à la lactation) et à l'abstinence sexuelle après la naissance
- le non-mariage et le manque d'activité sexuelle, qui peuvent être amenées par le retardement de l'âge du mariage, de la cohabitation ou des premiers rapports sexuels
- le recours à la contraception
- le recours à l'avortement.

On estime que sans aucun contrôle de la fécondité via ces quatre détermi-nants proches, les femmes auraient en moyenne un peu plus de 15 enfants au cours de leur vie reproductive (Bongaarts, 1978). Les taux de fécondité réels dans une population sont généralement beaucoup plus faibles que cette limite théorique. Le taux de fécondité le plus élevé se situe autour de 7 enfants par femme dans les zones rurales de la République démocratique du Congo. Les indices synthétiques de fécondité sont beaucoup plus faibles en Éthiopie et au Ghana, particulièrement dans les capitales et les autres zones urbaines. Par exemple à Accra et à Addis-Abeba, la fécondité est proche de 2 enfants — le seuil de renouvellement des populations.

Différents déterminants proches de la fécondité jouent des rôles différents dans la détermination de la fécondité réalisée (graphique P.10). L'insusceptibilité postpartum est un facteur important dans la réduction de la fécondité en deçà de la limite théorique, avec une moindre contribution venant de l'absence ou du retardement des mariages et de très petits effets du recours à la contraception et à l'avortement (Rossier, 2003).[2] À mesure que les taux de fécondité baissent, le rôle de l'insusceptibilité postpartum diminue parce que la réduction du nombre de naissances fait qu'il y a moins de périodes d'insusceptibilité. La principale expli-cation de la différence de fécondité entre les capitales et les zones rurales est l'âge du mariage qui est plus élevé dans les capitales, avec des effets moins importants du recours à la contraception et à l'avortement. Une étude menée en Éthiopie a

Graphique P.10 Déterminants proches de la fécondité en République démocratique du Congo, en Éthiopie et au Ghana

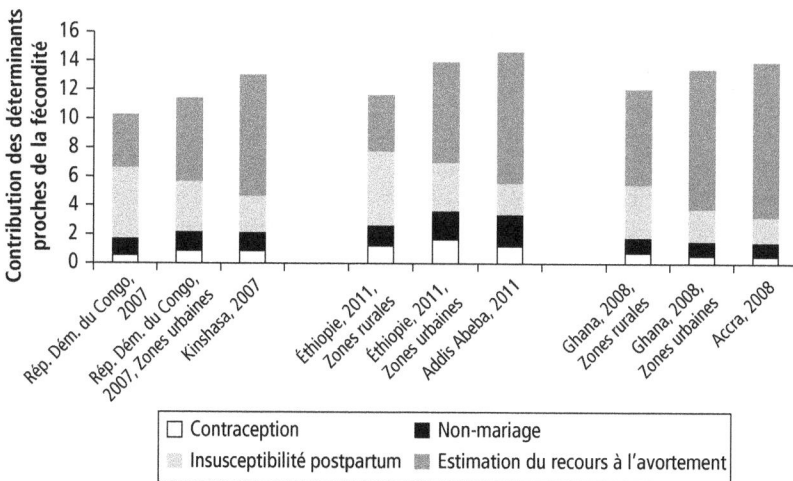

Source : Madhavan et Guengant, 2013.

mis en évidence que la réforme de l'éducation a eu des effets importants sur le niveau d'étude des filles et la fécondité des jeunes femmes—tout particulièrement du fait du retardement de l'âge de mariage (Pradhan et Canning, 2013).

La contraception joue un rôle important dans la détermination de la fécondité, même si l'effet des programmes de planification familiale a été débattu dans diverses publications (Bongaarts, 1994 ; Pritchett, 1994). Une analyse récente sur un grand nombre de pays laisse penser que, bien que l'écart entre la fécondité désirée et réelle soit inférieur à 0,5 enfant par femme dans la plupart des pays, l'écart moyen est beaucoup plus élevé en Afrique subsaharienne, où il est de plus de 2 enfants par femme (Canning et al., 2013). Ces résultats prouvent que la planification familiale et d'autres mesures ciblant la fécondité pourraient jouer un rôle beaucoup plus important en Afrique subsaharienne. La planification familiale a aussi un bon rapport coût-efficacité. Des interventions en matière de santé reproductive, de santé infantile et de planification familiale ont été menées à Matlab, au Bangladesh, dans les années 1980, et à Navrongo, au Ghana, dans les années 1990 – les zones bénéficiant des programmes étant couplées à des zones témoins. Dans les deux pays, l'indice synthétique de fécondité a diminué d'environ 1 à 1,5 enfants par femme dans les zones d'intervention par rapport aux zones témoins (Debpuur et al., 2002 ; Schultz, 2009a).

Bien que la grande fécondité souhaitée en Afrique subsaharienne signifie que d'importantes réductions de la fécondité vont probablement exiger au préalable des réductions de la mortalité infantile et une meilleure éducation des femmes, l'écart entre la fécondité réelle et souhaitée signifie que la planification familiale peut jouer un rôle important. La planification familiale permet aux femmes et aux familles d'avoir le nombre d'enfants souhaité grâce à une meilleure planification des naissances et à l'espacement de celle-ci, ce qui réduit le nombre total de naissances. Cela peut amener d'importants effets positifs en termes de bienêtre. En outre, les effets des interventions en planification familiale sont très rapides tandis que les effets des déterminants proches de la fécondité souhaitée sont plus lents à se mettre en place. Les attentes en matière de mortalité peuvent en effet être à la traîne par rapport aux réduction de la mortalité infantile, et les effets de la fécondité sur l'éducation des filles ne se produiront que lorsque celles-ci seront en âge de procréer. Pour ces raisons, les interventions en planification familiale sont les plus à même d'accélérer la transition de la fécondité dans le court terme, ce qui en fait une option intéressante pour les décideurs.

Retombées positives en matière de développement humain

Le concept du dividende démographique a été initialement élaboré pour expliquer le lien entre la transition démographique, les changements de la structure par âge et la croissance économique. Bien que l'objectif principal des publications ait été mis sur les résultats économiques, la transition démographique a également eu des répercussions profondes sur le développement humain, indépendamment des retombées économiques.

Une meilleure santé maternelle et infantile

Le passage d'une fécondité élevée à une fécondité faible peut beaucoup contribuer à l'amélioration de la santé maternelle et infantile en Afrique subsaharienne. Avoir des familles réduites permet d'accroître les investissements dans la santé, la nutrition et l'éducation de chaque enfant. Bien qu'il soit clair que les améliorations en matière d'éducation peuvent aboutir à des retombées économiques favorables, investir dans la santé et la nutrition des enfants en bas âge peut avoir des effets importants sur les niveaux d'instruction et les revenus à l'âge adulte. L'état de santé et la nutrition lors de la petite enfance affectent le développement physique et cognitif de l'enfant, ce qui à son tour contribue à la santé et au bien-être économique sur le long terme (Bleakley, 2010). De surcroît, des améliorations dans la santé des enfants entraîne des effets durables sur la santé et la longévité des adultes (Barker, 1992). Une meilleure santé des adultes peut par ailleurs renforcer la motivation économique à investir plus dans l'éducation et le capital humain étant donné que les retours sur les investissements dans l'éducation seront plus élevés si les bénéficiaires vivent plus longtemps et en meilleure santé (Kalemli-Ozcan, 2003).

Des taux de fécondité faibles sont souvent associés à des augmentations de l'âge de la première maternité et de l'intervalle de temps entre les naissances (Finlay et Canning, 2013). Retarder l'âge de la première maternité peut réduire les risques liés à la grossesse et à l'accouchement chez les adolescentes. En Afrique subsaharienne, les naissances chez les adolescentes sont associées à un risque significativement plus élevé de mortalité infantile, de retard de croissance des enfants et d'anémie maternelle (Finlay, Özaltın et Canning, 2011). Les naissances rapprochées ne permettent pas à la mère de récupérer du stress physique de la procréation, ce qui augmente le risque de complications obstétricales liées à la grossesse et à la période postnatale. Les écarts de naissance de moins de 18 mois sont associés à un doublement du risque relatif de mortalité infantile (graphique P.11). Un espacement des naissances d'au moins 18 mois contribue à une amélioration substantielle de la santé de la mère et de l'enfant. La réduction de la fécondité précoce à haut risque et l'allongement de l'intervalle entre les naissances peuvent sensiblement améliorer la santé et le bien-être des femmes et de leurs enfants en diminuant le risque de mortalité maternelle et infantile (Ahmed et al., 2012 ; Jain, 2011). Ces impacts soulignent les retombées en matière de développement humain que peut avoir le fait de soutenir la planification familiale, indépendamment de tout effet sur la taille totale des familles.

Graphique P.11 Risque relatif de mortalité infantile en Afrique subsaharienne, ajusté par intervalle de temps écoulé depuis la maternité précédente de la mère (1987–2011)

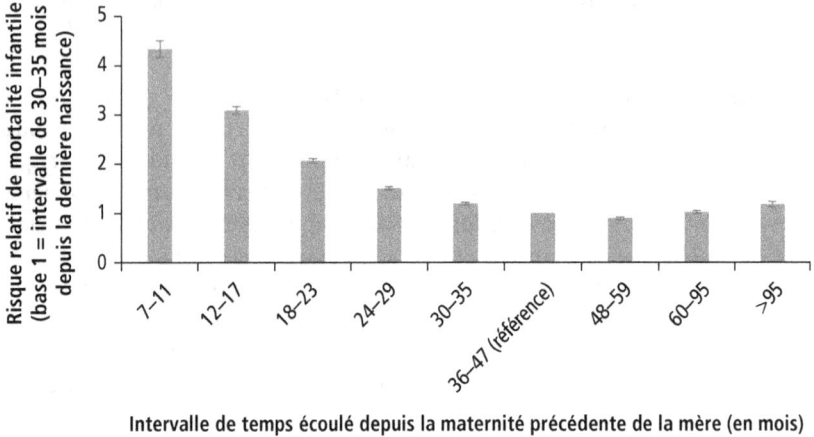

Intervalle de temps écoulé depuis la maternité précédente de la mère (en mois)

Source : Finlay et Canning, 2013.
Notes : Le risque relatif de mortalité infantile est ajusté pour étudier les effets de l'intervalle de temps écoulé depuis la maternité précédente de la mère, indépendamment des autres caractéristiques des ménages.

L'investissement dans l'éducation des filles

La baisse de la fécondité peut conduire à une augmentation des investissements en matière d'éducation par le biais de plusieurs mécanismes. Le plus connu d'entre eux est probablement le compromis quantité-qualité décrit précédemment, où l'on remarque qu'à l'échelle des ménages, les décisions en matière de fécondité et d'allocation des investissements en capital humain sont déterminées ensemble. Le rapport démographique et économique entre la fécondité et l'éducation signifie qu'une fécondité plus faible est à la fois une cause et une conséquence de l'augmentation des investissements dans l'éducation. En particulier, la fécondité et la scolarisation des enfants sont déterminées par un ensemble commun de facteurs qui influent sur les motivations et les préférences des familles.

Fournir des services de planification familiale à des personnes souhaitant avoir des familles moins grandes peut à la fois baisser la fécondité et augmenter le niveau de scolarisation. Cet effet pourrait s'avérer particulièrement prononcé dans le cas de la scolarisation des filles étant donné que les filles vivant dans des ménages à fécondité élevée sont souvent tenues à l'écart de l'école pour qu'elles puissent prendre soin de leurs jeunes frères et sœurs. L'étude Matlab[3] a mis en évidence de puissants effets d'une faible fécondité là où les interventions en planification familiale ont contribué à faire baisser les taux de fécondité et à améliorer la santé des enfants et leur niveau d'instruction (Schultz, 2009b). En plus des résultats issus de Matlab, une étude en Afrique subsaharienne a montré que les naissances non plani-fiées réduisent le taux de scolarisation des jeunes enfants et augmentent le taux d'abandon des enfants plus âgés, ce qui laisse penser que les naissances supplémentaires pourraient accentuer les contraintes financières auxquelles les familles font face (Eloundou-Enyegue et Williams, 2006 ; Koissy-Kpein, Kuepie et Tenikue, 2012).

Les dépenses globales faites pour les enfants représentent une part rela-tivement constante des ressources nationales dans de nombreux pays et ne dépendent pas de la taille de la cohorte des jeunes, ce qui implique qu'une fécon-dité plus faible pourrait augmenter les ressources disponibles par enfant (Mason et al., 2009). Les pays ayant connu les plus grosses augmentation de dépenses par enfant scolarisé ont tendance à être ceux qui ont des taux de fécondité et de dépendance des jeunes plus faibles (carte P.1). Cependant, un tel rapport n'est pas automatique. Par exemple, le Zimbabwe a connu de grandes réductions de fécondité mais des réductions encore plus rapides dans les dépenses totales en matière d'éducation, ce qui a réduit le montant des dépenses par enfant.

Les investissements dans l'éducation peuvent avoir des effets importants sur les revenus à l'âge adulte : chaque année supplémentaire d'étude est associée à une augmentation de 10 pour cent des salaires (Psacharopoulos, 1994). De plus petites cohortes de jeunes peuvent donc accroître les moyens disponibles par enfant pour l'éducation et ainsi conduire à une augmentation de la scolarisation ainsi qu'une amélioration de la qualité de l'éducation (Eloundou-Enyegue et Giroux, 2013).

Retombées positives en matière d'emplois

La croissance économique est tirée par l'augmentation de la quantité de facteurs de production ou par l'augmentation de leur productivité. Le facteur de produc-tion le plus important est le travail, lequel représente environ les deux tiers de la valeur de la production totale (Hall et Jones, 1999). Néanmoins, la plupart des modèles de croissance économique ne donnent pas une grande place à l'offre de main d'œuvre. Au lieu de cela, ils considèrent généralement un proportion d'ac-tifs fixe. Mais d'importantes variations dans la proportion d'actifs dans la popu-lation au fil du temps peuvent avoir des impacts significatifs sur la croissance du PIB. Par exemple, en Asie de l'Est, la part d'actifs dans la population a fortement augmenté au cours des quarante dernières années. Cette augmentation de l'offre de main d'œuvre, ainsi que l'augmentation des facteurs de production capital et travail, se profilent derrière la majorité de la croissance économique et du déve-loppement au cours du boom économique asiatique, et pas des augmentations de la productivité globale des facteurs (PGF) (Young, 1995).

Carte P.1 Contribution de la structure par âge aux variations projetées de ressources par enfant en Afrique subsaharienne (1990–2050)

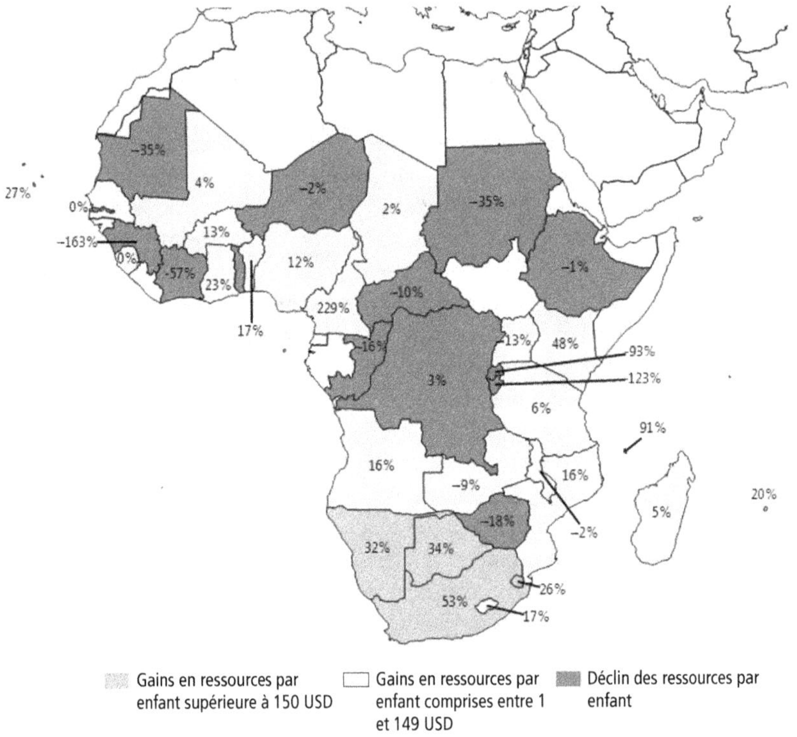

Source : Eloundou-Enyegue, 2013.
Note : Les valeurs indiquées pour chaque pays correspondent à la variation des ressources par enfant sur la période 1990–2050.

Les augmentations de la part d'actifs dans la population proviennent essentiellement de deux sources. La première est la structure par âge de la population, laquelle détermine la proportion de personnes en âge de travailler dans la population totale. Les taux de participation à la population active sont fonction des âges, avec les taux les plus élevés pour les classes d'âge entre 25 et 60 ans. Les changements de structure par âge de la population peuvent donc affecter la part d'actifs dans la population. La deuxième source est le changement des taux sexo-spécifiques de participation à la population active. Si les taux de participation des hommes en âge de travailler ont tendance à être uniformément élevés dans la durée, les taux pour les femmes peuvent fluctuer considérablement, ce qui peut rapidement changer le nombre total d'actifs et donc la production par habitant.

Les dynamiques démographiques globales peuvent également affecter la productivité des travailleurs. Une augmentation de la population active peut réduire le nombre de terres disponibles et le stock de capital par travailleur, réduisant ainsi la productivité. Dans le long terme, une pénurie de capitaux peut être corrigée par l'investissement, mais cela ne résout pas les questions de disponibilité des terres. En outre, une plus grande cohorte de jeunes aurait tendance à bénéficier de moins de ressources et de scolarités plus courtes, ce qui à son tour impactera leur niveau d'éducation et peut-être recevoir moins de ressources et une scolarisation moindre, ce qui pourrait réduire leur niveau de scolarité final et leur productivité à leur entrée sur le marché du travail.

Changements de la structure par âge

L'effet le plus direct de l'évolution démographique sur le marché du travail passe par la structure par âge (graphique P.12). On considère habituellement que la population en âge de travailler correspond à la tranche d'âge des 15 à 64 ans. En pratique elle peut néanmoins être plus restreinte ou plus large puisque les enfants peuvent soit commencer à travailler avant l'âge de 16 ans, soit rester dans le système scolaire après l'âge de 16 ans et que les adultes peuvent soit prendre leur retraite avant l'âge de 65 ans, soit continuer à travailler jusqu'à un âge plus avancé. Dans les pays où le taux de fécondité est élevé, le taux de dépendance des jeunes est lui aussi élevé : le ratio de dépendance démographique est alors d'environ 1. À mesure que la fécondité diminue, le taux de dépendance des jeunes baisse et le ratio de personnes en âge de travailler sur les personnes dépendantes augmente donc. Lorsque la fécondité baisse jusqu'au niveau de

Graphique P.12 Ratio de dépendance démographique et indice synthétique de fécondité (2010)

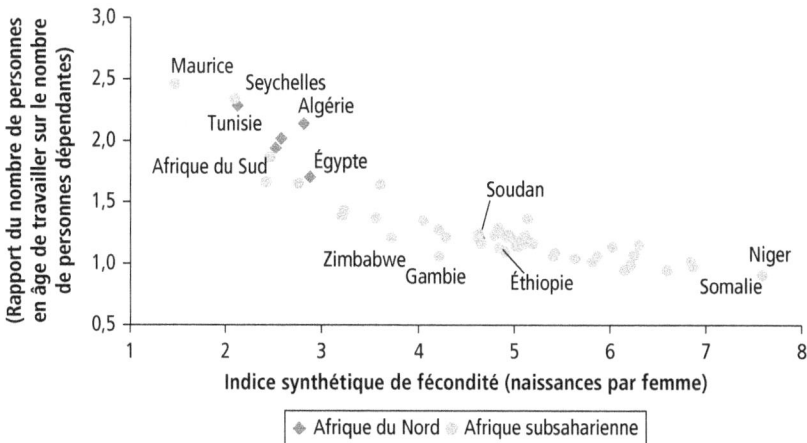

Source : Pradhan et Canning, 2013.

renouvellement des générations, à 2 enfants par femme, il y a 2,5 travailleurs par personne dépendante. Si la production par travailleur reste constante, le passage d'un ratio de dépendance de 1 à un ratio de 2,5 travailleurs par personne à charge entraînerait une hausse de 43 % du revenu par habitant. Quelques pays d'Afrique australe ont des taux de fécondité comparables à ceux de l'Afrique du Nord et un ratio élevé de personnes en âge de travailler sur les personnes dépendantes, mais la plupart des pays d'Afrique subsaharienne continue à avoir un taux de fécondité élevé.

Une plus grande participation des femmes à la population active

La croissance économique rapide des Tigres asiatiques a été en grande partie alimentée par une augmentation du facteur de production travail, à la fois causée par un accroissement de la part de la population en âge de travailler et par une augmentation de la participation des femmes au marché du travail formel. L'éducation des enfants est consommatrice en temps et en argent, et le temps pris pour s'occuper des enfants peut aboutir à réduire l'offre de main d'œuvre. La fécondité et l'offre de main d'œuvre féminine sont des décisions qui sont prises en tandem au niveau des ménages. Les femmes qui ont moins d'enfants peuvent décider de travailler plus, et les femmes qui ont de bons postes et qui gagnent des salaires élevés peuvent décider d'avoir moins d'enfants. Dans les pays développés, l'introduction de la pilule contraceptive et la légalisation de l'avortement ont eu de grandes répercussions sur la fécondité et ont conduit à l'augmentation de la participation des femmes dans la population active (Bailey, 2006). De même, dans les pays d'Amérique latine, les services de planification familiale ont conduit à des réductions de la fécondité et à des augmentations ultérieures de l'offre de main d'œuvre féminine (Miller, 2010).

Toutefois, dans les pays en développement les plus pauvres, l'impact de réductions de la fécondité sur l'offre de main d'œuvre féminine peut être minime étant donné que presque toutes les femmes y travaillent, indépendamment du nombre d'enfants qu'elles pourraient avoir (Goldin, 1994). Dans les zones rurales, les femmes travaillent souvent à la maison et généralement comme indépendantes ou de manière non-rémunérée au sein d'entreprises familiales. Dans de telles situations, le ménage est à la fois une unité de production et une unité de consommation, et il est possible de combiner garde des enfants avec activité professionnelle.

Cet environnement double constitué de la maison et du travail peut expliquer le faible impact des programmes de planification familiale sur la participation des femmes au marché du travail formel à Matlab dans le Bangladesh rural ; la plupart des effets du programme sur le marché du travail ont concerné les revenus des femmes (Schultz, 2009b). En revanche, en milieu urbain des pays à revenu moyen et élevé, le lieu de travail et de résidence sont souvent distincts, ce qui rend plus difficile la conciliation du travail avec le fait d'élever des enfants.

Mais même dans ces situations, l'offre de main d'œuvre ne procède pas d'un simple choix binaire. Les femmes ayant une faible scolarisation et de jeunes enfants peuvent travailler de manière plus souple et moins formelle plutôt que de quitter complètement le marché du travail (Radhakrishnan, 2010 ; Schultz, 1990). Ceci montre que les effets de la baisse de la fécondité sur l'offre de main d'œuvre pourraient concerner principalement les femmes plus instruites dans les milieux urbains, lesquelles ont la possibilité d'avoir des emplois formels hors du domicile familial.

Ce n'est pas pour autant de manière automatique que l'augmentation de main d'œuvre par habitant issue d'une structure par âge favorable et de l'offre accrue de main d'œuvre féminine produit un dividende démographique (Bloom, Canning et Sevilla, 2003). Les réductions de la fécondité font bien augmenter la part de la population en âge de travailler, mais à moins que la fécondité tombe en deçà du seuil de renouvellement, les futures cohortes en âge de travailler seront encore plus grandes que celles qui les précèdent. Tant que la part de la population qui pourrait travailler continue à croître, l'augmentation de l'offre de main d'œuvre doit être compensée par une augmentation de la demande de travail du même ordre pour bien amener une croissance économique. Les pays ayant une meilleure gouvernance et des politiques économiques axées sur le marché connaissent des avantages économiques substantiels lorsque les taux de fécondité et de dépendance de la jeunesse baissent. Cependant, en l'absence d'une bonne gouvernance et de politiques économiques appropriées, les effets de l'offre de main d'œuvre peuvent être gaspillés et les pays peuvent rater la fenêtre d'opportunité démographique et ainsi ne pas réaliser de dividende démographique (Bloom, Canning et Malaney, 1999).

La croissance économique africaine

La transition démographique génère un grand choc d'offre en apportant potentiellement une augmentation du nombre de travailleurs, du capital humain et du niveau d'épargne. Néanmoins, pour que le dividende démographique puisse générer de la croissance économique, cette offre doit s'accompagner d'une augmentation équivalente de la demande (encadré P.1). Alors que de nombreux pays d'Asie ont bénéficié du dividende démographique, l'Amérique latine et l'Afrique du Nord ont beaucoup moins bénéficié de leur changement de structure par âge. La transition démographique démultiplie les enjeux liés à la politique économique : le dividende potentiel amplifie les effets des bons et des mauvais choix politiques.

Une des raisons d'être optimiste quant aux perspectives d'un dividende démographique en Afrique est, qu'après une période de faible croissance économique, les performances économiques de la région ont pris leur envol cette dernière

ENCADRÉ P.1

Taille de la cohorte et chômage des jeunes

Le dividende démographique se produit lorsque le rapport entre la population en âge de travailler et la population dépendante commence à monter. Mais le nombre absolu de jeunes travailleurs qui intègrent le marché du travail augmente également et une grande cohorte de jeunes peut avoir des effets négatifs sur la productivité. Les grandes cohortes, soumises à un phénomène d'encombrement générationnel, pourrait conduire à une réduction des salaires de la cohorte et réduire l'offre de travail individuelle (Korenman et Neumark, 2000). La présence d'une grande cohorte de jeunes peut aussi conduire à un chômage des jeunes à grande échelle. En Afrique subsaharienne, il est plus probable qu'un grand nombre de jeunes travailleurs se retrouve forcé de travailler dans des secteurs à faible productivité tels que l'agriculture et les entreprises familiales informelles. D'importantes entrées de jeunes sur le marché du travail rendent également difficile la création de suffisamment d'emplois pour assurer à ces jeunes des emplois productifs. Le principal défi dans la réalisation du dividende démographique est d'employer la part de la population en âge de travailler de manière productive, permettant ainsi d'augmenter la production par habitant et la croissance économique.

---

décennie. S'agit-il d'un sursaut temporaire ou d'un changement fondamental ? S'il s'agit de cette dernière option, cela pourrait signifier le début d'une amélioration durable de la croissance et des performances économiques à même d'offrir des emplois aux grandes cohortes à venir lorsqu'elles seront en âge de travailler.

Les taux de croissance du PIB en Afrique dépassaient les 4 % par an dans les années 1960, ont diminué entre 1970 et 1995, puis ont a nouveau dépassé les 4 % par an à partir de 2005 (graphique P.13). La croissance de la population dans la région s'est quant à elle stabilisée juste en deçà de 2,5 % par an. En raison de cette hausse constante de la population, la croissance du PIB par habitant est beaucoup plus faible – en réalité, il a même chuté en Afrique subsaharienne entre 1980 et 1995.

Une croissance économique accrue crée l'espace budgétaire nécessaire pour soutenir les investissements dans la santé maternelle et infantile et dans une éducation de qualité, en particulier pour les filles. En outre, la croissance économique peut créer les emplois nécessaires pour tirer profit de l'augmentation de la main d'œuvre et ainsi réaliser une croissance économique encore plus rapide.

Comment la structure par âge peut stimuler la croissance

Quatre caractéristiques démographiques sont favorables à la croissance : une part croissante de la population en âge de travailler, l'accroissement du capital physique par travailleur (Zelleke et al., 2013), une productivité globale des

Graphique P.13 Croissance du PIB et PIB par habitant en Afrique subsaharienne entre 1965 et 2010

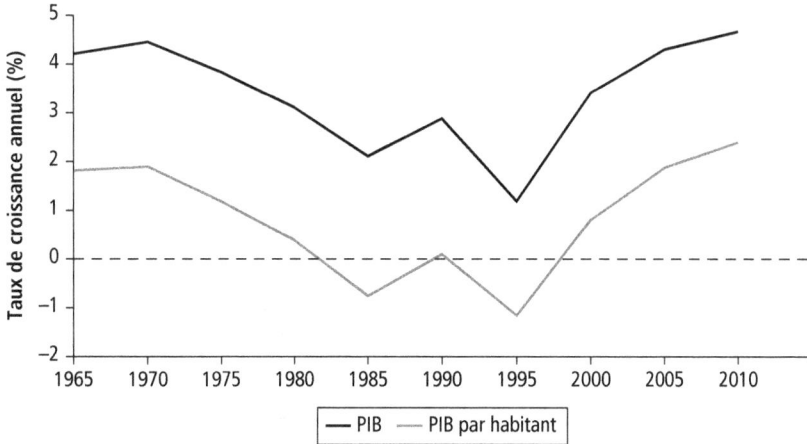

Source : Cho et Tien, 2013.
Note : Les données ont été compilées à partir d'un échantillon pondéré de 32 pays d'Afrique subsaharienne.

facteurs (PGF) en hausse (Tahari et al., 2004) et le renforcement du capital humain grâce à une amélioration de la qualité de l'éducation (graphique P.14). Dans le passé, la croissance de l'emploi sous la forme d'une augmentation des taux de participation de la population en âge de travailler avait joué un très petit rôle, mais les tendances actuelles laissent penser que le continent est prêt pour une croissance économique transformatrice au-delà de la mobilisation de ses ressources naturelles.

Les fluctuations de la PGF ont orienté, avec une forte baisse entre 1970 et 1995 mauvaise performance économique. Les baisses de la productivité en Afrique subsaharienne au cours de cette période peuvent être imputées en partie à une situation géographique défavorable (Bloom et al., 1998), à l'instabilité politique (Collier et Gunning, 1999), aux mauvaises politiques économiques (Easterly et Levine, 1997) et à la recherche de rente sur les ressources naturelles (Sachs et Warner, 2001). Des situations de surendettement faisant suite à un fléchissement des prix des matières premières peuvent tout particulièrement affecter la productivité (Deaton, 1999). Ces situations font souvent suite à de grandes fluctuations dans les cours du pétrole ou des matières premières, et parfois aussi à la concurrence accrue d'autres pays.

Depuis le milieu des années 1990, la contribution de l'agriculture au PIB a diminué et celle de l'industrie a augmenté. Simultanément, la main d'œuvre est passée de l'agriculture à des emplois à plus forte productivité dans l'industrie et les services ; la productivité est généralement assez faible dans l'agriculture

Graphique P.14 Augmentation du revenu par habitant en Afrique subsaharienne, selon la source (1960–2010)

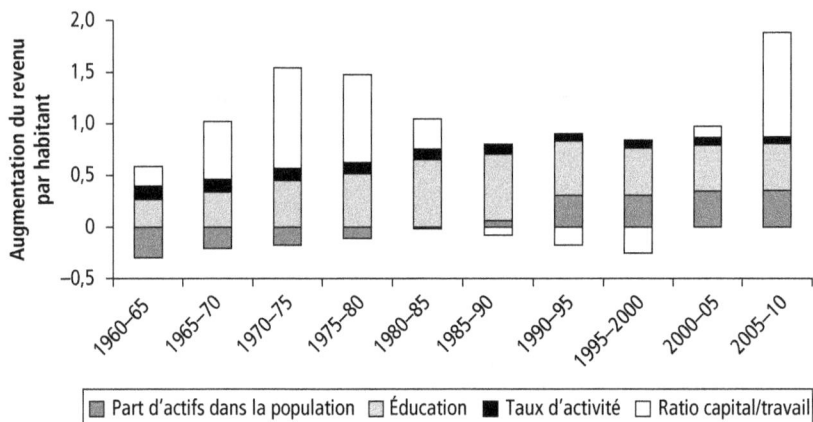

Source : Cho et Tien, 2013.
Note : Données compilées à partir de 32 pays d'Afrique subsaharienne.

par rapport aux autres secteurs. Ce virage sectoriel est généralement associé à une croissance économique rapide (Bloom et al., 2010). En Afrique, la part relative de l'industrie dans le PIB est restée relativement stable à environ 25 % entre 1970 et 2000. Depuis 2000, il a augmenté à environ 30 %. Contrairement à certaines autres variables, dont les contributions à la croissance économique ont été très fluctuantes, l'amélioration de l'éducation a contribué de manière stable à la croissance économique africaine sur toute cette période.

Étant donné que certains pays africains, en particulier ceux d'Afrique australe, ont commencé leur la transition démographique dans les années 1990, le taux de dépendance des jeunes a diminué et la part de la population en âge de travailler a augmenté, ce qui s'est traduit par une augmentation du nombre de travailleurs et du revenu par habitant (graphique P.15). Cet effet positif du changement de la structure par âge contraste avec la situation d'avant 1985, lorsque la dépendance de la jeunesse était en hausse et la population en âge de travailler en baisse, ralentissant ainsi la croissance économique. Une hausse des taux de participation de la population active a également contribué à la croissance économique, mais l'effet était très limité.

La décomposition décrite ici concerne le niveau régional, ce qui peut masquer une hétérogénéité considérable dans toutes les variables à l'origine de ces changements. Par exemple, certains pays ont une croissance beaucoup plus rapide que d'autres, probablement pour différentes raisons. Il s'y ajoute que, les taux de fécondité, qui déterminent directement la structure par âge de la

Graphique P.15 Revenus du travail et consommation par habitant au Kenya, selon l'âge (1994)

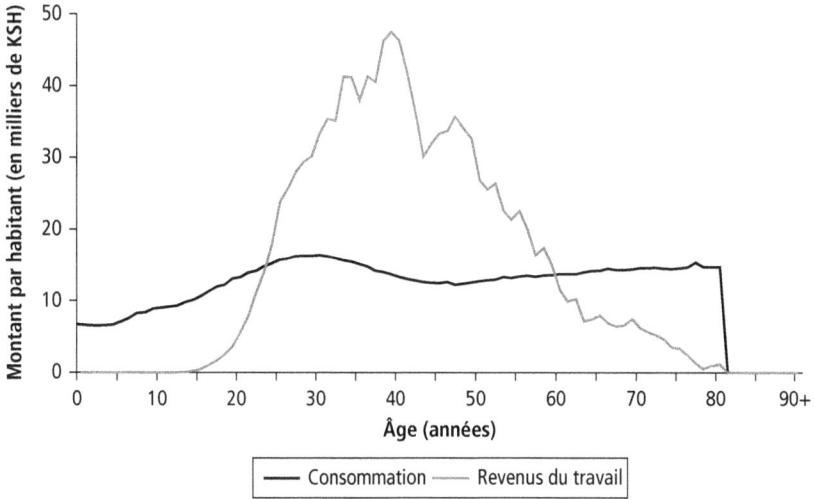

Source : National Transfer Accounts (http://www.ntaccounts.org/web/nta/show).

population en âge de travailler et contribuent par conséquent, selon les cas, au ralentissement de la croissance (pour les pays avec des taux de dépendance élevés) ou à la stimulation de la croissance (pour les pays avec des taux de dépendance faibles), varient d'un pays à un autre.

Retombées positives en matière d'épargne

La croissance économique rapide de l'Asie de l'Est est principalement attribuable à l'augmentation des facteurs de production, notamment le travail, le capital et l'éducation (Young, 1995). Les améliorations de la PGF ont joué un rôle minime. Tous les tigres asiatiques ont connu une augmentation de la part de population active en raison des changements dans la part de la population en âge de travailler et la participation de la main d'œuvre féminine ainsi que l'augmentation de l'épargne et des investissements. Le taux de l'épargne privée à Taïwan en Chine, est passé d'environ 5 % dans les années 1950 à plus de 20 % dans les années 1980 et 1990. Les taux d'épargne varient en fonction de l'âge et sont plus élevés pour les ménages taïwanais dont le chef de famille a entre 50 et 60 ans. La hausse de l'épargne à Taïwan en Chine et dans les autres tigres asiatiques peut s'expliquer en partie par des changements dans la structure par âge de la population et en partie par l'augmentation de l'espérance de vie, ce qui motive davantage les gens à épargner pour la retraite.

Les variations de revenus du travail au cours de la vie suivent un schéma très distinct de celles de la consommation (Mwabu, Muriithi et Mutegi, 2011).

La consommation par âge est relativement stable, quoique un peu plus faible pour les enfants que pour les adultes, tandis que les revenus du travail sont concentrés sur les âges pendant lesquels il est possible de travailler et culminent à l'âge d'environ 40 ans (graphique P.15). Au Kenya, les gens dépensent plus qu'ils ne gagnent en travaillant jusqu'à l'âge de 23 ans et après l'âge de 60 ans. Ce déficit des revenus du travail par rapport à la consommation peut être financé par des transferts publics ou privés, en empruntant, ou en accumulant des actifs.

Dans la plupart des pays, les jeunes comptent principalement sur les transferts privés en provenance d'autres membres de la famille pour leur consommation et reçoivent des transferts publics pour la santé et l'éducation. Pour les personnes âgées, un large éventail d'approches sont utilisées pour financer leur consommation. Certains pays se fondent sur l'épargne privée, d'autres sur les transferts publics, et d'autres encore sur des transferts privés ou familiaux. En Asie de l'Est, les transferts familiaux financent en bonne partie la consommation des personnes âgées. Toutefois, dans la plupart des pays et régions du monde, les fonds ont tendance à circuler dans la direction opposée, et ce sont les personnes âgées qui font des transferts aux plus jeunes membres de la famille. En Afrique subsaharienne, il existe peu de données sur le revenu et la consommation en fonction de l'âge. En Afrique du Sud, et malgré les pensions de retraite accordées par le gouvernement, l'épargne privée reste la principale source de financement

Graphique P.16 Part des IDE dans le PIB dans les pays d'Afrique subsaharienne, selon le type de pays (1980–2010)

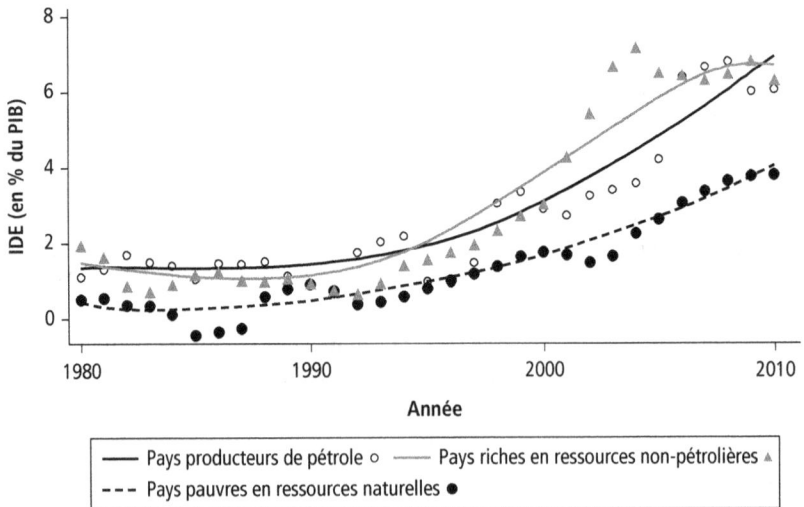

Source : Cho et Tien, 2013.

pour la consommation des personnes âgées (Oosthuizen, 2013). Il semble probable que dans la plupart des pays africains pauvres l'on compte avant tout sur les transferts familiaux et, dans une certaine mesure, sur l'épargne privée.

Puisque les personnes âgées ont également besoin de revenus, les adultes en âge de travailler, et tout particulièrement les plus âgés d'entre eux, épargnent généralement pour la retraite, bien que cela dépende fortement de l'intérêt économique qu'offre le système public de retraite (Bloom et al., 2007). En Asie, la hausse de la part de la population en âge de travailler a été associée à un boom de l'épargne et de l'investissement. L'effet devrait être moins important en Afrique, au moins dans le court terme. En données globales, l'épargne est d'autant plus élevée que la proportion de la population qui est en âge de travailler est élevée. Mais il y a aussi un très fort effet revenu étant donné les taux d'épargne nationaux sont très faibles dans les pays à faible revenu. Les données sur les ménages des pays africains les plus pauvres tendent à indiquer qu'il y a très peu d'épargne visant à couvrir la variations des revenus au court de la vie. Pour la plupart des pauvres, l'épargne se fait surtout à titre de précaution, pour couvrir d'éventuels problèmes de santé ou de revenus dans un futur proche. Il s'agit par ailleurs principalement d'épargne prenant la forme de biens matériels et pas de produits financiers (Aryeetey et Udry, 2000). Dans les pays à revenu élevé, tels que l'Afrique du Sud, les travailleurs du secteur formel font des économies substantielles. Ce mécanisme pourrait revêtir une importance croissante dans les pays pauvres au fil du temps étant donné que le travail a tendance à y passer du secteur formel au secteur informel. Dans le court terme cependant, la plupart des pays pauvres de la région doivent faire en sorte de continuer à assurer des flux d'emprunts extérieurs et d'investissements directs étrangers pour financer les investissements et conserver ou augmenter le rapport capital/travail.

Retombées positives sur les investissements
L'investissement et la formation de capital ont été les moteurs de la croissance économique de l'Afrique subsaharienne au cours de la dernière décennie (graphique P.16) Entre 1985 et 2000, le niveau de capital par travailleur a diminué en raison des faibles taux d'investissement et des fortes augmentations de main d'œuvre. De 2005 à 2010, le niveau d'investissement a considérablement augmenté, faisant connaître à l'Afrique subsaharienne le plus fort taux de croissance de capital par travailleur qu'elle ait jamais connue. Il existe cependant un écart élevé entre le niveau d'investissement et d'épargne en Afrique subsaharienne – la moitié des investissements étant financés par le secteur public, des emprunts extérieurs ou par des investissements étrangers. En particulier, l'IDE a fortement augmenté, passant d'un taux annuel d'environ 1 % du PIB en 1995 à environ 6 % du PIB aujourd'hui. Ce boom explique en grande partie la récente croissance économique de la région.

Comme avec la plupart des autres variables de cette décomposition de la croissance économique régionale, le niveau et la nature de l'IDE cachent une hétérogénéité considérable entre les pays et ces disparités sont importantes parce que la nature de l'IDE peut avoir des effets très différents sur la création d'emploi. Les pays riches en ressources naturelles (principalement les pays producteurs de pétrole) sont susceptibles de tirer profit de la hausse des cours des matières premières (à premier titre, du pétrole). Les pays les plus stables politiquement (et connaissant notamment moins de conflits) sont plus susceptibles d'attirer les IDE et de donc de bénéficier d'une augmentation de la PGF. Les pays dotés d'un capital humain plus élevé seront plus à même de créer un environnement économique propice à la recherche, au développement et à l'innovation, ce qui peut stimuler la croissance de la PGF. Les pays avec plus d'ouverture (comme les membres les plus ouverts économiquement (les membres d'unions douanières par exemple) constituent également des environnements plus favorables à la croissance de la PGF.

Les pays d'Afrique subsaharienne se répartissent en trois catégories : les producteurs de pétrole, les pays riches en ressources non-pétrolières et les pays pauvres en ressources naturelles. L'IDE a cru dans les trois types de pays mais dans des proportions différentes (graphique P.16). Il y a eu une forte augmentation de la part de l'IDE dans le PIB des pays riches en ressources naturelles (pétroliers et non-pétroliers), en particulier à la fin des années 2000. Mais il y a également eu une augmentation substantielle de l'IDE dans les pays pauvres en ressources naturelles. La nature des IDE est également importante car elle aura une incidence sur la probabilité que ces investissements créeront des emplois : il est essentiel que des emplois bien rémunérés soient créés pour cette masse de jeunes atteignant l'âge de travailler pour que les pays bénéficient réellement des retombées économiques potentielles de la transition démographique.

Les perspectives de croissance de l'Afrique sont prometteuses. La poussée de croissance régionale est impulsée par trois principaux catalyseurs : la possibilité d'obtenir une structure démographique favorable si la transition démographique s'accélère dans les pays retardataires, l'augmentation du capital physique grâce aux investissements, et l'évolution de la productivité globale des facteurs.

Apport potentiel du dividende démographique

Il est possible de modéliser la façon dont les changements de fécondité affecteront la croissance économique en partant de la décomposition de croissance. Sur la base de projections de mortalité constante, plusieurs scénarios de fécondité ont été élaborés pour le Nigeria, et les conséquences économiques associées à chacun de ces scénarios ont été analysées. Sur la base du modèle d'Ashraf, Weil et Wilde (2013), cette décomposition prend en compte les effets de la fécondité sur la structure par âge, la participation des femmes au marché du travail, les investissements en faveur de l'éducation, les changements dans

Graphique P.17 Revenu par habitant au Nigeria dans des scénarios de variante haute, moyenne et basse (2010–2100)

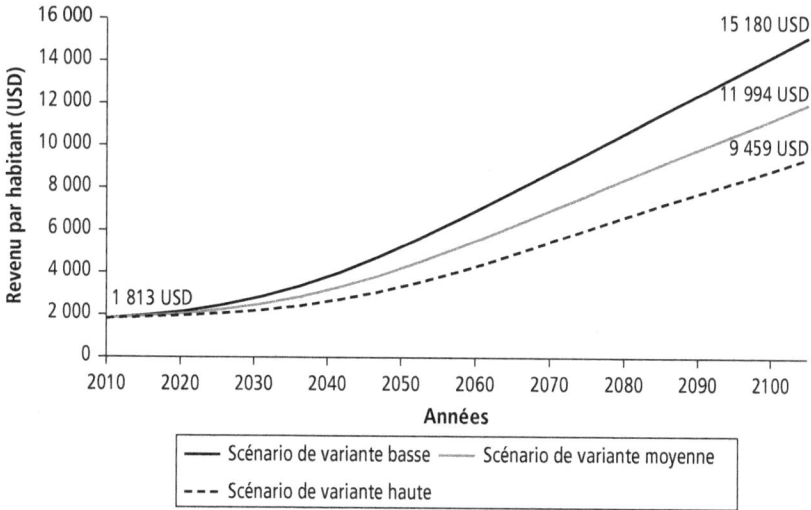

Source : Canning, Karra et Wilde, 2013.

le rapport capital-travail et l'industrialisation. Le graphique P.17 présente des projections du revenu par habitant (à parité de pouvoir d'achat à prix constants) pour le Nigeria en utilisant les données des projections démographiques des Nations Unies comme référence (Division de la population de l'ONU, 2013). Les scénarios de fécondité faible, moyenne et élevée divergent lentement pour finir à une différence d'environ 0,5 enfant, ce qui fait que l'ISF du scénario de faible fécondité est inférieur d'environ 1 enfant au scénario de fécondité élevée. Dans ces scénarios, le revenu par habitant dans le scénario de forte fécondité devrait être d'un peu plus de 9 000 USD d'ici 2060 (contre un peu moins de 2 000 USD aujourd'hui), tandis que le revenu par habitant dans le scénario de faible fécondité devrait être de plus de 13 000 USD d'ici 2060. Le scénario de faible fécondité augmente la croissance du revenu par habitant d'environ 0,7 points par an.

Des mesures pour accélérer la transition démographique

Pour bénéficier d'un dividende démographique important dans le court terme, l'Afrique a besoin de politiques qui accélèrent la réduction de la mortalité infantile et qui aident les couples à parvenir à des familles de taille plus réduite.

Une transition démographique accélérée procurera des bénéfices à court terme bien supérieurs. Une deuxième série de mesures politiques tireront profit du potentiel apporté par la transition démographique du côté de l'offre.

Des mesures dans trois domaines clés permettraient d'accélérer la transition de la fécondité et d'augmenter le dividende démographique : réduire la mortalité infantile, améliorer l'éducation des femmes et améliorer l'accès à des services complets de planification familiale. Des avancées dans ces trois domaines sont souhaitables indépendamment des gains économiques potentiels mais elles devraient faire l'objet d'une plus grande priorité que c'est le cas aujourd'hui.

Le premier ensemble de politiques vise à réduire la mortalité infantile (des enfants de moins de 5 ans). Indépendamment de sa valeur intrinsèque, la réduction de la mortalité infantile permettra également de réduire le nombre d'enfants souhaités. Bien que de nombreux pays d'Afrique subsaharienne aient fait de gros efforts au cours de la dernière décennie, la mortalité infantile reste élevée (Lozano et al., 2011). Les principales causes de la mortalité infantile sont les complications pendant la grossesse et l'accouchement, les maladies néonatales, les infections infantiles, la malnutrition et le VIH/SIDA (Kinney et al., 2010). Parmi les interventions préventives économiquement efficientes qui peuvent réduire sensiblement la mortalité infantile on compte la vaccination contre le tétanos maternel, l'allaitement maternel exclusif, les soins du cordon, les vaccinations néonatales, la supplémentation en vitamine A, la prévention de la transmission mère-enfant du VIH et l'expansion de l'utilisation de moustiquaires imprégnées d'insecticide (Friberg et al., 2010). La réanimation néonatale et la gestion des cas d'enfants souffrant de maladies telles que la diarrhée, la pneumonie, le paludisme et la rougeole font aussi beaucoup sens.

Le deuxième ensemble de politiques vise quant à lui à améliorer l'éducation des femmes. Ouvrir l'éducation aux femmes augmente leur capacité à prendre des décisions concernant leur propre santé et celle de leurs enfants, leur possibilités d'accès et d'utilisation de méthodes de planification familiale, leur pouvoir de négociation au sein du ménage et leur motivation à travailler. Même si le taux de scolarisation a augmenté en Afrique, la scolarisation des filles a tendance à accuser un retard par rapport à celle des garçons, en particulier dans certaines sous-régions. La scolarisation a tendance à être plus faible pour les filles que les garçons dans les ménages pauvres ou dans lesquels les filles ont des jeunes frères ou sœurs (Glick et Sahn, 2000). Parmi les politiques qui sont en mesure d'augmenter le taux de scolarisation des filles on compte des améliorations générales de l'accès à l'éducation, tout particulièrement à l'enseignement secondaire (Birdthistle et al., 2011). Il existe par ailleurs des données qui laissent à penser que des programmes conditionnels qui prévoient des transferts en espèces récompensant la fréquentation scolaire augmentent sensiblement la présence de filles à l'école. Au Bangladesh, des bourses scolaires ont amélioré les résultats scolaires des filles et entraîné le retardement de leur âge de mariage. Il semble-rait également que des transferts inconditionnels produisent des résultats, ce qui laisse penser qu'en diminuant la pression sur la consommation des ménages, la pauvreté des ménages puisse être marginalement diminuée, permettant aux parents d'envoyer leurs filles à l'école (Baird, McIntosh et Özler, 2009).

Le troisième ensemble de politiques met l'accent sur des services complets de planification familiale. Si le consentement à payer pour des méthodes contra-ceptives est variable, les femmes sont plus enclines à payer pour de la contra-ception si les prix en sont fortement subventionnés, tout particulièrement dans le cas des femmes ne travaillant pas et qui souhaitent moins d'enfants que leurs maris (Prata et al., 2013). Il est donc souhaitable de réduire le coût de l'accès aux services de planification familiale pour les femmes à faible revenu et les femmes dont le pouvoir de négociation au sein du ménage est faible. La qualité et le coût des services offerts avec les contraceptifs affectent le recours à la contra-ception. Bien que la plupart des femmes en Afrique subsaharienne connaissent la contraception, beaucoup ne la considèrent pas comme sûre et un nombre important d'utilisatrices signalent des effets secondaires (Aryeetey, Kotoh et Hindin, 2011). Si certaines femmes qui ont arrêté d'utiliser les contraceptifs injectables citent le coûts et les ruptures de stock comme raisons pour laquelle elles ont cessé d'y avoir recours, la plupart signale les effets secondaires comme principale raison (Burke et Ambasa-Shisanya, 2011). Une planification familiale de haute qualité se doit de fournir des services de conseil, des soins permettant de remédier aux effets secondaires de l'usage de contraceptifs, et de permettre aux femmes de changer de méthode contraceptive. Les services de conseils et de traitement pour remédier aux effets de l'utilisation des contraceptifs et la possibilité de passer d'une méthode contraceptive à une autre afin de réduire les effets secondaires sont des aspects importants de la planification familiale de haute qualité. Lorsque des services de haute qualité sont fournis en Afrique sub-saharienne, les familles utilisent les contraceptifs principalement pour espacer et programmer les naissances plutôt que pour les limiter (Phillips et al., 2012). Cela montre que les programmes de planification familiale devraient insis-ter sur les méthodes réversibles. Il est également important d'inclure d'autres aspects de la planification familiale tels que l'information, non seulement sur les avantages et les inconvénients des différentes méthodes, mais aussi sur les avantages de retarder, d'espacer et de limiter les naissances.

Des politiques pour profit du dividende démographique

Pour exploiter le dividende démographique, il faut des politiques qui accélèrent la transition vers de plus petites cohortes et permettent à celles-ci d'être produc-tives à la fois. Il faut adapter les politiques à mener et leurs priorités respectives en fonction des pays, en prenant en compte la phase de transition dans laquelle ils se situent et leur contexte économique.

Pendant la première partie de la transition démographique, l'augmentation du rapport entre la population en âge de travailler et la population dépendante produit mécaniquement un dividende démographique, mais ce dividende est d'autant plus important que les jeunes travailleurs sont occupés sur des emplois productifs. Cela peut s'avérer difficile pendant les phases initiales de la transition, quand le nombre absolu de jeunes est en augmentation et que l'économie n'est pas forcément en mesure d'absorber cette cohorte sur des emplois productifs. Il y a cependant de la place pour une plus grande productivité dans le secteur formel, le secteur agricole et le secteur informel non-agricole.

Le modèle de l'Asie de l'Est est fondé sur une croissance axée sur les exportations. L'Afrique pourra remplacer l'Asie de l'Est comme pôle principal de production manufacturière à haute intensité de main d'œuvre à l'échelle mondiale étant donné la hausse des salaires en Asie de l'Est. Dans le passé, l'incertitude politique dissuadait les multinationales de mettre en place des unités de production en Afrique. Malgré des salaires qui sont généralement bas, l'Afrique est un lieu cher du fait du coût élevé des infrastructures, des facteurs de production autres que la main d'œuvre et les salaires élevés des travailleurs ayant des compétences spéciales. Les entraves au commerce ajoutent encore aux coûts (Iwanow et Kirkpatrick, 2009). L'augmentation récente des IDE en Afrique reflète cependant une confiance croissante dans le secteur manufacturier de la région. En outre, le développement de l'industrie manufacturière renforce la densité du tissu de fournisseurs sur place, ce qui peut favoriser l'installation de nouveaux investisseurs en Afrique, créant ainsi la possibilité d'un décollage économique rapide (Samir et al., 2010).

Le défi dans la plupart des pays d'Afrique subsaharienne consiste à engager l'importante cohorte de jeunes dans des emplois à forte productivité du secteur formel plutôt que dans des métiers informels, peu productifs et mal payés dans le secteur agricole ou des activités basées à domicile. Dans les pays à revenu élevé comme l'Afrique du Sud, une grande cohorte de jeunes peut s'accompagner d'un chômage élevé des jeunes mais dans la plupart des pays d'Afrique subsaharienne, l'importance du secteur informel fait que le taux de chômage réel est relativement faible mais que ces jeunes sont par contre mobilisés par des emplois à faible productivité.

Une approche qui permettrait d'exploiter le dividende de la jeunesse est d'augmenter la compétitivité de la production dans les pays africains et de développer les exportations et les emplois dans le secteur formel. Malgré les bas salaires, une grande partie de l'Afrique n'est pas très compétitive sur les marchés internationaux en raison des défaillances des gouvernements, d'entraves importantes au commerce, du manque d'infrastructures et du manque de main d'œuvre qualifiée. Étant donné que la plupart des emplois sont dans le secteur informel, les politiques peuvent chercher à accroître la productivité de ce secteur. Dans le même temps, les politiques peuvent chercher à accroître la compétitivité des exportations, ce qui permettra d'élargir le secteur formel (Banque mondiale, 2013).

L'augmentation de la productivité agricole requiert des politiques foncières qui formalisent les titres fonciers et augmentent la productivité, par exemples des politiques qui favorisent la mobilisation de crédits pour l'investissement dans des nouvelles techniques agricoles. Elle requiert également des politiques visant à améliorer les compétences des agriculteurs et leur permette d'atteindre des meilleurs rendements, mais aussi à améliorer l'infrastructure nécessaire pour relier les fermes aux marchés. Un grand nombre d'entreprises familiales informelles offre des services aux consommateurs et des consommables. Étant donné que ces entreprises sont situées en marge du système réglementaire, elles peuvent être confrontées à un harcèlement de la part des autorités. Elles représentent pourtant d'importantes opportunités de croissance. En donnant aux entreprises familiales un climat de sécurité dans leur exploitation, ainsi qu'une reconnaissance officielle, les pouvoirs publics peuvent leur permettre d'entrer à terme dans le secteur formel réglementé. Ce processus peut impliquer l'attribution d'espaces officiellement reconnus aux entreprises informelles opérant dans les villes et un accès légal aux services d'infrastructures publiques comme l'eau et l'électricité. Comme dans le secteur de l'agriculture, l'offre de services financiers et de compétences peut aider les entreprises informelles à se développer.

L'explosion du nombre de jeunes et la participation accrue des femmes au marché du travail seront les plus importantes caractéristiques de la transition démographique de l'Afrique subsaharienne. Elles peuvent toutes deux être réglées en partie par les politiques de l'emploi qui garantissent que les jeunes et notamment les jeunes femmes aient les compétences appropriées en matière de travail. Mais l'ampleur de cette main d'œuvre croissante fait que les politiques d'emploi des jeunes et des femmes seront en soi forcément inadéquates. Ce qu'il faut, c'est une forte augmentation de la demande de main d'œuvre résultant d'une augmentation significative de la croissance économique. La transition démographique assure l'offre de main d'œuvre nécessaire à la croissance mais une demande équivalente de main d'œuvre est nécessaire pour obtenir un dividende démographique de cette transition.

En plus d'augmenter les opportunités d'emploi, l'Afrique subsaharienne doit préparer le deuxième dividende démographique en augmentant l'épargne pour la retraite. Cet effort requiert la mise en place de plans d'épargne à faible coût accessibles aux travailleurs dans les secteurs formels et informels et l'orientation de l'épargne vers des investissements productifs, remplaçant à terme les fonds étrangers comme principale source de financement des investissements.

Il existe un ordre naturel de programmation des politiques recommandées en fonction de là où en sont les pays dans la transition démographique (tableau P.3). Dans les pays à forte fécondité, les décideurs politiques doivent

Tableau P.3 Politiques visant à tirer profit du dividende démographique

Objectif	Politiques
Accélérer la baisse de la fécondité	Réduire la mortalité, la morbidité et la malnutrition infantile Améliorer l'éducation des filles et l'égalité entre les sexes. Changer les normes sociales relatives à la fécondité Réduire le mariage des enfants Élargir les programmes globaux de planification familiale
Récolter le premier dividende économique	Augmenter les niveaux d'instruction et de capital humain Attirer les investissements directs étrangers Améliorer l'environnement des entreprises pour renforcer la demande de main d'œuvre Réduire les barrières commerciales Encourager l'emploi des femmes en dehors du foyer
Récolter le second dividende économique	Améliorer les institutions et les politiques ayant trait à l'épargne intérieure et l'investissement

se concentrer sur le rythme auquel s'effectue la transition démographique. Pour les pays à forte fécondité ayant une mortalité infantile élevée, la réduction de la mortalité infantile doit être la première priorité. Pour les pays à forte fécondité mais avec une mortalité infantile faible, tels que la Tanzanie, des actions sur les autres déterminants de la fécondité souhaitée, dont l'éducation des femmes par exemple, sont indiquées. Les activités de planification familiale doivent être adressées aux pays avec une forte demande de planification familiale non satisfaite (Casterline et El-Zeini, 2014).

Dans les pays où la fécondité est en baisse et la part de la population en âge de travailler en hausse, l'accent doit être mis sur la création d'emplois à haute productivité pour la grande cohorte en âge de travailler et la promotion d'investissements dans la santé et l'éducation de la plus petite cohorte de jeunes. Dans les économies plus mûres, aux secteurs formels plus développés et proches du point culminant de leur dividende démographique, l'accent doit être mis sur la création de l'épargne intérieure et la participation des femmes au marché du travail en dehors du foyer. Assurer une épargne suffisante pour la retraite permettra également de régler la question du vieillissement de la population qui va émerger au fur et à mesure que la transition arrive à son terme.

Ces recommandations peuvent être difficiles à mettre en œuvre dans les États et les pays fragiles dont certaines zones ne sont pas sous le contrôle du gouvernement. Dans de pareilles situations, le manque de sécurité peut rendre les interventions difficiles et le développement économique presque impossible. Par conséquent, l'accent doit être mis sur la préservation de la santé des enfants, l'accès aux soins de santé et la planification familiale, dans l'idée d'assurer, là où c'est possible, les conditions préalables pour obtenir un dividende démographique.

La croissance de la population africaine en âge de travailler sera implacable et inévitable. Cette croissance va-t-elle produire un dividende démographique ou une catastrophe démographique ? La réponse est entre les mains des décideurs politiques d'aujourd'hui. Avec les bonnes politiques, le passage de l'Afrique à des familles plus réduites pourra être accéléré. Avec les bonnes politiques, les marchés du travail africains pourront fournir suffisamment d'emplois productifs à une main d'œuvre en rapide expansion. Avec les bonnes politiques, l'Afrique pourra profiter d'un dividende démographique énorme pour impulser son décollage économique.

Notes

1. Le *Rapport sur le développement dans le monde 2012 : Égalité des genres et développement* identifie les domaines suivants comme principales priorités pour remédier aux disparités entre les sexes : la réduction des décès des jeunes filles et des femmes, l'élimination des désavantages sexo-spécifiques dans l'éducation, l'accroissement des possibilités économiques et la réduction des écarts de gains et de productivité entre les femmes et les hommes, la diminution de la différence en matière de décision entre les sexes dans les ménages et les sociétés et la limitation de la reproduction de l'inégalité des sexes à travers les générations (Banque mondiale, 2011). Le présent ouvrage couvre les recommandations du *Rapport sur le développement dans le monde 2012* concernant l'autonomisation des femmes et plus particulièrement en matière de santé des femmes et des jeunes filles, des possibilités d'éducation et de la participation des femmes au marché du travail formel.
2. Il est difficile d'estimer les taux d'avortement à partir des données d'enquête en raison de phénomènes de stigmatisation et de sous-déclaration. Ils sont donc modélisés à l'aide d'un méthode de régression proposée par le Guttmacher Institute.
3. Les études Matlab et Navrongo sont citées parce qu'elles ont été conçues de manière à saisir l'impact causal de la planification familiale sur la réduction de la fécondité. De nombreuses autres études ne font que constater des corrélations.

Références

Ahmed, S., Q. Li, L. Liu et AO Tsui. 2012. "Maternal Deaths Averted by Contraceptive Use: An Analysis of 172 Countries." *The Lancet* 380 (9837): 111–25.

Aryeetey, R., A. Kotoh et M. Hindin. 2011. "Knowledge, Perceptions, and Ever Use of Modern Contraception among Women in the Ga East District, Ghana." *African Journal of Reproductive Health* 14 (4): 2335–45.

Aryeetey, E. et C. Udry. 2000. "Saving in Sub-Saharan Africa." CID Working Paper 38, Université de Harvard, Center for International Development, Cambridge, MA.

Ashraf, Q. H., D. N. Weil et J. Wilde. 2013. "The Effect of Fertility Reduction on Economic Growth." *Population and Development Review* 39 (1): 97–130.

Bailey, M. J. 2006. "More Power to the Pill: The Impact of Contraceptive Freedom on Women's Life Cycle Labor Supply." *Quarterly Journal of Economics* 121 (1): 289–320.

Baird, S., C. McIntosh et B. Özler. 2009. "Designing Cost-Effective Cash Transfer Programs to Boost Schooling among Young Women in Sub-Saharan Africa." Document de travail de recherche sur les politiques n°5090, Banque mondiale, Groupe de recherche sur le développement (DECRG), Washington, DC.

Banque mondiale, 2011. *Rapport sur le développement dans le monde 2012 : Égalité des genres et développement.* Washington, DC : Banque mondiale.

———. 2012. *Indicateurs du développement dans le monde* (WDI). Washington, DC : Banque mondiale.

———. 2013. *L'emploi des jeunes en Afrique subsaharienne. Étude régionale sur la région Afrique* (coédité avec l'AFD). Washington, DC : Banque mondiale.

Barker, D. J. P. 1992. *The Fetal and Infant Origins of Adult Disease.* Londres : BMJ Books.

Becker, G. S. 1981. *A Treatise on the Family.* Cambridge, MA : Harvard University Press.

Ben-Porath, Y. 1976. "Fertility Response to Child Mortality: Micro Data from Israel." *Journal of Political Economy,* 84 (4): S163–78.

Birdthistle, I., K. Dickson, M. Freeman et L. Javidi. 2011. "What Impact Does the Provision of Separate Toilets for Girls at Schools Have on Their Primary and Secondary School Enrolment, Attendance, and Completion? A Systematic Review of the Evidence." University of London, Institute of Education, Social Science Research Unit, EPPI-Centre.

Bleakley, H. 2010. "Health, Human Capital, and Development." *Annual Review of Economics* 2: 283–310.

Bloom, D. E. et D. Canning. 2003. "From Demographic Lift to Economic Liftoff: The Case of Egypt." *Applied Population and Policy* 1 (1): 15–24.

Bloom, D. E., D. Canning, G. Fink et J. E. Finlay. 2009. "Fertility, Female Labor Force Participation, and the Demographic Dividend." *Journal of Economic Growth* 14 (2): 79–101.

———. 2012. "Microeconomic Foundations of the Demographic Dividend." PGDA Working Paper 93, Harvard University, Program on the Global Demography of Aging, Cambridge, MA.

Bloom, D. E., D. Canning, L. Hu, Y. Liu, A. Mahal et W. Yip. 2010. "The Contribution of Population Health and Demographic Change to Economic Growth in China and India." *Journal of Comparative Economics* 38 (1): 17–33.

Bloom, D. E., D. Canning et P. Malaney. 1999. "Population Dynamics and Economic Growth in Asia." CID Working Paper 15, Harvard University, Center for International Development, Cambridge, MA.

———. 2000. "Demographic Change and Economic Growth in Asia." *Population and Development Review* 26 (supplement): 257–90.

Bloom, D. E., D. Canning, R. K. Mansfield et M. Moore. 2007. "Demographic Change, Social Security Systems, and Savings." *Journal of Development Economics* 54 (1): 92–114.

Bloom, D. E., D. Canning et J. Sevilla. 2003. *The Demographic Dividend: A New Perspective on the Economic Consequences of Population Change.* Population Matters Monograph MR-1274. Santa Monica, CA : RAND Corporation.

Bloom, D. E., J. D. Sachs, P. Collier et C. Udry. 1998. "Geography, Demography, and Economic Grown." *Brookings Papers on Economic Activity* 2: 207–95.

Bloom, D. E. et J. G. Williamson. 1998. "Demographic Transitions and Economic Miracles in Emerging Asia." *World Bank Economic Review* 12 (3): 419–55.

Bongaarts, J. 1978. "A Framework for Analyzing the Proximate Determinants of Fertility." *Population and Development Review* 4 (1): 105–32.

———. 1994. "The Impact of Population Policies: Comment." *Population and Development Review* 20 (3): 616–20.

Bongaarts, J. et J. Casterline. 2013. "Fertility Transition: Is Sub-Saharan Africa Different?" *Population and Development Review* 38 (1): 153–68.

Bongaarts, J. et S. C. Watkins. 1996. "Social Interactions and Contemporary Fertility Transitions." *Population and Development Review* 22 (4): 639–82.

Burke, H., et C. Ambasa-Shisanya. 2011. "Qualitative Study of Reasons for Discontinuation of Injectable Contraceptives among Users and Salient Reference Groups in Kenya." *African Journal of Reproductive Health* 15 (2): 67–78.

Canning, D., I. Günther, S. Linnemayr et D. Bloom. 2013. "Fertility Choice, Mortality Expectations, and Interdependent Preferences: An Empirical Analysis." *European Economic Review* 63 (C): 273–89.

Canning, D., M. Karra et J. Wilde. 2013. "A Macrosimulation Model of the Effect of Fertility on Economic Growth: Evidence from Nigeria." Document de travail, Harvard Cambridge, MA.

Casterline, J. B. et L. O. El-Zeini. 2014. "Unmet Need and Fertility Decline: A Comparative Perspective on Prospects in Sub-Saharan Africa." *Studies in Family Planning* 45 (2): 227–45.

Chicoine, L. E. 2012. "Education and Fertility: Evidence from a Policy Change in Kenya." Institute for the Study of Labor (IZA), Bonn. http://econpapers.repec.org/paper/izaizadps/dp6778.htm.

Cho, Y. et B. Tien. 2013. "Compilation of 32 SSA Countries." Document de référence sur lequel s'appuie cette publication, Banque mondiale, Washington, DC.

Collier, P. et J. W. Gunning. 1999. "Why Has Africa Grown Slowly?" *Journal of Economic Perspectives* 13 (3): 3–22.

Deaton, A. 1999. "Commodity Prices and Growth in Africa." *Journal of Economic Perspectives* 13 (3): 23–40.

Debpuur, C., J. F. Phillips, E. F. Jackson, A. Nazzar, P. Ngom et F. N. Binka. 2002. "The Impact of the Navrongo Project on Contraceptive Knowledge and Use, Reproductive Preferences, and Fertility." *Studies in Family Planning* 33 (2): 141–64.

Duflo, E., P. Dupas, M. Kremer et S. Sinei. 2006. "Education and HIV/AIDS Prevention: Evidence from a Randomized Evaluation in Western Kenya." Document de travail 4024, Banque mondiale, Washington, DC. http://ideas.repec.org/p/wbk/wbrwps/4024.html.

Easterly, W. et R. Levine. 1997. "Africa's Growth Tragedy: Policies and Ethnic Divisions." *Quarterly Journal of Economics* 112 (4): 1203–50.

Eloundou-Enyegue, P. M. 2013. "Demographic Dividend for Africa Schooling? Theory and Early Evidence." Document de référence sur lequel s'appuie cette publication, Banque mondiale, Washington, DC.

Eloundou-Enyegue, P. M. et S. C. Giroux. 2013. "The Role of Fertility in Achieving Africa's Schooling MDGs: Early Evidence for Sub-Saharan Africa." *Journal of Children and Poverty* 19 (1): 21–44.

Eloundou-Enyegue, P. M. et L. Williams. 2006. "Family Size and Schooling in Sub-Saharan African Settings: A Reexamination." *Demography* 43 (1): 25–52.

Finlay, J. E. et D. Canning. 2013. "The Association of Fertility Spacing, Timing, and Parity with Child Health." Document de référence sur lequel s'appuie cette publication, Banque mondiale, Washington, DC.

Finlay, J. E., E. Özaltin et D. Canning. 2011. "The Association of Maternal Age with Infant Mortality, Child Anthropometric Failure, Diarrhoea, and Anaemia for First Births: Evidence from 55 Low- and Middle-Income Countries." *BMJ Open* 1 (2): s.l.

Friberg, I. K., M. V. Kinney, J. E. Lawn, K. J. Kerber, M. O. Odubanjo et al., 2010. "Sub-Saharan Africa's Mothers, Newborns, and Children: How Many Lives Could Be Saved with Targeted Health Interventions?" *PLoS Medicine* 7 (6): e1000295.

Glick, P. et D. E. Sahn. 2000. "Schooling of Girls and Boys in a West African Country: The Effects of Parental Education, Income, and Household Structure." *Economics of Education Review* 19 (1): 63–87.

Goldin, C. 1994. "The U-Shaped Female Labor Force Function in Economic Development and Economic History." National Bureau of Economic Research, Cambridge, MA.

Hall, R. E. et C. I. Jones. 1999. "Why Do Some Countries Produce So Much More Output per Worker Than Others?" *Quarterly Journal of Economics* 114 (1): 83–116.

Hanushek, E. A. 1992. "The Trade-Off between Child Quantity and Quality." *Journal of Political Economy* 100 (1): 84–117.

Hossain, M. B., J. F. Phillips et T. K. LeGrand. 2007. "The Impact of Childhood Mortality on Fertility in Six Rural Thanas of Bangladesh." *Demography* 44 (4): 771–84.

Iwanow, T. et C. Kirkpatrick. 2009. "Trade Facilitation and Manufactured Exports: Is Africa Different?" *World Development* 37 (6): 1039–50.

Jain, A. K. 2011. "Measuring the Effect of Fertility Decline on the Maternal Mortality Ratio." *Studies in Family Planning* 42 (4): 247–60.

Kalemli-Ozcan, S. 2003. "A Stochastic Model of Mortality, Fertility, and Human Capital Investment." *Journal of Development Economics* 70 (1): 103–18.

Kalemli-Ozcan, S., H. E. Ryder et D. N. Weil. 2000. "Mortality Decline, Human Capital Investment, and Economic Growth." *Journal of Development Economics* 62 (1): 1–23.

Kinney, M. V., K.J. Kerber, R. E. Black, B. Cohen, F. Nkrumah, H. Coovadia, P.M. Nampala et J. E. Lawn. 2010. "Sub-Saharan Africa's Mothers, Newborns, and Children: Where and Why Do They Die?" *PLoS Medicine* 7 (6): e1000294.

Koissy-Kpein S., M. Kuepie et M. Tenikue. 2012. "Fertility Shock and Schooling." CEPS/INSTEAD Working Paper 2012-12, Centre d'études de populations, de pauvreté et de politiques socio-économiques (CEPS/INSTEAD) Luxembourg.

Korenman, S. et D. Neumark. 2000. "Cohort Crowding and Youth Labor Markets (A Cross-National Analysis)." In *Youth Employment and Joblessness in Advanced Countries*, édité par D. G. Blanchflower et R. B. Freeman, 57–106. Chicago : University of Chicago Press et National Bureau of Economic Research.

Lee, R. D. 2000. "Intergenerational Transfers and the Economic Life Cycle: A Cross-Cultural Perspective." In *Sharing the Wealth: Demographic Change and Economic*

Transfers between Generations, édité par A. Mason et G. Tapinos, 17–56. Oxford : Oxford University Press.

Lee, R. D. et K. L. Kramer. 2002. "Children's Economic Roles in the Maya Family Life Cycle: Cain, Caldwell, and Chayanov Revisited." *Population and Development Review* 28 (3): 475–99.

LeGrand, T. K., T. Koppenhaver, N. Mondain et S. Randall. 2003. "Reassessing the Insurance Effect: A Qualitative Analysis of Fertility Behavior in Senegal and Zimbabwe." *Population and Development Review* 29 (3): 375–403.

LeGrand, T. K. et J. F. Phillips. 1996. "The Effect of Fertility Reductions on Infant and Child Mortality: Evidence from Matlab in Rural Bangladesh." *Population Studies* 50 (1): 51–68.

Lozano, R., H. Wang, K. J. Foreman, J. K. Rajaratnam, M. Naghavi, J. R Marcus, L. Dwyer-Lindgren, K. T Lofgren, D. Phillips, C. Atkinson, A. D. Lopez et C. J. L. Murray. 2011. "Progress towards Millennium Development Goals 4 and 5 on Maternal and Child Mortality: An Updated Systematic Analysis." *The Lancet* 378 (9797): 1139–65.

Madhavan, S. et J. P. Guengant. 2013. "Proximate Determinants of Fertility." Document de référence sur lequel s'appuie cette publication, Banque mondiale, Washington, DC.

Mason, A., R. Lee, A-C Tung, M-S Lai et T. Miller. 2009. "Population Aging and Intergenerational Transfers: Introducing Age into National Accounts." *Developments in the Economics of Aging*, édité par D. A. Wise. Chicago : University of Chicago : Press.

Miller, G. 2010. "Contraception as Development? New Evidence from Family Planning in Colombia." *Economic Journal* 120 (545): 709–36.

Mwabu, G., M. K. Muriithi et R. G. Mutegi. 2011. "National Transfer Accounts for Kenya: The Economic Lifecycle in 1994." *Population Aging and the Generational Economy: A Global Perspective*, édité par R. Lee et A. Mason. Cheltenham : Edward Elgar, International Development Research Centre.

ONU, Division de la population. 2013. *World Population Prospects: The 2012 Revision.* New York : Nations Unies, Division de la population, Département des affaires économiques et sociales (DAES).

Oosthuizen, M. 2013. "South African National Transfer Accounts 2005: Version 1." Projet de comptes de transfert nationaux. http://www.ntaccounts.org.

Osili, U. O. et B. T. Long. 2008. "Does Female Schooling Reduce Fertility? Evidence from Nigeria." *Journal of Development Economics* 87 (1): 57–75.

Phillips, J. F., E. F. Jackson, A. A. Bawah, B. MacLeod, P. Adongo, C. Baynes et J. Williams. 2012. "The Long-Term Fertility Impact of the Navrongo Project in Northern Ghana." *Studies in Family Planning* 43 (3): 175–90.

Pradhan, E. et D. Canning. 2013. "Socioeconomic Determinants of Fertility." Document de référence sur lequel s'appuie cette publication, Banque mondiale, Washington, DC.

Prata, N., S. Bell, K. Weidert et A. Gessessew. 2013. "Potential for Cost Recovery: Women's Willingness to Pay for Injectable Contraceptives in Tigray, Ethiopia." *PloS One* 8 (5): e64032.

Pritchett, L. 1994. "Desired Fertility and the Impact of Population Policies." *Population and Development Review* 20 (1): 1–55.

Psacharopoulos, G. 1994. "Returns to Investment in Education: A Global Update." *World Development* 22 (9): 1325–43.

Radhakrishnan, U. 2010. "A Dynamic Structural Model of Contraceptive Use and Employment Sector Choice for Women in Indonesia." Center for Economic Studies Paper CES-WP-10-28, U.S. Census Bureau, Washington, DC.

Rossier, C. 2003. "Estimating Induced Abortion Rates: A Review." *Studies in Family Planning* 34 (2): 87–102.

Sachs, J. D. et A. M. Warner. 2001. "The Curse of Natural Resources." *European Economic Review* 45 (4): 827–38.

Sah, R. K. 1991. "The Effects of Child Mortality Changes on Fertility Choice and Parental Welfare." *Journal of Political Economy,* 99 (3): 582–606.

Samir, K., B. Barakat, A. Goujon, V. Skirbekk, W. Sanderson et W. Lutz. 2010. "Projection of Populations by Level of Educational Attainment, Age, and Sex for 120 Countries for 2005–2050." *Demographic Research* 22 (15): 383–472.

Schultz, T. P. 1969. "An Economic Model of Family Planning and Fertility." *Journal of Political Economy* 77 (2): 153–80.

———. 1976. "Interrelationships between Mortality and Fertility." *Population and Development Review* 24 (2): 239–89.

———. 1990. "Women's Changing Participation in the Labor Force." *Economic Development and Cultural Change* 38 (3): 451–88.

———. 1997. "Demand for Children in Low-Income Countries." *Handbook of Population and Family Economics*, édité par M. R. Rosenzweig et O. Stark. Amsterdam.

———. 2005. "Productive Benefits of Health: Evidence from Low-Income Countries." *Health and Economic Growth: Findings and Policy Implications*, édité par G. Lopez-Casasnovas, B. Riveras et L. Currais. Cambridge, MA : MIT Press.

———. 2009a. "The Gender and Intergenerational Consequences of the Demographic Dividend: An Assessment of the Micro- and Macro- Linkages between the Demographic Transition and Economic Development." *World Bank Economic Review* 23 (3): 427–42.

———. 2009b. "How Does Family Planning Promote Development? Evidence from a Social Experiment in Matlab, Bangladesh: 1977–1996." Yale University, Economic Growth Center, New Haven, CT.

Tahari, A., D. Ghura, B. Akitoby et E. B. Aka. 2004. "Sources of Growth in Sub-Saharan Africa." Document de travail du FMI WP/04/176, Fonds Monétaire International, Washington, DC.

Thomas, D. 1990. "Intra-Household Resource Allocation: An Inferential Approach." *Journal of Human Resources* 25 (4): 635–64.

———. 1994. "Like Father, Like Son ; Like Mother, Like Daughter: Parental Resources and Child Height." *Journal of Human Resources* 10 (1): 950–88.

Urdal, H. 2006. "A Clash of Generations? Youth Bulges and Political Violence." *International Studies Quarterly* 50 (3): 607–29.

Voas, D. 2003. "Conflicting Preferences: A Reason Fertility Tends to Be Too High or Too Low." *Population and Development Review* 29 (4): 627–46.

Westoff, C. F. et D. A. Koffman. 2011. "The Association of Television and Radio with Reproductive Behavior." *Population and Development Review* 37 (4): 749–59.

Young, A. 1995. "The Tyranny of Numbers: Confronting the Statistical Realities of the East Asian Growth Experience." *Quarterly Journal of Economics* 110 (3): 641–80.

Zelleke, G., A. Sraiheen et K. Gupta. 2013. "Human Capital, Productivity, and Economic Growth in 31 Sub-Saharan African Countries for the Period 1975–2008." *International Journal of Economics and Finance* 5 (10): 1–17.

Chapitre 1

La situation démographique de l'Afrique subsaharienne

Introduction

La démographie représente l'histoire des peuples. Il est important de comprendre cette histoire parce qu'elle permet de porter un regard plus éclairé sur les tendances de demain, d'expliquer les changements qu'un pays donné est susceptible de rencontrer et finalement lui fournir la possibilité de préparer un cadre propice pour tirer au mieux profit de son potentiel démographique. Le monde va en effet probablement voir la population humaine continuer à croître, celle-ci étant déjà passée de 2 milliards de personnes en 1950 à 6,9 milliards en 2010, et atteignant 10,9 milliards en 2100 (Division de la population de l'ONU, 2013). L'impact de la croissance démographique sur le développement économique a généré de nombreuses théories qui peuvent être classées selon l'idée que la croissance démographique peut *limiter, promouvoir ou être sans effet* sur la croissance économique.

À la fin du XVIIIe siècle, Thomas Malthus avait émis l'hypothèse que les populations humaines augmentaient inexorablement du fait du besoin inné de procréer alors même que la disponibilité en terres, le capital physique et les connaissances resteraient à un niveau inchangé ou augmenteraient à un rythme plus lent que celui de la population. Cela mettrait inévitablement une pression supplémentaire sur les ressources rares, en particulier sur la disponibilité alimentaires, conduisant à une aggravation de la faim, une mortalité élevée et des niveaux de vie réduits au minimum vital. Ce n'est qu'une fois atteint ce minimum vital que le taux de mortalité serait assez élevé pour juguler la croissance de la population (Malthus, 1888).

Le scénario apocalyptique de Malthus n'a pas eu lieu, et notamment grâce aux avancées des techniques agricoles et à l'industrialisation de l'agriculture, lesquelles ont augmenté la production de denrées alimentaires (Bloom, Canning et Sevilla, 2003 ; voir encadré 1.1). Une vision plus optimiste de la croissance démographique a donc émergé, une grande population étant alors perçue comme stimulant l'innovation et les évolutions technologiques.

ENCADRÉ 1.1

Les défis des ressources mondiales limitées et de la dégradation de l'environnement

Jusqu'ici, peu de signes laissent croire à de forts effets malthusiens liés à une population élevée. Cependant, vu que les ressources mondiales sont limitées, plusieurs défis malthusiens de taille pourraient émerger dans le futur, au-delà des questions historiques liées à la disponibilités limitées de terres arables et les limites agricoles.

Parmi les sujets de préoccupation, on compte l'épuisement des ressources, et en particulier des ressources fossiles. Les prix devraient monter à mesure que l'offre diminue, mais le risque de pénurie stimule des innovations qui en améliorent l'efficacité d'utilisation et le développement de produits de substitution.

La dégradation généralisée de l'environnement et le réchauffement climatique sont des aspects plus inquiétants car le manque de mécanismes de prix formels comme moyens de réguler l'offre suppose qu'il n'existe pas d'incitation commerciale automatique pour répondre à ces préoccupations. L'évolution démographique à l'échelle mondiale peut entraîner une baisse de la fécondité et une croissance démographique plus lente, ce qui pourrait alléger les pressions qui s'exercent sur l'environnement (O'Neilla et al., 2010). Toutefois, l'accroissement du revenu par habitant qui accompagne la baisse de la fécondité est de nature à lui-même générer des pressions environnementales.

Des études empiriques réalisées dans les années 1980 ont conduit à une vision de « neutralisme démographique » selon laquelle le taux de croissance de la population n'avait pas d'effet significatif sur les perspectives économiques d'un pays, que ce soit dans un sens ou un autre. Par conséquent, un certain nombre de pays en développement et d'agences de développement internationaux en sont venus à considérer les problèmes démographiques comme moins urgents qu'auparavant et les questions démographiques sont devenues moins présentes dans les publications sur le développement économique (Bloom, Canning et Sevilla, 2003).

Le débat sur la population concernait donc essentiellement le fait de savoir si la croissance démographique a, ou non, un impact sur la performance économique globale. Des études économiques plus récentes se sont penchées sur l'idée que la croissance démographique peut être imputable à des facteurs distincts et que selon ceux qui sont à l'œuvre dans un pays donné, les effets sur la croissance économique peuvent être alors eux aussi très différents. (Bloom, Canning et Malaney, 2000 ; Bloom, Canning et Sevilla, 2003 ; Bloom et Williamson, 1998). Un accroissement démographique lié à l'amélioration de la santé et l'allongement de l'espérance de vie peut, par exemple, avoir des conséquences économiques très différentes par rapport à une croissance démographique portée par une forte fécondité ou l'immigration. L'amélioration de la santé et l'allongement de l'espérance de vie tendent à être bénéfiques pour l'économie alors qu'une forte fécondité a tendance à augmenter la population sans accroître la production à court terme, réduisant ainsi le revenu par habitant. Une fécondité élevée entraîne également un taux de dépendance des jeunes élevé, réduisant ainsi la disponibilité des ressources par enfant pouvant être investies dans la santé et de l'éducation.

Cette littérature contemporaine accorde à nouveau une place centrale à la démographie dans la réflexion sur la croissance économique et le développement. En outre, les évolutions démographiques futures sont beaucoup plus prévisibles que beaucoup de facteurs affectant la performance économique. La démographie nous permet de se projeter dans un avenir très lointain et nous permet donc de faire des prédictions sur la direction que prennent les pays.

Population et développement économique

La littérature récente estime que les sources de croissance démographique ont des conséquences importantes sur le développement économique des pays. Tout au long de l'histoire, le monde était caractérisé par une mortalité élevée, une fécondité élevée et une croissance démographique faible. La « transition démographique » est le processus par lequel une population passe de cet état de mortalité élevée et de fécondité élevée à un état de faible mortalité et de faible fécondité (graphique 1.1).

Graphique 1.1 Les phases de la transition démographique

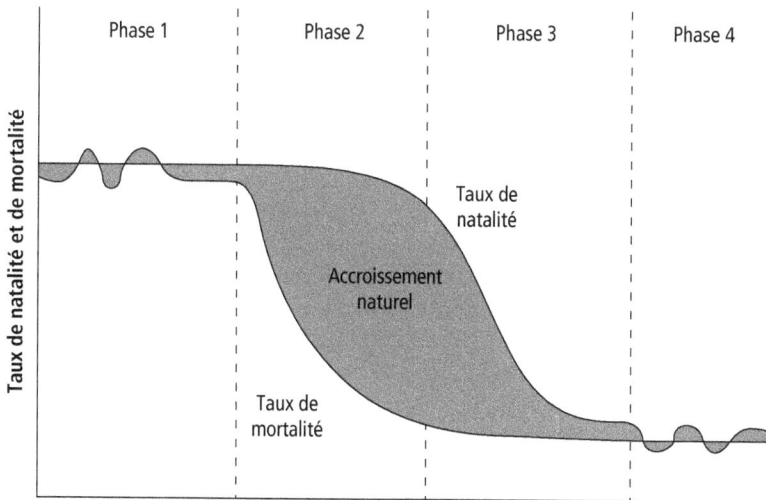

Source : Population Reference Bureau (www.prb.org).

En commençant par les niveaux élevés de mortalité et de fécondité de la phase 1, les baisses de mortalité de la phase 2 sont dues à des améliorations en matière de nutrition, à des mesures de santé publique (amélioration de l'accès à une eau propre, meilleur assainissement, vaccinations), ainsi qu'aux progrès médicaux. Dans les premières phases de la phase 2, la mortalité diminue principalement chez les enfants, ce qui fait que les couples ont des familles plus grandes qu'ils ne le souhaiteraient et les sociétés sont confrontées à des ressources par habitant diminuées. La réduction de la mortalité infantile, qui est à l'origine des familles nombreuses, entraîne généralement une baisse de la fécondité lors de la phase 3. Dans la phase 4, la fécondité a suffisamment baissé pour compenser le nouveau taux de mortalité et la population se stabilise.

Lors les phases 2 et 3, le taux de mortalité est inférieur au taux de natalité et la population connaît une croissance rapide. Les décalages temporels entre les changements des taux de mortalité et de natalité conduisent également à d'importants changements dans la structure par âge de la population. Au début de la transition, le faible taux de mortalité chez les enfants crée une importante cohorte de jeunes qui progresse à travers la structure d'âge ; plus loin dans la transition, une diminution de la fécondité fait que les cohortes de jeunes suivantes pour plus petites. Tant qu'elle est jeune, cette large cohorte augmente le taux de dépendance des jeunes et baisse la part de la population qui est en âge de travailler. À mesure qu'elle vieillit, la cohorte augmente finalement le taux de dépendance des personnes âgées et diminue la part de la population en âge de travailler.

L'Asie de l'Est est une parfaite illustration de la transition (graphique 1.2). En raison de la rapide baisse du taux de fécondité après 1960, la région a connu une hausse rapide de la proportion de la population en âge de travailler. Cette augmentation, qui est désormais en train de plafonner, explique peut-être en partie le décollage économique de la région. Pour autant, maintenant que cette large cohorte commence à vieillir, la part de la population en âge de travailler va diminuer et le taux de dépendance des personnes âgées va augmenter.

Des recherches confirment que la nature même des taux de croissance revêt une importance cruciale. En particulier, les effets économiques de la croissance démographique dépendent fondamentalement de si la croissance est due à un taux de natalité élevé ou à un taux de mortalité faible (Kelley et Schmidt, 1995). En outre, le fait de combiner simplement ces deux sources de croissance démographique ne traduira pas les effets cumulatifs de la croissance démographique sur la performance économique. Par exemple, si la croissance démographique a des conséquences négatives pour la croissance économique, l'on pourrait s'attendre à une association négative entre le taux de natalité et la croissance économique, et c'est bien ce que l'on retrouve dans le graphique 1.3.

Il devrait aussi y avoir une relation positive entre le taux de mortalité et la croissance économique, étant donné que des taux de mortalité élevés atténuent la

Graphique 1.2 Évolutions démographiques actuelles et projetées en Asie de l'Est (1950–2060)

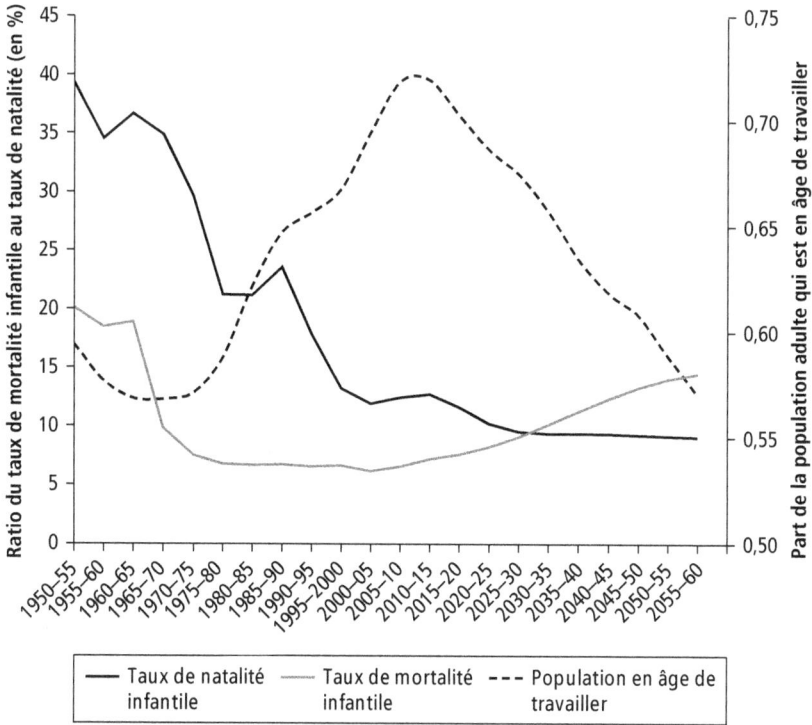

Source : Division de la population de l'ONU, 2012.
Note : Les données postérieures à 2010 sont basées sur un scénario central de projection pour la fécondité. Chaque période va du 1er juillet de la première année au 30 juin de la dernière année.

pression démographique, mais l'association (graphique 1.4) que l'on peut mettre en évidence dans le même échantillon de pays est cette fois *négative*, indiquant que les pays avec des taux de mortalité plus élevés enregistrent des taux de croissance économique *plus faibles*. Les effets des taux de natalité et de mortalité ne sont donc pas égaux quoiqueallant dans des directions opposées, ce qui fait bien de la croissance démographique une donnée statistique synthétique et pertinente.

Il existe plusieurs raisons pour lesquelles les conséquences de la réduction du taux de croissance démographique sont différentes selon que ce fléchissement soit dû à une hausse de la mortalité ou à une baisse de la fécondité. Si un taux de mortalité plus faible augmente la population, il s'agit également d'un reflet de progrès en termes d'espérance de vie, lesquels sont favorisés, dans les pays en développement, par l'amélioration de la santé infantile. De plus, la baisse de la

Graphique 1.3 Taux bruts de natalité et croissance économique dans un échantillon de pays (1980–2000)

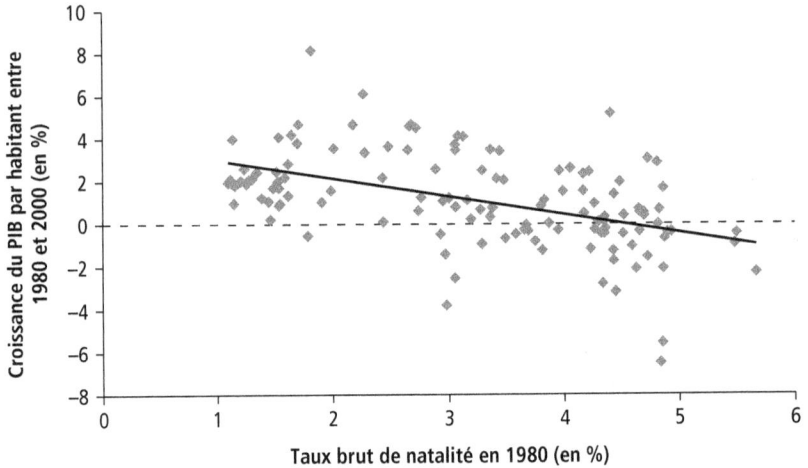

Source : Issu des données des Indicateurs du développement dans le monde de la Banque mondiale pour 127 pays (Banque mondiale, 2011).
Note : Le Produit Intérieur Brut (PIB) par habitant est mesuré à parité de pouvoir d'achat. La croissance est la moyenne annuelle pour la période.

Graphique 1.4 Taux bruts de mortalité et croissance économique dans un échantillon de pays (1980–2000)

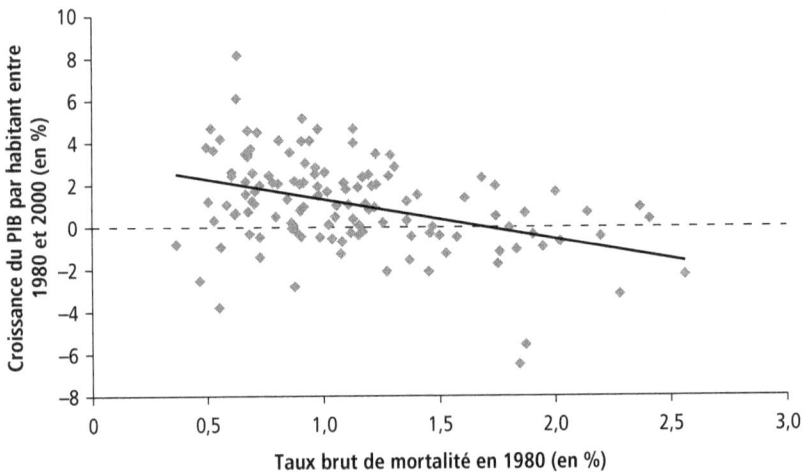

Source : Issu des données des Indicateurs du développement dans le monde de la Banque mondiale pour 127 pays (Banque mondiale, 2011).
Note : Le PIB par habitant est mesuré à parité de pouvoir d'achat. La croissance est la moyenne annuelle pour la période.

mortalité s'accompagne généralement d'une baisse de la morbidité. Certaines études récentes montrent que l'état de santé et la qualité de la nutrition pendant la période prénatale jusqu'aux premières années de petite enfance, ont un impact significatif sur le développement physique et cognitif, les résultats scolaires, et, en fin de compte, sur les revenus à l'âge adulte (Bleakley, 2003, 2010). De plus, un fléchissement des taux de mortalité donne lieu à des attentes d'une durée de vie plus longue, ce qui peut inciter à investir davantage dans le capital humain (Bloom et al., 2007).

Des taux de mortalité faibles peuvent donc aller de pair avec une population en bonne santé et une main d'œuvre très productive. Au niveau global, les pays qui ont une espérance de vie élevée enregistrent une croissance économique plus élevée (Bloom, Canning et Sevilla, 2004). Il est difficile d'établir une conclusion à l'aide des données agrégées en raison du décalage temporel important entre la période de la petite enfance où intervient la variable « meilleure santé » et ses conséquences économiques, mais aussi parce qu'une meilleure santé affecte la taille de la population ainsi que la productivité des travailleurs. La question de savoir si cette corrélation peut être considérée comme étant une relation de cause à effet a fait l'objet d'intenses débats. (Acemoglu et Johnson, 2007 ; Bloom, Canning et Fink, 2009).

La structure par âge de la population a de l'importance parce que les populations d'âges différents interagissent différemment avec l'économie, ce qui altère son niveau de performance. Ont besoin d'investissements importants en termes d'éducation et de santé ; les personnes en âge de travailler fournissent quant à elles la majorité du travail, et produisent beaucoup plus qu'ils ne consomment ; et les personnes âgées ont elles besoin d'accès à des soins spécialisés et à des revenus de retraite. L'offre de main d'œuvre se développe à mesure que la proportion de la population en âge de travailler augmente. Si elle cadre avec des politiques sociales et économiques prudentes, cette offre croissante de main d'œuvre peut donner un élan à l'économie et créer un cercle vertueux.

En somme, le dividende démographique constitue une opportunité économique potentielle créée par des changements dans la structure par âge de la population dus à la baisse de la mortalité et de la fécondité, ainsi que de la baisse du ratio entre personnes dépendantes et personnes en âge de travailler. Pour tirer profit de ce dividende, il faut des investissements en matière de santé et d'éducation ainsi que des politiques économiques qui permettent d'absorber l'offre croissante de main d'œuvre, permettant ainsi aux populations d'épargner et d'investir en vue de la retraite.

Il existe deux types de dividendes démographiques : un dividende de main d'œuvre et un dividende d'épargne. Le dividende de main d'œuvre est issu des effets de l'offre de main d'œuvre sur la structure d'âge de la population. Ce premier dividende résulte mécaniquement de l'augmentation du ratio du nombre de personnes en âge de travailler sur le nombre de personnes dépendantes. Ce dividende est cependant uniquement transitoire et la production par habitant ne peut augmenter qui si le marché du travail est en mesure d'absorber le nombre croissance d'adultes en âge de travailler. Dans des contextes de faible fécondité, les femmes peuvent être plus enclines à rentrer sur le marché formel du travail. Les politiques qui encouragent les femmes à participer au marché du travail formel peuvent alors amplifier le dividende démographique lié au travail. Selon le type d'emplois disponibles, des investissements précoces dans l'éducation peuvent accroître la production par habitant (Bloom, Canning, et Sevilla, 2003 ; Mason, 2005).

Le second dividende démographique peut être réalisé si les politiques économiques nationales facilitent et encouragent l'épargne. Ce sont principalement les travailleurs qui pensent avoir encore une longue vie devant eux qui épargnent pour la retraite. Les régimes formels de retraite et de pension, ainsi que les institutions d'épargne, peuvent aider à canaliser cette épargne vers des investissements productifs. L'investissement intérieur augmente le volume de capitaux mis à disposition de l'économie et accroît la production par travailleur. L'investissement étranger améliore quant à lui la situation de la balance des paiements ainsi que le revenu national. Contrairement à l'effet du premier dividende, ces augmentations en termes de revenu par habitant peuvent être permanentes. Toutefois, elles ne le sont pas automatiquement : pour qu'elles le deviennent, les gouvernements doivent harmoniser leurs politiques économiques et sociales.

La transition démographique en Asie de l'Est et en Amérique latine

Les différentes régions du monde ont connu des transitions très distinctes. En Asie de l'Est et en Amérique latine, les baisses de la mortalité ont commencé au milieu des années 1940 et ont été suivies pendant deux décennies de baisses de la fécondité, entraînant ainsi une croissance de la population en âge de travailler quatre fois plus rapide que la population dépendante (jeunes et personnes âgées) entre 1965 et 1990. La présente section s'intéresse aux transitions de ces deux régions.

L'Asie de l'Est : des actions réfléchies et concrètes

Plusieurs gouvernements de l'Asie de l'Est ont promulgué des politiques d'éducation, de santé, de travail et économiques prévoyantes leur ayant permis de bénéficier du dividende démographique. Un certain nombre de gouvernements d'Asie de l'Est ont promulgué des politiques prévoyantes en matière d'éducation, de santé, de travail et d'économie, lesquelles leur ont permis de bénéficier pleinement du dividende démographique. L'Indonésie, la République de Corée, Singapour, Taïwan en Chine et la Thaïlande ont connu une transition démographique relativement rapide : à l'échelle régionale, le taux de mortalité est par exemple passé de 181 décès pour 1 000 naissances vivantes en 1950 à 34 en 2000 (graphique 1.5). Dans les années 1950, ces pays d'Asie de l'Est avaient

Graphique 1.5 Évolutions démographiques en Amérique latine, Asie du Sud-Est et Asie de l'Est entre 1950 et 2010

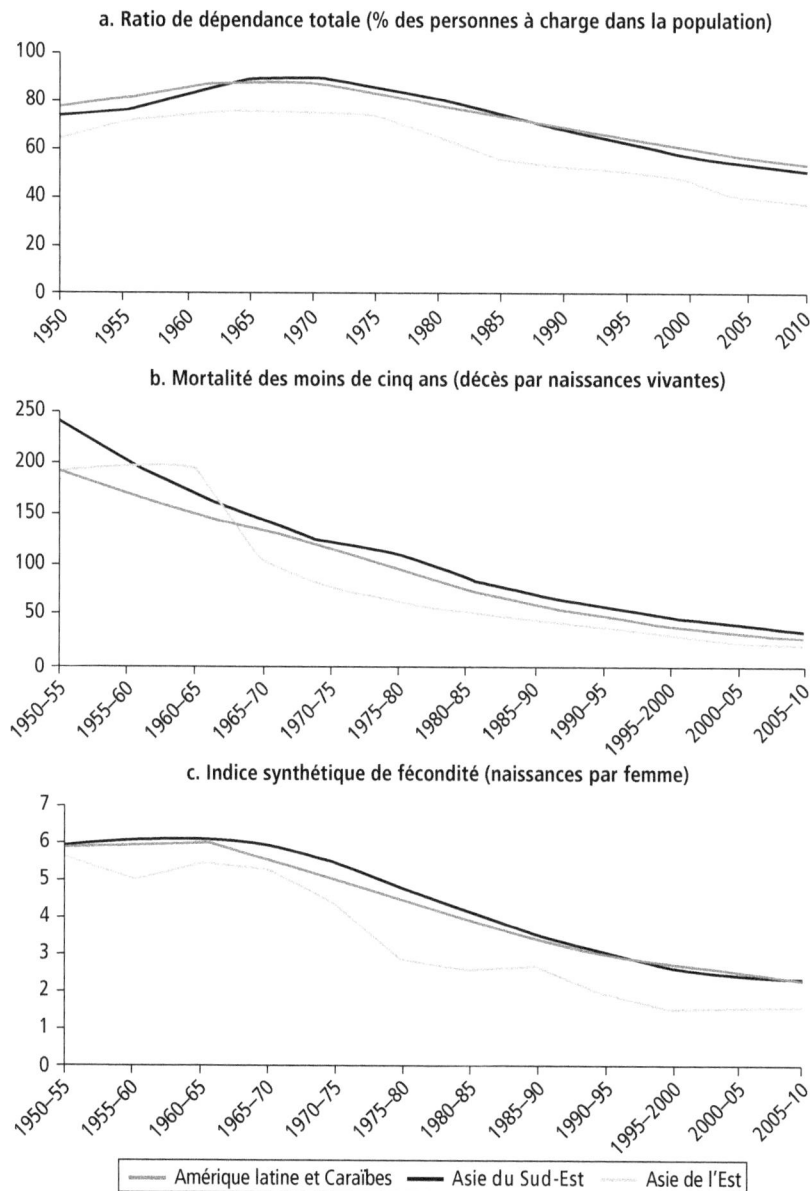

a. Ratio de dépendance totale (% des personnes à charge dans la population)

b. Mortalité des moins de cinq ans (décès par naissances vivantes)

c. Indice synthétique de fécondité (naissances par femme)

Amérique latine et Caraïbes — Asie du Sud-Est — Asie de l'Est

Source : Bakilana, 2013.
Note : Le ratio de dépendance totale se définit comme le ratio de la population ayant entre 0 et 14 ans et 65 ans et plus sur la population ayant entre 16 et 64 ans. La période va du 1er juillet de la première année au 30 juin de la dernière année.

lancé des politiques démographiques volontaristes pour pousser les familles à avoir moins d'enfants, accélérant ainsi la baisse de fécondité (Mason, 2001). Sur l'ensemble des pays qui avaient une fécondité élevée en 1960, six d'entre eux avaient atteint le seuil de renouvellement des générations dès 1990, tous les six en Asie de l'Est : la Chine, la RAS Hong Kong en Chine, la Corée, Singapour, Taïwan en Chine, et la Thaïlande (Mason, 2003).

Les taux de dépendance des jeunes ont aussi rapidement diminué et l'augmentation de l'offre de travail par habitant a été d'autant plus stimulée que les taux de participation des femmes au marché du travail ont augmenté. Bien que la baisse de fécondité ait été rapide, la population a augmenté pendant la transition du fait de taux de mortalité qui ont plus chuté que les taux de natalité, faisant croître population en âge de travailler à la fois en chiffres absolus et en chiffres relatifs. Les gouvernements ont élargi en conséquence les secteur manufacturier et le tertiaire. Pour autant le succès des pays d'Asie de l'Est n'a pas été automatique : les gouvernements étaient en mesure d'ajuster les institutions politiques et économiques et de changer les politiques et les marchés pour absorber l'accroissement de l'offre de main d'œuvre. Parmi les composantes de leur action, on compte le renforcement des capacités de recherche, les infrastructures (pour des activités secondaires et tertiaires à forte intensité de main d'œuvre), des mesures incitatives, des subventions et l'accès au crédit (Hayami, 1997 ; Mason, 2003). Le dividende d'épargne de ces économies d'Asie de l'Est était encore supérieur à celui lié au travail, grâce à des politiques favorisant l'épargne et les investissements (Banque mondiale, 2001).

L'Amérique latine : des opportunités manquées

De la même façon qu'en Asie du Sud-Est et, dans une certaine mesure, qu'en Asie de l'Est, la mortalité des moins de cinq ans en Amérique latine a chuté de 131 pour 1 000 naissances vivantes en 1965 à 32 en 2000, ce qui a été suivi d'une baisse de la fécondité de 5,0 en 1975 à 2,5 en 2000. Le taux de dépendance total de l'Amérique latine (ratio du nombre de personnes dépendantes sur la population en âge de travailler) a suivi de près celui de l'Asie du Sud-Est (graphique 1.5, vignette a).

Dans la région, le Brésil a enregistré une évolution démographique très rapide. Son indice synthétique de fécondité (ISF) a baissé de 6,2 en 1965 à 2,7 en 1990 tandis que l'ISF actuel est estimé à 1,8 (Rodriguez-Wong et de Carvalho, 2004). L'amplitude de ce changement aura pris près d'un siècle a été réalisé dans la plupart des pays européens. Le plus faible taux de dépendance des jeunes a créé une opportunité de croissance économique plus forte. Un dividende démographique devait apparaître dans les années 1990 mais l'endettement domestique et à l'international a conduit à la stagnation économique et à une inflation élevée. Le Brésil a cherché d'avancer dans la bonne direction en libéralisant son commerce, en privatisant des entreprises et en faisant passer sa monnaie sur un régime de taux de change flottant. Ces politiques ont permis d'attirer d'importants investissements directs étrangers (IDE). Toutefois, ce pays n'est pas parvenu à répondre à la demande d'emplois et son économie n'a pas su tirer profit du potentiel du changement de la structure par âge de la population (Müller et Woellert, 2013).

L'échec de l'Amérique latine a été cuisant. Entre 1975 et 1995, la croissance annuelle du produit intérieur brut (PIB) par habitant de la région n'a été que d'un huitième de celui enregistré en Asie de l'Est (0,7 et 6,8 % respectivement). Si le Brésil, et nombre d'autres pays d'Amérique latine, ont ensuite inversé cette tendance grâce à la hausse des cours mondiaux des matières premières et des changements de politiques sociales, il ne reste qu'une toute petite fenêtre d'opportunité pour une croissance économique tirant parti de facteurs démographiques favorables.

Évolutions démographiques en Afrique subsaharienne

L'Afrique subsaharienne a connu, et devrait continuer de connaître, de profondes mutations démographiques :

- Une baisse rapide des taux de mortalité, en particulier chez les enfants
- Une population qui a plus que triplé, passant de 186 millions de personnes en 1950 à 670 millions en 2000
- Un nouveau doublement prévu de la population d'ici 2060.[1]

Des incertitudes considérables pèsent cependant sur les données statistiques, aussi bien historiques qu'actuelles. Le recensement des naissances et décès auprès de l'état civil est lacunaire dans de nombreux pays. Jusqu'à l'Enquête mondiale sur la fécondité des années 1970 et les enquêtes démographiques et de santé (EDS) débutant dans les années 1980, il existait très peu d'informations justificatives sur les taux de mortalité infantile et de fécondité. Les EDS fournissent aujourd'hui généralement des informations de bonne qualité mais il restent néanmoins basés sur des échantillons de population et sont affectés par un « bruit » statistique considérable. Pour cette raison, les chiffres nationaux de la mortalité infantile et de la fécondité basés sur les données des EDS sont habituellement lissés dans le temps dans le but d'éliminer les variations de l'échantillonnage. Les données sur la mortalité des adultes, et tout particulièrement des personnes âgées, reste par contre très lacunaire dans de nombreux pays et est souvent extrapolée de tables de survie, lesquelles prennent pour hypothèse une relation stable entre les taux de mortalité des adultes et des enfants ou déduisent les taux de mortalité des changements observés dans les tailles des cohortes lors des recensements successifs.

Les Nations Unies produisent des projections démographiques pour l'Afrique subsaharienne à l'horizon 2100 sur la base de trajectoires démographiques présumées (c'est-à-dire en partant du principe que les évolutions de la fécondité suivraient des trajectoires identiques à celles des autres régions du monde). Trois scénarios ont été établis : un scénario central ou moyen (servant de niveau de référence), un scénario faible (avec un ISF inférieur à celui du niveau de référence de 0,5 enfants par femme) et un scénario élevé (avec un ISF plus élevé de 0,5).

Comme le montre la carte 1.1, la part de l'Afrique dans la population mondiale devrait passer de 17% (pour 1 milliard de personnes) en 2010 à 24% (pour 2,2 milliards d'habitants) en 2050, puis 35% (et 3,6 milliards de personnes) d'ici

Carte 1.1 Proportion de la population mondiale vivant en Afrique subsaharienne (2010–2100)

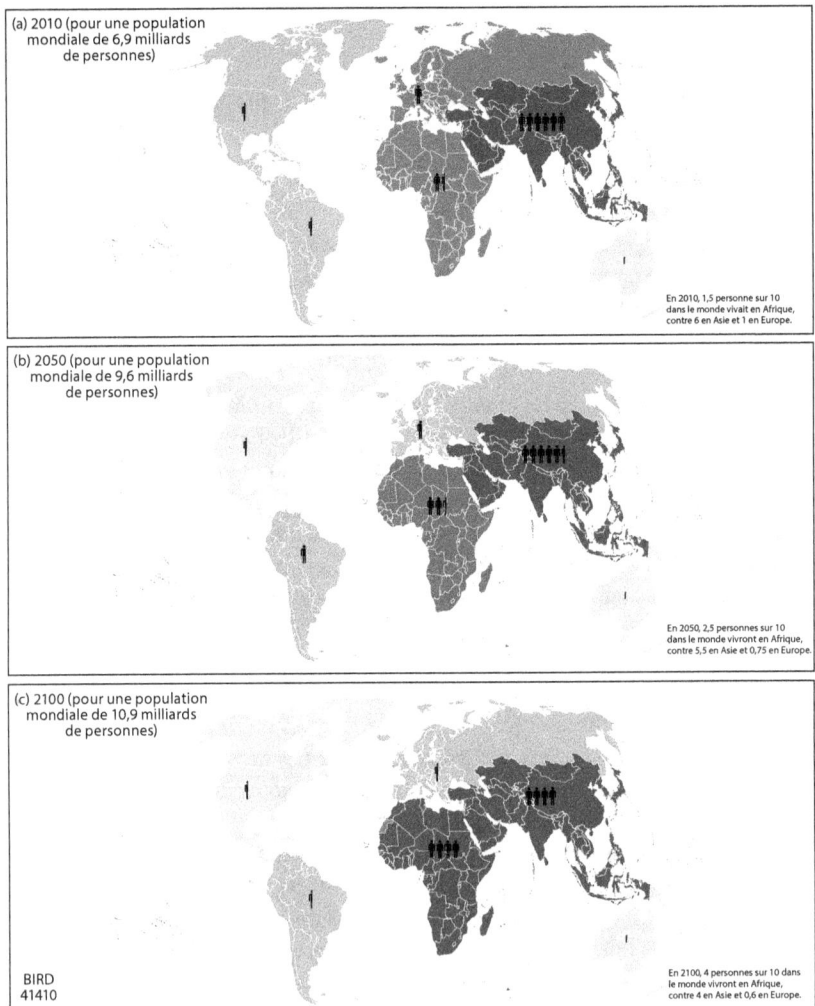

(a) 2010 (pour une population mondiale de 6,9 milliards de personnes)

En 2010, 1,5 personne sur 10 dans le monde vivait en Afrique, contre 6 en Asie et 1 en Europe.

(b) 2050 (pour une population mondiale de 9,6 milliards de personnes)

En 2050, 2,5 personnes sur 10 dans le monde vivront en Afrique, contre 5,5 en Asie et 0,75 en Europe.

(c) 2100 (pour une population mondiale de 10,9 milliards de personnes)

BIRD 41410

En 2100, 4 personnes sur 10 dans le monde vivront en Afrique, contre 4 en Asie et 0,6 en Europe.

Source : Analyse de données pour 2012 de la Division de la population de l'ONU.

Graphique 1.6 Taux de croissance démographique réel et projeté dans différentes régions du monde (1950–2060)

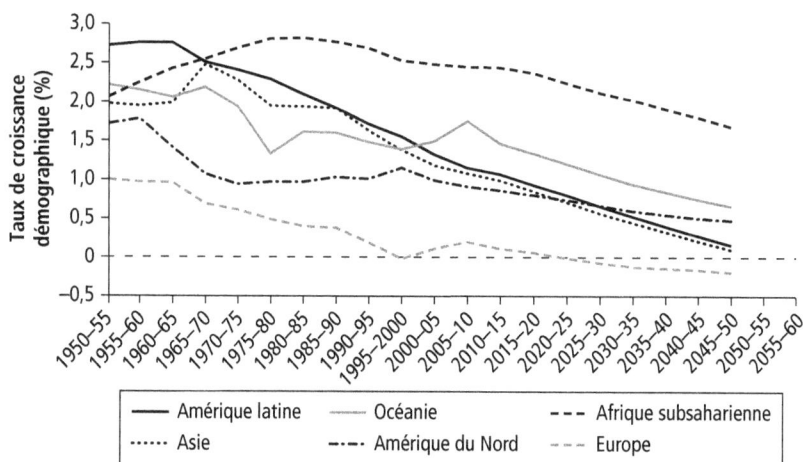

Source : Division de la population de l'ONU, 2012.
Note : Les données postérieures à 2010 sont basées sur un scénario central de projection pour la fécondité.
Chaque période va du 1er juillet de la première année au 30 juin de la dernière année.

2100, cela s'accompagnant en parallèle de changements dans les parts respectives des autres régions du monde (Division de la population de l'ONU, 2012).

La croissance démographique de l'Afrique subsaharienne a atteint un pic de 2,8 % par an en 1980 et, bien qu'ayant ralenti, elle reste relativement élevée par rapport à celle des autres régions du monde (graphique 1.6). La croissance démographique de l'Amérique latine a ainsi culminé dans les années 1960, atteignant alors un taux de croissance annuel de 2,7%, mais elle n'a cessé de décliner depuis et est actuellement à un taux de 1,2% par an. Le scénario de la variante moyenne de fécondité des projections de l'ONU prévoit une baisse continue de la croissance démographique africaine, mais celle-ci restant supérieure à la croissance dans les autres régions jusqu'à 2050 ou au-delà. La population européenne commencera à décliner en 2020–2025, tandis que la croissance tombera à zéro en Amérique latine et en Asie.

Le reste de cette section traite de façon détaillée de l'évolution démographique en Afrique subsaharienne.

Espérance de vie et taux de mortalité des enfants de moins de cinq ans

Dans les années 1950, l'espérance de vie de l'Afrique subsaharienne était de 40 ans alors que celle de l'Europe était supérieure à 65 ans. Aujourd'hui encore,

Graphique 1.7 Espérance de vie à la naissance réelle et projetée dans plusieurs régions du monde (1950–2050)

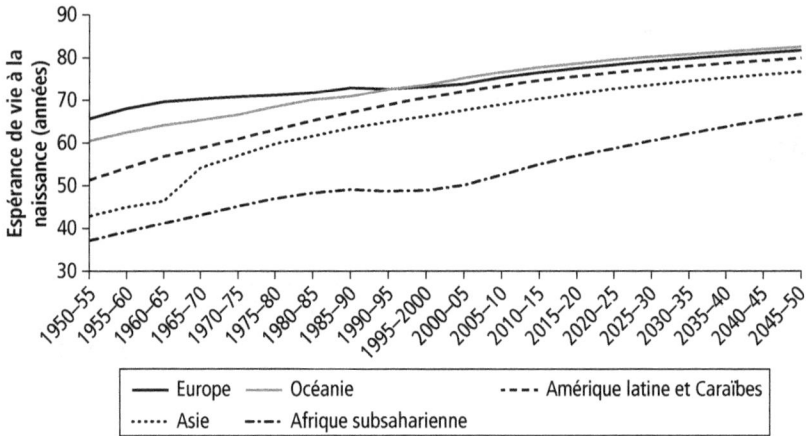

Source : Division de la population de l'ONU (2012).
Note : Les données postérieures à 2010 sont basées sur un scénario central de projection pour la fécondité. Chaque période va du 1er juillet de la première année au 30 juin de la dernière année.

l'Afrique n'a pas encore atteint le niveau de l'Europe en la matière d'il y a six décennies : l'espérance de vie y est d'environ 55 ans et devrait seulement dépasser les 65 ans après 2045 (graphique 1.7). Si l'espérance de vie reste toujours aussi faible en Afrique, c'est en partie en raison des conséquences catastrophiques de l'épidémie du VIH-SIDA dans les pays les plus touchés.[2]

L'espérance de vie à la naissance a connu une amélioration dans la plupart des pays d'Afrique depuis les années 1960, mais dans l'ensemble, les progrès enregistrés ont été lents et même contrecarrés dans certains pays. Sur la période 1950–1955, 307 enfants africains sur 1000 n'ont pas atteint leur cinquième anniversaire et, malgré de rapides progrès ces dernières décennies, la mortalité infantile reste particulièrement pesante. Sur la période 2005–2010, la mortalité des moins de 5 ans a été estimée à 136 morts pour 1000 naissances vivantes en Afrique subsaharienne, contre 9 en Europe, 54 en Asie et 38 en Amérique latine. La mortalité infantile actuelle qui prévaut en Afrique subsaharienne est du même ordre que celle de l'Afrique du Nord ou de l'Asie du Sud dans les années 1980. On estime qu'elle tombera à environ 50 ‰ après 2045 (graphique 1.8).

Fécondité

Bien que la fécondité ait baissé en Afrique subsaharienne, son repli a été en général plus lent qu'ailleurs et le niveau de fécondité reste bien supérieur à celui observé dans le reste du monde (graphique 1.9). L'indice synthétique de

Graphique 1.8 Taux de mortalité réelle et projetée chez les enfants de moins de cinq ans dans plusieurs régions du monde (1995–2050)

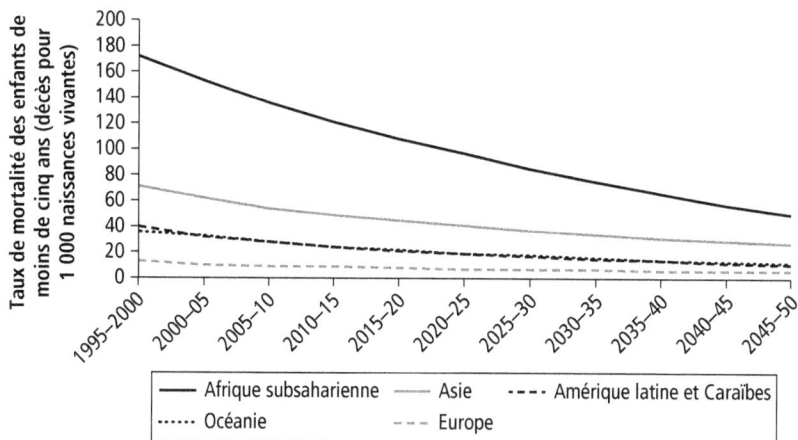

Source : Division de la population de l'ONU, 2012.
Note : Les données postérieures à 2010 sont basées sur un scénario central de projection pour la fécondité.
Chaque période va du 1er juillet de la première année au 30 juin de la dernière année.

Graphique 1.9 Indice synthétique de fécondité dans plusieurs régions du monde (1960–2010)

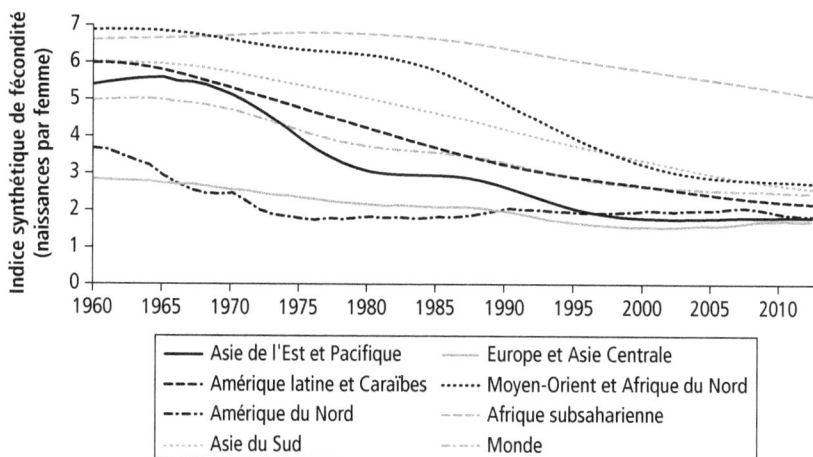

Source : Banque mondiale, 2013.

fécondité est passé de 6,5 femmes par enfants en 1950 à 5,4 en 2005–10 dans le cas de l'Afrique, alors que sur la même période il a chuté de 5,6 à 1,6 en Asie du Sud-Est. Dans les années 1960, la fécondité a commencé à baisser en Asie et en Amérique latine, tandis que les taux ont stagné dans le cas de l'Afrique subsaharienne, creusant ainsi le fossé entre les régions. Dans les années 1980, l'écart entre régions du monde les plus fécondes et les moins fécondes atteignait 2,5 enfants par femmes. Il a ensuite persisté, largement du fait du fléchissement très lent de l'ISF dans la plupart des pays d'Afrique subsaharienne.

La fécondité devrait atteindre le seuil de renouvellement des générations d'ici 2045 dans le cas de l'Asie et de l'Amérique Latine, mais il sera alors toujours aux alentours de 3 enfants par femme en Afrique subsaharienne. Comme on le verra ci-après, il existera cependant des disparités importantes aussi bien entre pays qu'au sein des pays.

Structure par âge

La population africaine majoritairement jeune, mais la taille des groupes d'âge et leur proportion dans la population totale ont connu des changements significatifs au cours des dernières décennies. Les projections laissent entrevoir d'autres changements : le scénario central de projection des Nations Unies laisse entrevoir une baisse de la proportion de population sur la classe d'âge 0–14 ans en parallèle de la baisse de fécondité. En 2050, la part des jeunes dans la populations devrait avoir baissé à 32 %, soit douze points en dessous du niveau de 2010.

En 2010, 53 % de la population africaine avait entre 15 et 64 ans. Pour la région prise dans son ensemble, cette proportion n'a presque pas évolué depuis 1950. Entre le début et le milieu des années 1980, le pourcentage de la population en âge de travailler avait chuté jusqu'à son plus bas niveau, soit environ 50 %, avant de remonter légèrement aux niveaux actuels. En 1950, près de 98 millions de personnes appartenaient à cette tranche d'âge sur l'ensemble de la région. En 2010, et malgré des changements modestes en termes de pourcentages, la taille de ce groupe d'âge avait augmenté jusqu'à atteindre environ 450 millions de personnes. La proportion de la population en âge de travailler devrait progresser au cours des prochaines décennies, atteignant, selon les hypothèses de projection, entre 843 millions et 885 millions de personnes d'ici 2035. Dans les scénarios de la variante basse et élevée, les projections font état d'une population en âge de travailler comprise entre 1,2 et 1,6 milliards de personnes. Le scénario central de projection est illustré sur le graphique 1.10.

L'Afrique subsaharienne compte environ 43 million de personnes de 60 ans ou plus, contre 414 millions en Asie, 161 millions en Europe et 64 millions en Amérique du Nord. En 2010, la proportion de personnes âgées en Afrique subsaharienne était de 5 %, un chiffre quasiment équivalent à celui de 5,2 % en 1950. Si en chiffres absolus le nombre de personnes âgées a cru entre 1950 et 2010, la proportion a donc légèrement fléchi. D'après les projections, la part

Graphique 1.10 Pyramide des âges pour l'Afrique subsaharienne en 2010 et en 2060

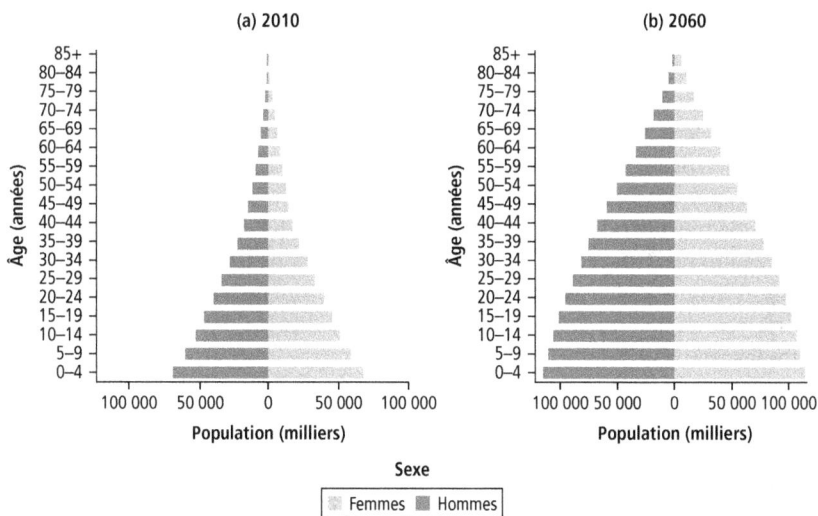

Source : Division de la population de l'ONU, 2012.
Note : Les données postérieures à 2010 sont basées sur un scénario central de projection pour la fécondité.

de personnes âgées dans la population d'Afrique subsaharienne montera à environ 8 % d'ici 2050, ce qui restera néanmoins une proportion très faible par rapport aux autres pays du pays : le chiffre sera de presque 10 % en Asie et 22 % en Europe.

Bien qu'à la hausse, l'âge médian est nettement plus bas en Afrique que dans les autres régions. La hausse de la fécondité dans les années 1950 avait entraîné une diminution de l'âge médian de 19 ans en 1950 à 17,3 ans en 1985–1990. L'âge médian est maintenant d'environ 18,6 ans et devrait atteindre les 25 ans d'ici 2050 – à comparer à un âge médian de 40,1 ans en Europe, 38,4 en Amérique du Nord et 29 en Asie. Les projections indiquent que cet écart particulièrement marqué entre l'âge médian en Afrique subsaharienne et celui des autres régions du monde persistera dans les décennies à venir, et ce en dépit d'un léger recul.

Taux de dépendance

Le taux de dépendance total est plus élevé en Afrique subsaharienne que dans les autres régions du monde du fait de la structure par âge jeune de la population et de la dépendance élevée de la jeunesse. En 1950, le taux de dépendance total était d'environ 80 dépendants pour 100 personnes en âge de travailler, contre environ 50 en Europe et 55 en Amérique du Nord. Ce chiffre élevé pour l'Afrique subsaharienne est imputable aux fortes augmentations du nombre d'enfants.

Alors que le taux de dépendance total (qui comprend à la fois les enfants et les personnes âgées) a commencé à baisser en Asie, en Amérique latine et dans les Caraïbes peu après le milieu des années 1960, il a continué à augmenter en Afrique, atteignant ainsi un niveau record d'environ 95 dépendants pour 100 personnes en âge de travailler au milieu des années 1980.

Depuis le début ou le milieu des années 1980, le taux de dépendance des jeunes fléchit lentement, déclinant d'un pic de 88 enfants pour 100 adultes. À cette époque, l'Afrique subsaharienne comptait 56 enfants pour 100 adultes en âge de travailler de plus que l'Europe ou l'Amérique du Nord (Division de la population de l'ONU, 2013). Le taux ayant chuté dans les autres régions, l'écart entre l'Afrique et les autres régions a persisté, même s'il devrait désormais se rétrécir du fait de la baisse du taux de dépendance des jeunes en Afrique subsaharienne.

Évolutions démographiques au sein de l'Afrique subsaharienne

Les tendances générales s'appliquant à l'Afrique subsaharienne dans son ensemble masquent des variations importantes par région, pays et lieu de résidence (urbain et rural). La plupart de la croissance démographique africaine aura ainsi lieu en Afrique de l'Est et en Afrique de l'Ouest. En 2010, près de 38 % de la population de l'Afrique subsaharienne vivait en Afrique de l'Est, 36 % en Afrique de l'Ouest et près de 14 % en Afrique Centrale. Les projections des Nations Unies indiquent que d'ici 2060, 40 % de la population vivra en Afrique de l'Est, 38 % en Afrique de l'Ouest et près de 14 % en Afrique Centrale.

La densité de la population d'Afrique subsaharienne est de 35 de personnes par kilomètre carré. Elle devrait cependant atteindre 92 d'ici 2060, et l'Afrique de l'Est et l'Afrique de l'Ouest auront alors, avec une densité de 161 personnes par kilomètre carré, une densité quatre fois supérieure à celle de l'Afrique australe.

La plus forte croissance démographique devrait concerner trois pays : l'Éthiopie, le Nigeria et la Tanzanie. La population éthiopienne va croître de près de deux millions de personnes par an au cours des prochaines décennies. Le Nigeria pourrait passer d'environ 158 millions de personnes en 2010 à entre 396 et 462 millions de personnes en 2060. La Tanzanie pourrait passer de 45 millions de personnes en 2010 à environ 200 millions personnes en 2060. Ces projections comportent des marges d'incertitude. Dans le cas du Nigeria par exemple, la variante haute des projections démographiques chiffre à 617 millions la population totale en 2060, contre 465 millions pour la variante basse.

À l'opposé, certains pays d'Afrique australe devraient ne connaître que des augmentations modestes, voire des baisses, de population étant donné que la fécondité y est déjà faible et devrait continuer à reculer. Par exemple, sous des hypothèses basses, la population d'Afrique du Sud devrait tomber de 50 à 45 millions d'habitants entre 2010 et 2060, alors que sous des hypothèses médianes et hautes, la population devrait croître pour atteindre 57 et 71 millions d'habitants respectivement. Le Botswana et le Zimbabwe ont déjà des taux de fécondité faibles et les tendances dans ces deux pays devraient ressembler à celles de l'Afrique de Sud.

Stades de la transition démographique

Les différentes régions d'Afrique subsaharienne en sont à des stades très distincts de la transition démographique. L'Afrique du Nord et l'Afrique australe ont déjà bien entamé leur transition démographique. Leurs taux de fécondité étaient déjà faibles et la proportion de la population en âge de travailler y était supérieure à 60 % en 2010. Ces régions bénéficient peut-être déjà du premier dividende démographique : on estime qu'en Afrique australe, la transition démographique contribue environ 0,5 points de PIB additionnels par habitant chaque année (Oosthuizen, 2013). En revanche, pas de transition pour l'heure en Afrique centrale, en Afrique de l'Est et en Afrique de l'Ouest (graphique 1.11). Dans leur variante moyenne, les projections démographiques des Nations Unies semblent indiquer que la proportion de la population en âge de travailler passera à 55–60 % dans ces trois régions d'ici 2035.

La taille de la population en âge de travailler en Afrique subsaharienne devrait passer de 450 millions de personnes 2010 à 1,56 milliard en 2060

Graphique 1.11 Proportion réelle et projetée de la population potentiellement active (âgée de 15 à 64 ans) en Afrique, par région (1950–2060)

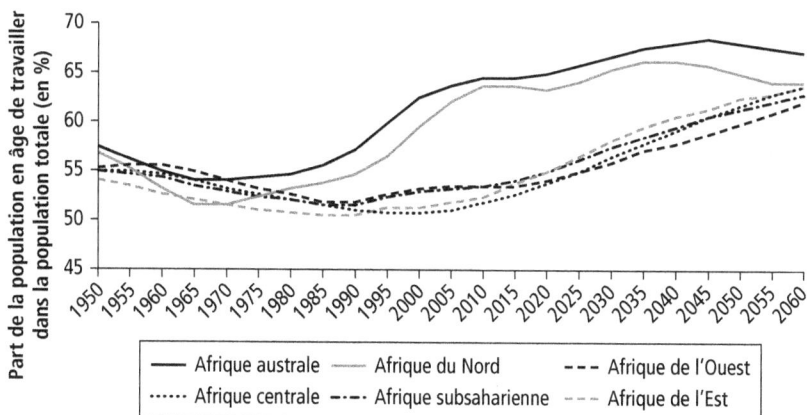

Source : Division de la population de l'ONU, 2012.
Note : Les données postérieures à 2010 sont basées sur un scénario central de projection pour la fécondité.

Graphique 1.12 Taille de la population en âge de travailler (ayant de 15 à 64 ans) en Afrique, selon la région, en 1950, 2010 et 2060

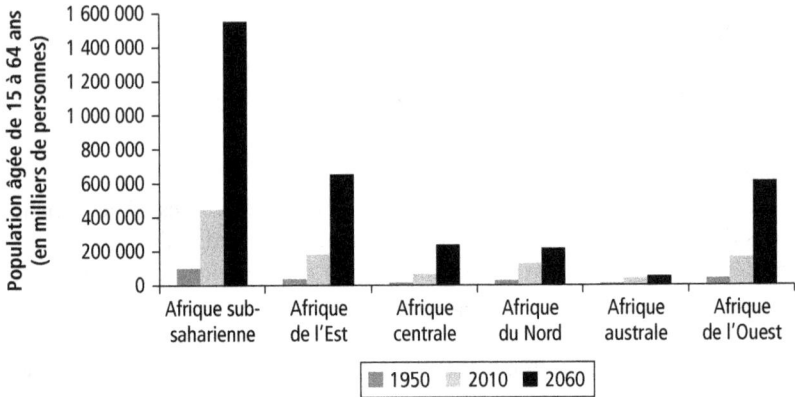

Source : Division de la population de l'ONU, 2012.
Note : Les données postérieures à 2010 sont basées sur un scénario central de projection pour la fécondité.

(graphique 1.12). En 2060, une grande partie de cette population en âge de travailler sera située en Afrique de l'Est et en Afrique de l'Ouest, pour un total de près d'un milliard d'adultes en âge de travailler, contre 342 millions en 2010.

Mortalité des enfants de moins de cinq ans

Il existe de très fortes disparités en termes de mortalité chez les enfants de moins de cinq ans en Afrique subsaharienne : elle a été faible en Afrique australe et ce depuis des années, alors qu'elle est près de deux fois supérieure en Afrique Centrale et en Afrique de l'Ouest. Bien que la mortalité soit en baisse en Afrique subsaharienne, grâce en partie à la distribution à grande échelle de traitements antirétroviraux contre le VIH/SIDA, les disparités régionales en termes de mortalité des enfants de moins de cinq ans restent très fortes, et, même si elles devraient diminuer, il est peu probable qu'elles disparaissent (graphique 1.13).

La mortalité des enfants de moins de cinq ans varie également fortement entre les pays (carte 1.2). Par exemple, en Angola, au Tchad, en République démocratique du Congo, au Mali et en Somalie, elle est supérieure à 150 décès pour 1 000 naissances vivantes alors que dans certains pays d'Afrique du Nord et d'Afrique australe, elle est comprise entre 17 et 50 ‰.

Au sein des pays, les zones urbaines enregistrent des taux de mortalité chez les enfants de moins de cinq ans plus faibles que dans les zones rurales (graphique 1.14). Au Niger, par exemple, l'écart de mortalité varie du simple au double. Dans la plupart des pays, ces disparités sont également observables entre quintiles de richesse et entre niveaux d'éducation des ménages.

Graphique 1.13 Taux de mortalité réelle et projetée des enfants de moins de cinq ans en Afrique, selon la région (1995–2050)

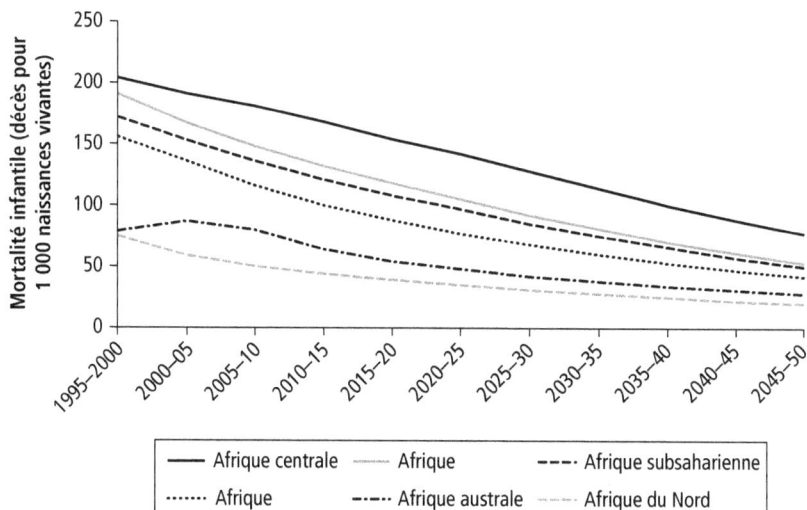

Source : Division de la population de l'ONU, 2012.
Note : Les données postérieures à 2010 sont basées sur un scénario central de projection pour la fécondité. Chaque période va du 1er juillet de la première année au 30 juin de la dernière année.

Fécondité et zone de résidence (rurale ou urbaine)

Il existe des disparités considérables en termes de fécondité au sein de l'Afrique subsaharienne. Les données de la Division de la population de l'ONU relèvent que l'ISF était compris entre 6 et 7 sur tout le sous-continent dans les années 1950. Les disparités étaient alors minimes et ont continué à l'être jusqu'au début des années 1960, période après laquelle la fécondité a commencé à connaître une baisse rapide dans les parties sud et nord du continent et à enregistrer une hausse dans les parties est, ouest et centre. En Afrique centrale, les taux ont progressé jusqu'au milieu des années 1990, puis ont ensuite commencé à baisser. En Afrique de l'Ouest, ces taux ont culminé dans le débuts des années 1980, atteignant presque 7 enfants par femme. En Afrique de l'Est, les mêmes niveaux ont été atteints mais culminant plus tôt, entre la fin des années 1960 et le début des années 1970. Dans le cas de l'Afrique prise dans son ensemble, l'ISF est aujourd'hui aux alentours de 5, mais avec de réelles disparités : il est de 2,5 en Afrique australe, de 5,5 en Afrique de l'Ouest et en Afrique centrale, et d'environ 4,5 en Afrique de l'Est. (carte 1.3).

Comme c'était le cas pour la mortalité des enfants de moins de cinq ans, il y a des disparités considérables en matière de fécondité entre les zones rurales et les zones urbaines (et en particulier les capitales (graphique 1.15). L'hétérogénéité

Carte 1.2 Taux de mortalité des enfants de moins de cinq ans en Afrique, par pays (2010)

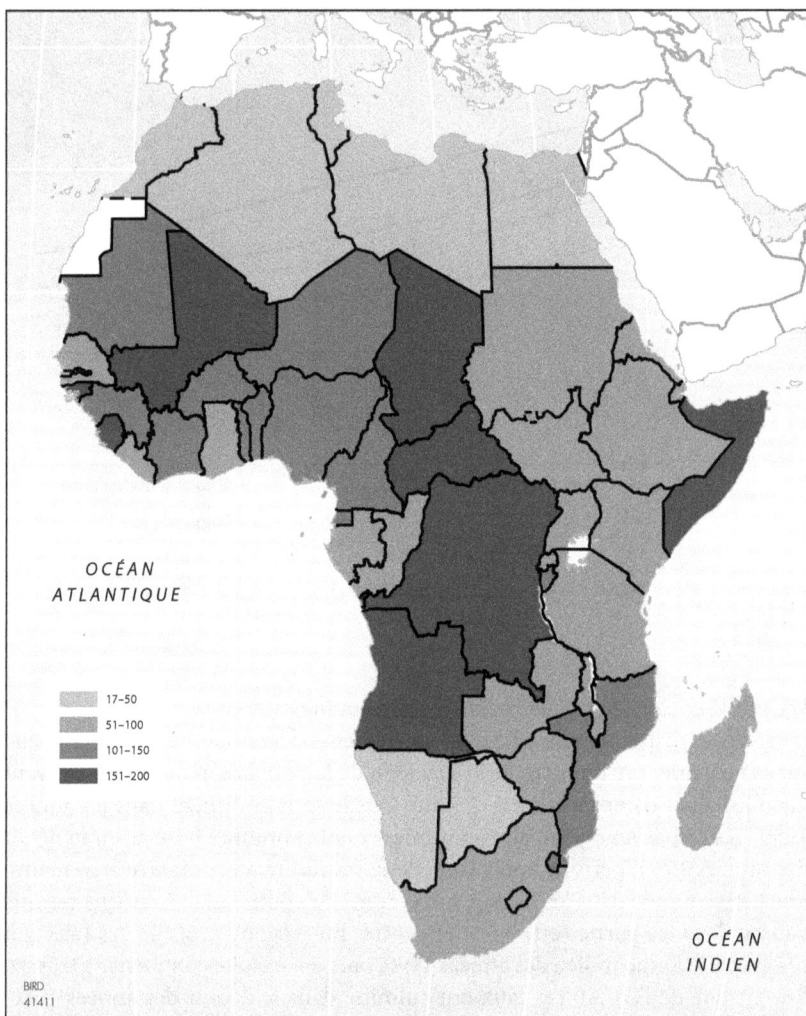

Source : Banque mondiale, 2013.

n'est nulle part plus apparente qu'en Éthiopie : le taux de fécondité dans la capitale d'Addis Abeba y est de 1,5, moins que le seuil de remplacement des générations, tandis qu'il est de 2,9 dans les autres zones urbaines et de 5,5 dans les zones rurales.

Par ailleurs, comme le montre le graphique 1.16, l'écart rural-urbain en termes de fécondité est beaucoup plus important en Afrique subsaharienne quoiqu'avec

Graphique 1.14 Taux de mortalité des enfants de moins de cinq ans dans plusieurs pays d'Afrique, selon le lieu de résidence (rural/urbain) (sur plusieurs années entre 2007 et 2009)

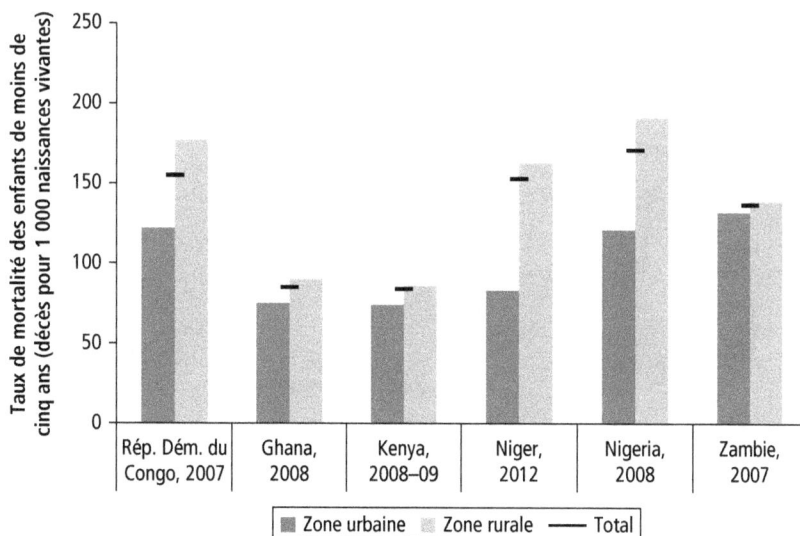

Source : Basé sur les enquêtes démographiques et de santé les plus récentes de chacun des pays concernés.

de fortes disparités entre pays) que dans la plupart des pays non africains (à l'exception du Brésil).

Migrations et urbanisation

L'Afrique est fortement urbanisée (graphique 1.17). Dans la grande majorité des pays d'Afrique subsaharienne, 30 à 35 % de la population vit dans des zones urbaines. Avant la transition démographique, la forte mortalité dans les villes se traduisait généralement par un excédent de décès sur les naissances, et la population urbaine augmentait uniquement en raison de la migration en provenance des zones rurales. De nos jours, les zones urbaines affichent des taux de mortalité et de fécondité plus faibles que dans les zones rurales.

Un trait frappant des pays en développement contemporains, Afrique exclue, est la réduction en chiffres absolus du nombre des personnes travaillant dans l'agriculture alors même que les populations et les besoins alimentaires sont en pleine expansion. Les progrès technologiques et la mécanisation de l'agriculture ont en substance fait sauter le verrou malthusien. L'Afrique devrait suivre le même schéma étant donné que sa productivité agricole continue de s'améliorer. L'urbanisation constitue donc à la fois une réponse aux forces démographiques et une réponse aux incitations économiques découlant de la croissance économique (Jones, 2003). Étant donné que de plus en plus de personnes migrent vers

Carte 1.3 Taux de fécondité en Afrique, par pays (2010)

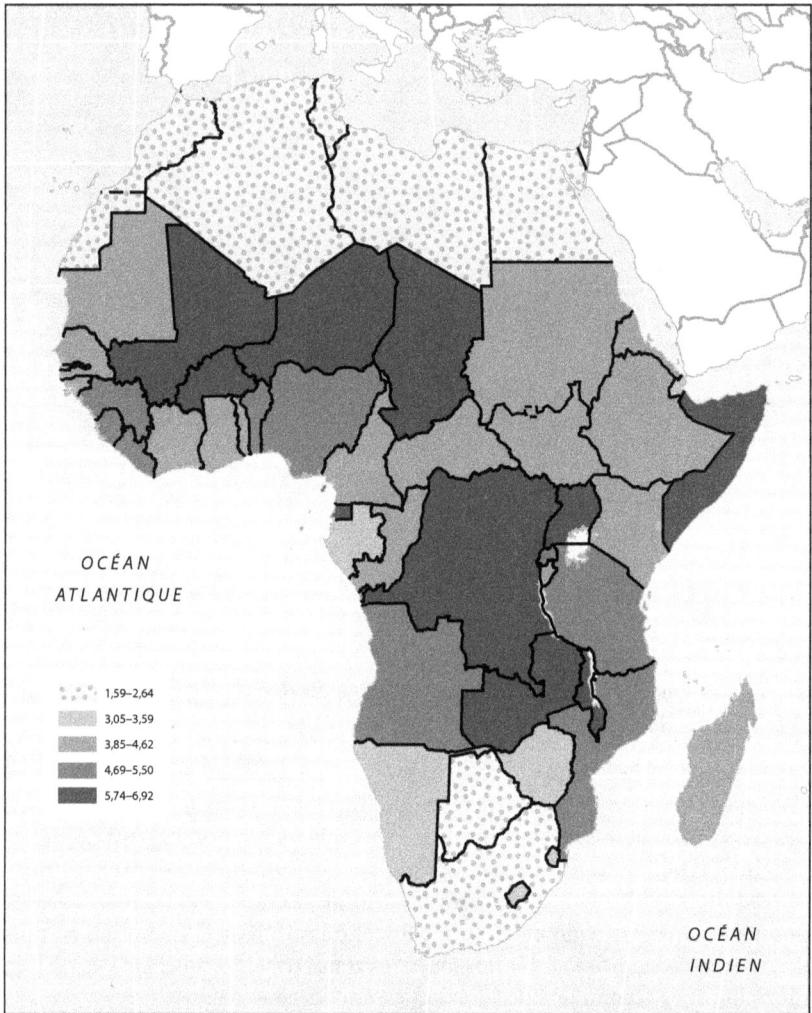

OCÉAN
ATLANTIQUE

	1,59–2,64
	3,05–3,59
	3,85–4,62
	4,69–5,50
	5,74–6,92

OCÉAN
INDIEN

Source : Division de la population de l'ONU, 2012.

les zones urbaines et que celles-ci continuent d'afficher des taux de mortalité et de fécondité plus faibles que dans les zones rurales, la fécondité devrait baisser plus rapidement dans les pays les plus urbanisés que dans les plus ruraux.

L'essentiel de la croissance des centres urbains africains s'explique par l'accroissement naturel de la population du fait d'un taux de natalité supérieur au taux de

Graphique 1.15 Indice synthétique de fécondité en Éthiopie, au Ghana et au Kenya, par selon le lieu de résidence

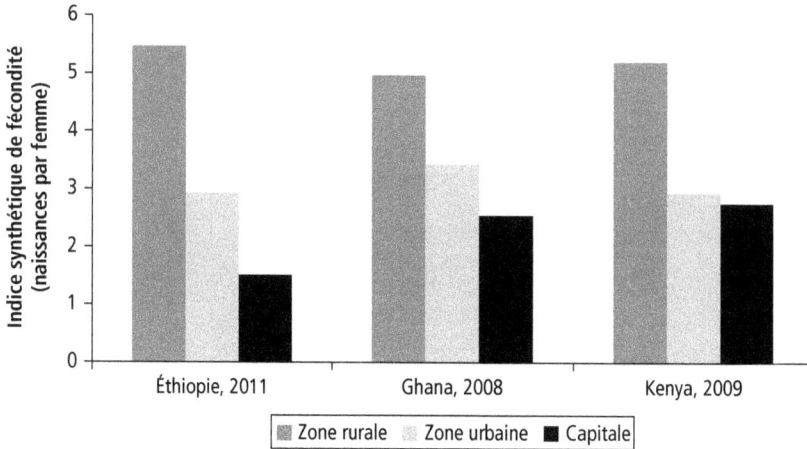

Source : Basé sur les enquêtes démographiques et de santé les plus récentes de chacun des pays concernés.

mortalité, pour environ 60 à 75 % du total. Le reste provient de l'exode rural le reste étant dû à la migration rurale-urbaine (Division de la population de l'ONU, 2008 ; Fonds des Nations unies pour la population, 1996). Cette migration suit souvent un schéma circulaire : beaucoup de migrants entretiennent des liens avec leur lieu d'origine, notamment par des visites, des envois de fonds et, dans toute l'Afrique, une migration (urbaine-rurale) de retour importante. En plus de la migration saisonnière pour le travail, l'incertitude des perspectives d'emploi dans les zones urbaines se traduit souvent par des allers et venues de la part de ces migrants ruraux-urbains en fonction des conditions économiques. Ce schéma migratoire est important parce qu'il peut jouer un rôle dans le ralentissement de la baisse de la fécondité associée aux zones urbaines et accélérer la baisse de la fécondité associée aux zones rurales.

Implications pour le dividende démographique

L'Afrique subsaharienne est confrontée à deux problèmes potentiels dans la réalisation du dividende démographique. Le premier est que sa transition démographique risque d'être très lente—comparez la montée léthargique de la courbe de l'Afrique subsaharienne dans le graphique 1.18 à la forte progression de la courbe de l'Amérique latine et des Caraïbes et celle de l'Asie de l'Est entre 1970 et 2010.

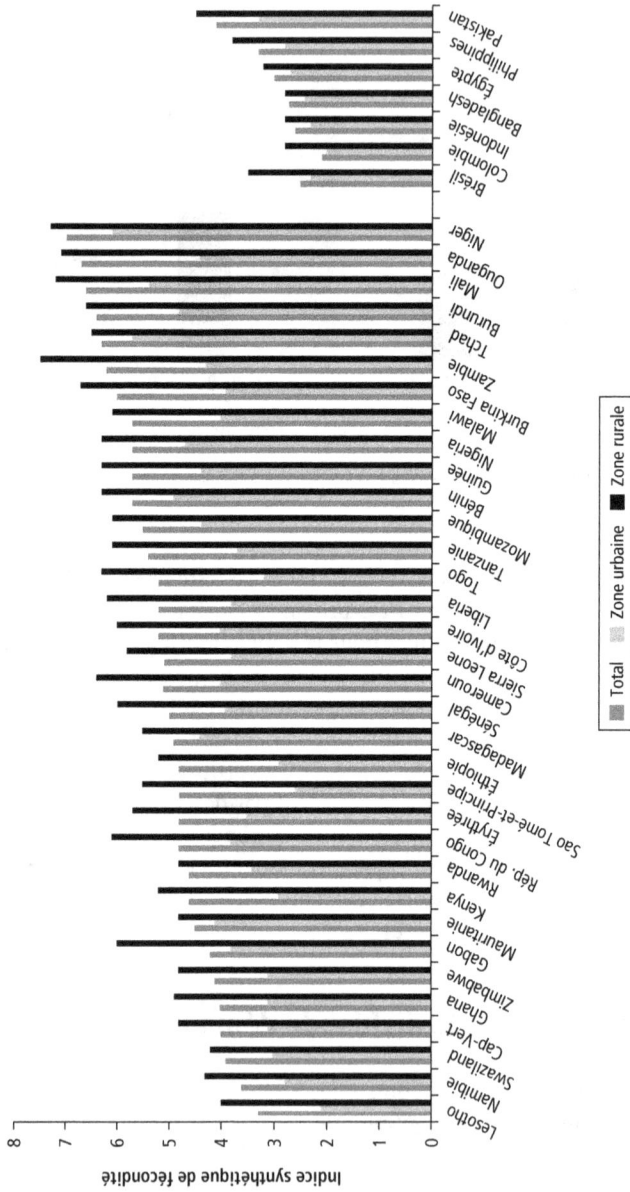

Graphique 1.16 Indice synthétique de fécondité en Afrique subsaharienne et dans sept pays d'autres régions, selon le pays de résidence (sur plusieurs années)

Légende : Total | Zone urbaine | Zone rurale

Indice synthétique de fécondité

Lesotho, Namibie, Swaziland, Cap-Vert, Zimbabwe, Ghana, Gabon, Mauritanie, Kenya, Rwanda, Rép. du Congo, Érythrée, Sao Tomé-et-Principe, Éthiopie, Madagascar, Sénégal, Cameroun, Sierra Leone, Côte d'Ivoire, Liberia, Togo, Tanzanie, Mozambique, Bénin, Guinée, Nigeria, Malawi, Burkina Faso, Zambie, Tchad, Burundi, Mali, Ouganda, Niger, Brésil, Colombie, Indonésie, Bangladesh, Égypte, Philippines, Pakistan

Source : Basé sur les enquêtes démographiques et de santé les plus récentes de chacun des pays concernés, Madhavan et Guengant, 2013.

Graphique 1.17 Part de la population urbaine dans la population totale dans différentes régions du monde (1960–2012)

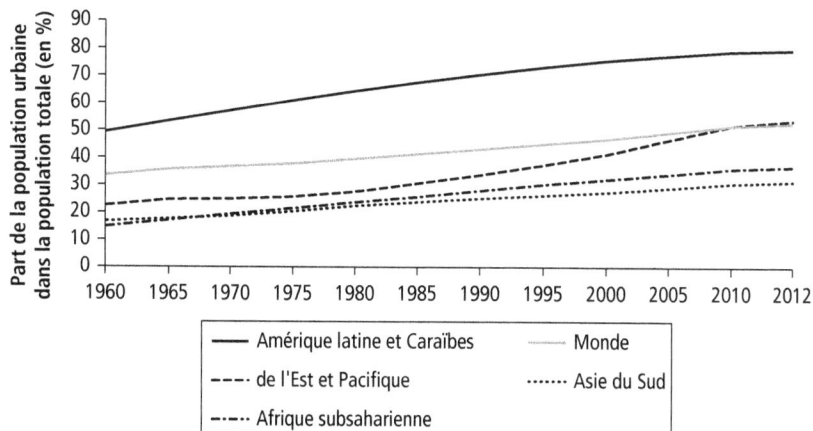

Source : Simkins, 2013.

Graphique 1.18 Ratio réel et projeté de la population en âge de travailler (âgée de 15 à 64 ans) sur la population dépendante dans plusieurs régions (1950–2000)

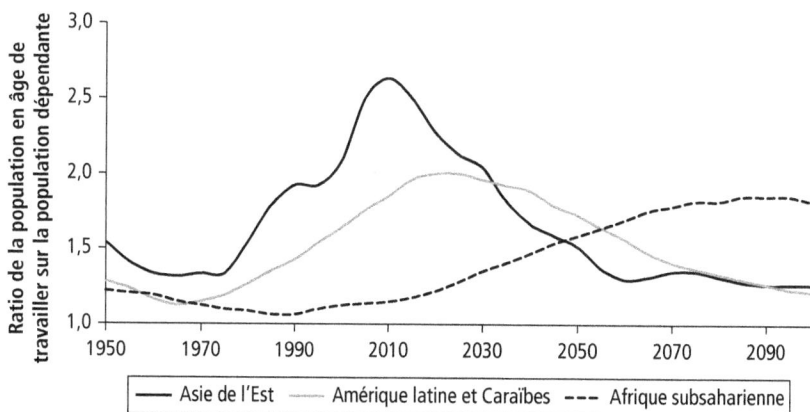

Source : Division de la population des Nations Unies, 2013.
Remarque : Les données postérieures à 2010 sont basées sur un scénario central de projection pour la fécondité.

Le bond réalisé par l'Asie de l'Est suit étroitement le décollage économique de la région et environ un tiers de la croissance économique au cours de son « miracle économique » peut être attribué au dividende démographique (Bloom, Canning et Malaney, 2000 ; Bloom et Williamson, 1998). Par contre, la diminution lente de la fécondité prévue pour l'Afrique subsaharienne porte à croire que la hausse de la proportion de la population en âge de travailler, laquelle a commencé en 1990, ne culminera pas avant 2080—soit 90 ans plus tard. De plus, le ratio de la population en âge de travailler par personne dépendante sera inférieur à 2 à son maximum. En définitive, l'impact projeté de l'accroissement de population en Afrique subsaharienne sera probablement non seulement lent à apparaître mais limité.

Deux questions font immédiatement suite à cette analyse. Pour commencer, la baisse de la fécondité peut-elle être accélérée et, si tel est le cas, comment ? Ce point est abordé dans le chapitre 2. Ensuite, vu que la croissance économique ne suit pas automatiquement les évolutions de la structure démographique (Urdal, 2006), comment le potentiel du dividende démographique peut-il être réalisé ? Ce point est abordé dans les chapitres 3 et 4.

Notes

1. Ces prévisions sont fondées sur le scénario central de fécondité des projections des Nations Unies, lequel suppose que la taille moyenne des familles diminuera de façon assez lente (Division de la population de l'ONU, 2012).
2. Le lancement de campagnes de traitements antirétroviraux semble faire reculer l'incidence du VIH sur la mortalité des adultes.

Références

Acemoglu, D. et S. Johnson. 2007. "Disease and Development: The Effect of Life Expectancy on Economic Growth." *Journal of Political Economy,* 115 (6): 925–85.

Bakilana, A. 2013. "State of Demographics." Document de référence sur lequel s'appuie cette publication, Banque mondiale, Washington DC.

Banque mondiale. 2001. *Le miracle de l'Asie de l'Est : croissance économique et politiques publiques.* Washington, DC : Banque mondiale.

———. 2011. *Indicateurs du développement dans le monde (WDI) 2011.* Washington, DC : Banque mondiale.

———. 2013. Statistiques sur la santé, la nutrition et la population. Washington, DC : Banque mondiale.

Bleakley, H. 2003. "Disease and Development: Evidence from the American South." *Journal of the European Economic Association* 1 (1–2): 376–86.

———. 2010. "Malaria Eradication in the Americas: A Retrospective Analysis of Childhood Exposure." *American Economic Journal: Applied Economics* 2 (2): 1–45.

Bloom, D. E., D. Canning et G. Fink. 2009. "Disease and Development Revisited." NBER Working Paper 15137. Cambridge, MA.

Bloom, D. E., D. Canning et P. Malaney. 2000. "Demographic Change and Economic Growth in Asia." Population and Development Review 26 (supplement): 257–90.

Bloom, D. E., D. Canning, R. K. Mansfield et M. Moore. 2007. "Demographic Change, Social Security Systems, and Savings." *Journal of Development Economics* 54 (1): 92–114.

Bloom, D., D. Canning et J. Sevilla. 2003. *The Demographic Dividend: A New Perspective on the Economic Consequences of Population Change*. Santa Monica, CA: RAND Corporation.

———. 2004. "The Effect of Health on Economic Growth: A Production Function Approach." *World Development* 32 (1): 1–13.

Bloom, D. E. et J. G. Williamson. 1998. "Demographic Transitions and Economic Miracles in Emerging Asia." *World Bank Economic Review* 12 (3): 419–55.

FNUAP (Fonds des Nations unies pour la population). 1996. *Sources of City Growth*. New York: Fonds des Nations unies pour la population (FNUAP). http://www.unfpa.org /swp/1996/index.htm.

Hayami, Y. 1997. "Induced Innovation and Agricultural Development in East Asia." Population Working Paper 88-4, East-West Center, Program on Population, Honolulu 31/08/1997. http://www.popline.org/node/532439.

Jones, G. 2003. "Urbanization." In *Encyclopedia of Population*, édité par P. Demeny et G. McNicoll. New York : Macmillan Reference.

Kelley, A. C. et R. M. Schmidt. 1995. "Aggregate Population and Economic Growth Correlations: The Role of the Components of Demographic Change." *Demography* 32 (4): 543–55.

Madhavan, S., et J. P. Guengant. 2013. "Proximate Determinants of Fertility." Document de référence sur lequel s'appuie cette publication, Banque mondiale, Washington, DC.

Malthus, T. R. 1888. "An Essay on the Principle of Population: Or, a View of Its Past and Present Effects on Human Happiness." Reeves & Turner.

Mason, A. 2001. *Population Change and Economic Development in East Asia: Challenges Met, Opportunities Seized*. Stanford, CA: Stanford University Press.

———. 2003. "Population Change and Economic Development: What Have We Learned from the East Asia Experience?" *Applied Population Policy* 1 (1): 3–14.

———. 2005. "Demographic Transition and Demographic Dividends in Developed and Developing Countries." Document présenté à la réunion du groupe d'experts sur les implications sociales et économiques des changements des structures par âge de la population.

Müller, R. et F. Woellert. 2013. "Late Bloomer: Why Brazil Did Not Make Appropriate Use of Its Demographic Bonus." Document de référence sur lequel s'appuie cette publication, Banque mondiale, Washington, DC.

O'Neilla, B. C., M. Daltonb, R. Fuchsc, L. Jianga, S. Pachauric et K. Zigovad. 2010. "Global Demographic Trends and Future Carbon Emissions." *Proceedings of the National Academy of Sciences* 107 (41): 17521–26.

ONU, Division de la population. 2008. *An Overview of Urbanization, Internal Migration, Population Distribution, and Development in the World*. New York : Nations Unies, Division de la population. http://www.un.org/esa/population/meetings/EGM _PopDist/P01_UNPopDiv.pdf.

———. 2012. *Perspectives de la population mondiale : révision de 2011*. New York : Nations Unies, Division de la population, Département des affaires économiques et sociales (DAES).

————. 2013. *Perspectives de la population mondiale : révision de 2012, Méthodologie des estimations et projections démographiques.* New York : Nations Unies, Division de la population, Département des affaires économiques et sociales (DAES).

Oosthuizen, M. 2013. "South African National Transfer Accounts 2005: Version 1." Projet de comptes de transfert nationaux. http://www.ntaccounts.org.

Pradhan, E. 2013. "Social Determinants of Fertility." Document de référence sur lequel s'appuie cette publication, Banque mondiale, Washington, DC.

Rodriguez-Wong, L. et J. A. M. de Carvalho. 2004. "Age Structural Transition in Brazil: Demographic Bonuses and Emerging Challenges." Document présenté au séminaire du CICRED sur « Les transitions des structures par âge : bonus démographique mais défis nouveaux pour la population et le développement durable ».

Simkins, C. 2013. "Urbanization and Fertility." Document de référence sur lequel s'appuie cette publication, Banque mondiale, Washington DC.

Urdal, H. 2006. "A Clash of Generations? Youth Bulges and Political Violence." *International Studies Quarterly* 50 (3): 607–29.

Chapitre **2**

Accélerer la transition démographique

Introduction

Une transition démographique est un préalable nécessaire à toute toute possibilité de dividende démographique. Pendant celle-ci, un pays ou région voit sa natalité et sa mortalité passer de niveaux élevés à des niveaux faibles. Comme cela a été précisé dans le chapitre 1, la transition de la mortalité en Afrique subsaharienne est déjà bien engagée, avec des taux de mortalité infantile en forte baisse dans la plupart des pays. Néanmoins, la transition de la fécondité est lente dans certains endroits et en perte de vitesse dans d'autres. Ce chapitre examine les perspectives d'accélération de la baisse de la fécondité et les instruments stratégiques disponibles, mais il aborde d'abord deux questions.

La première question est de savoir si l'État a à intervenir pour accélérer la transition de la fécondité pour des raisons économiques. Certains pays ont fait l'objet de critiques pour avoir eu recours à des politiques coercitives afin d'atteindre leurs objectifs en matière de population. À titre d'exemple, la Conférence internationale sur la population et le développement du Caire en 1994 a condamné le recours à de telles politiques et adopté une approche de la planification familiale axée sur les femmes et leurs droits (Bongaarts et Sinding, 2009). Comme évoqué dans ce chapitre, les avantages économiques d'une famille moins nombreuse bénéficient essentiellement aux familles et les décisions relatives à la fécondité devraient être prises à ce niveau. Même si le fait d'avoir des familles nombreuses engendre des coûts économiques, il existe également des avantages, dont principalement la satisfaction directe que procurent les enfants à leurs parents. Ces avantages ne sont pas inclus dans les mesures normalisées du produit intérieur brut (PIB) par habitant, mais ils comptent dans les décisions des familles, et à juste titre.

Pour autant, les pouvoirs publics ont bien des possibilités d'intervention. Un domaine d'intervention concerne les facteurs qui aident les familles à aboutir à leur taille souhaitée, et en particulier grâce à un accès à des méthodes de planification familiale qui permettent aux femmes d'éviter les grossesses non désirées. L'État peut aussi intervenir sur les facteurs qui affectent la demande en matière de fécondité. Une portion de la fécondité vise à couvrir les effets de la mortalité infantile mais il est clairement préférable de réduire la mortalité infantile et le besoin en naissances de remplacement que d'avoir un taux de mortalité élevé et une fécondité désirée élevée. Par ailleurs, les interventions qui contribuent à l'autonomisation des femmes (une meilleure éducation, plus d'opportunités sur le marché du travail ainsi que de l'information sur les avantages sanitaires à retarder la première grossesse et à espacer les naissances) renforcent les capacités et le pouvoir décisionnel des femmes et peuvent améliorer leur bien-être. Élargir la palette de choix disponibles est positif pour les femmes mais c'est à titre individuel qu'elles doivent décider des choix qu'elles souhaitent faire.

La seconde question est de savoir si les avantages économiques d'une transition rapide de la fécondité sont vraiment plus importants que ceux d'une transition lente. Et, même s'ils le sont, est-il prudent d'intervenir pour accélérer la transition de la fécondité ? La rapide transition de la fécondité en Asie de l'Est a été accompagnée d'un accroissement fulgurant de la part de la population en âge de travailler d'autant plus que les taux de dépendance des jeunes ont chuté. Toutefois, ce progrès a été de courte durée, ne durant environ que quarante ans. La population est maintenant vieillissante et la part de la population en âge de travailler baissera dans un avenir proche alors que le taux de dépendance aux personnes âgées augmentera. Les taux de fécondité projetés pour l'Afrique subsaharienne montrent que la part de la population en âge de travailler n'augmentera que tardivement, plafonnant à un niveau modeste et se maintiendra très longtemps. Si la proportion de la population en âge de travailler était l'unique facteur du dividende démographique, une baisse rapide de la fécondité et une hausse importante en termes de revenu par habitant pendant une courte période ne seraient pas nécessairement préférables au fait d'avoir une baisse plus lente de la fécondité et une augmentation moins importante du revenu par habitant sur une période plus longue.

Toutefois, l'augmentation de la proportion de la population en âge de travailler ne constitue pas l'unique effet de la transition de la fécondité. La réduction de la fécondité ne fait pas que baisser l'indice de fécondité synthétique : elle est généralement aussi liée à des naissances plus opportunes et plus espacées. Les grossesses précoces et le faible espacement entre les grossesses pourraient contribuer à des mauvais résultats santé à la fois pour les mères et leurs enfants (Conde-Agudelo et al., 2012 ; Finlay, Özaltin et Canning, 2011), ce qui peut avoir un impact négatif sur l'économie d'un pays. Par contre, une baisse de la fécondité peut aider les femmes à entrer sur le marché du travail, ce qui contribue à l'accroissement de la part de la population en âge de travailler, entre autres avantages (Bloom et al., 2009 ; Goldin, 1994 ; Soares et Falcão, 2008). Ces effets en matière de santé et d'offre de main d'œuvre féminine sont vraisemblablement permanents et sont susceptibles de générer des avantages économiques à long terme.

En outre, les avantages économiques ne sont pas les seuls facteurs à rentrer en ligne de compte au niveau du bien-être des populations. Il ne faut pas oublier, quand l'on envisage des politiques d'accélération de la transition démographique, que les choix en matière de fécondité sont d'ordre personnel et pas des instruments de politique macroéconomique. Les décisions sur la planification et la taille de la famille devraient demeurer au sein de l'unité familiale individuelle dans la mesure où les avantages et les coûts du dividende démographique impactent en premier lieu les ménages (Bloom et al., 2012). Les différentes retombées liées à des familles de taille réduite (en matière de santé et d'éducation, et économiques) d'une taille réduite de la famille profitent directement aux familles qui choisissent d'avoir moins d'enfants. Les familles devraient faire un choix éclairé sur le nombre adéquat d'enfants à avoir. Les problèmes de fertilité et de stérilité sont nombreux dans la région et peuvent avoir des conséquences sociales très lourdes pour les femmes (Hollos et Larsen, 2008 ; Larsen, 2000). La démarche centrée sur les familles qui est préconisée ici défend l'idée que l'État doive apporter des réponses à la fois aux femmes qui chercheraient à réduire leur fécondité et à celles qui voudraient surmonter une situation d'infertilité.

Malgré les récents reculs, les taux de fécondité en Afrique subsaharienne restent les plus élevés au monde. Bien que des baisses de fécondité aient suivi celles de la mortalité infantile dans le reste du monde, la vitesse à laquelle cela s'est passé a varié en fonction des pays et on ne peut considérer qu'une transition rapide de la fécondité aura nécessairement lieu en Afrique subsaharienne. Les forces sociales, économiques et culturelles jouent un rôle important dans la fécondité désirée des familles en Afrique. Les taux de fécondité des ménages tendent à évoluer ensemble au sein d'une même population, et ce indépendamment des incitations familiales individuelles. Cela montre bien que la fécondité est fortement influencée par les interactions sociales et les normes au sein des groupes (Bongaarts et Watkins, 1996). En outre, les préférences ne sont pas toujours alignées au sein d'une même famille et le résultat effectif peut être la conséquence de jeux de pouvoirs au sein des ménages (Ashraf, Field et Lee, 2010 ; Manser et Brown, 1980). En conséquence, les facteurs qui ont une influence sur l'autonomisation des femmes, et en particulier l'éducation des femmes, peuvent induire des changements dans les motivations à l'échelle des ménages ainsi que les résultats des négociations qui affectent in fine la fécondité.

Une fois que la fécondité désirée diminue, les femmes ont besoin de connaître et d'accéder aux moyens qui leur permettent de prendre le contrôle de leur fécondité. Ces mécanismes sont connus comme les déterminants proches de la fécondité. On y compte : l'âge du mariage ou des premiers rapports sexuels, la contraception, l'avortement, la stérilité et l'infécondité post-partum due aux longues périodes d'allaitement après l'accouchement (Bongaarts, 1978). Lorsqu'il s'agit de déterminer comment faire baisser les taux de fécondité, il existe deux domaines d'intervention importants. Le premier domaine concerne le besoin de surmonter les coutumes qui forcent les femmes à se marier et à enfanter très jeunes. Retarder l'âge du mariage et de la première grossesse permet aux jeunes filles d'avoir la possibilité de continuer leurs études ou de commencer à travailler avant de se marier. Le second axe d'intervention consiste à rendre largement accessibles les services de planification familiale aux femmes qui désirent limiter ou espacer les naissances. Lorsque les hommes et les femmes ont des préférences différentes en matière de fécondité, le simple fait d'avoir des coûts de planification familiale élevés pourrait considérablement affaiblir le pouvoir de négociation des femmes qui ne disposeraient pas de revenus propres (Glick et Linnemayr, 2013).

Le reste de ce chapitre fait ressortir les domaines dans lesquels il est possible de faire changer les choses grâces à des mesures adaptées. Nous commençons par y passer (y compris les effets des reculs de la mortalité et ceux liés à l'espacement des naissances et au recul de l'âge des mères), les investissements dans l'éducation des femmes, les normes sociales, l'égalité des sexes, la participation des femmes dans le marché du travail et l'urbanisation. S'ensuit un examen des éléments de preuve relatifs aux déterminants proches de la fécondité, y compris l'âge du mariage et l'utilisation de la contraception. Une section finale décrit les facteurs liés à des programmes de planification familiale efficaces, y compris ses coûts et le recours à des subventions publiques.

Santé infantile et fécondité

Au niveau global, la réduction de la mortalité infantile est une condition préalable à la baisse de la fécondité, ainsi qu'un de ses déterminants essentiels (Dyson, 2011). En Europe, la réduction de la mortalité chez les nourrissons et les enfants a été le facteur le plus important de la baisse de la fécondité, les gains salariaux n'étant quant à eux responsables que du tiers environ de cette diminution (Coale, 1986 ; Eckstein, Mira et Wolpin, 1999 ; Galloway et Lee, 1998 ; Preston, 1978). Bien qu'ayant chuté considérablement, les niveaux de mortalité infantile restent beaucoup plus élevés en Afrique subsaharienne que dans le reste du monde.

Mortalité infantile

Les décisions de fécondité des familles sont orientées par le désir d'avoir des enfants qui survivent à leurs parents. Au niveau des ménages, la mortalité infantile impacte la fécondité au travers de deux mécanismes principaux : le remplacement et l'assurance. Ainsi, quand un enfant décède, l'on peut s'attendre à rencontrer une fécondité de remplacement, laquelle constitue un ajustement de la famille à l'impact du décès. Toutefois, le décès d'un enfant ne peut pas toujours être « remplacé » car la fécondité diminue avec l'âge. C'est une des raisons pour laquelle les familles ne s'arrêtent pas à la fécondité de remplacement et adoptent des comportements de fécondité d'assurance. Dans certaines régions, les familles

ont ainsi plus d'enfants qu'ils n'en souhaitent réellement – on parle d' « accumulation » – car elles partent du principe que certains de ces enfants mourront et ne
seront pas remplaçables. Ce phénomène d'accumulation est plus courant dans
les sociétés où les enfants revêtissent une importance particulière en termes de
continuité et d'élargissement des lignages, de soutien aux personnes âgées et de
transfert des avoirs familiaux. L'accumulation est plus courante dans les sociétés
où les enfants ont une grande importance dans le maintien des lignées familiales, le soutien aux personnes âgées et les transferts patrimoniaux.

L'effet de remplacement est généralement estimé à 0,2–0,3 (Haines, 1998 ;
Maglad, 1994 ; Olsen, 1980 ; Palloni et Rafalimanana, 1999 ; Schultz, 1997).
Cela veut dire, qu'en moyenne, le décès d'un enfant entraîne à une fécondité de
remplacement dans moins d'un tiers des cas. L'effet d'assurance est potentiellement plus grand et est estimé à 0,5 à 1,0 (Hossain, Phillips et LeGrand, 2007 ;
LeGrand et Phillips, 1996 ; LeGrand et al., 2003), mais il est difficile à mesurer
(Ben-Porath, 1976 ; Sah, 1991 ; Schultz, 1969, 1976) parce qu'il dépend du risque
perçu de mortalité infantile plutôt de la mortalité infantile effective. La baisse de
la fécondité due à l'effet d'assurance survient généralement avec un décalage sur
la baisse de la mortalité infantile. Il faut un certain temps pour que les ménages
se rendent compte que la mortalité infantile a reculé et qu'ils arrêtent de donner
naissance à des enfants supplémentaires à des fins d'assurance.

Outre les données longitudinales historiques tirées du European Fertility
Project (Coale et Watkins, 1986), les données transversales des Indicateurs du
développement dans le monde affichent une relation négative entre la mortalité
des enfants de moins de cinq ans et la fécondité. Aujourd'hui, les pays caractérisés par une faible mortalité des enfants de moins de cinq ans affichent également
des taux de fécondité faibles (graphique 2.1). Les pays d'Afrique subsaharienne
enregistrent à la fois une fécondité plus élevée *et* une mortalité des enfants de
moins de cinq ans plus élevée qu'ailleurs dans le monde. L'importance de l'impact d'une mortalité infantile plus faible dans la baisse de la fécondité laisse
penser que les pays africains affichant des taux de mortalité infantile élevés
devraient tout d'abord se concentrer sur l'amélioration de la santé infantile et
seulement ensuite sur la réduction de fécondité. La faible réactivité de la fécondité par rapport à une baisse de la mortalité donne à penser que les interventions sanitaires visant à sauver la vie des enfants entraînent un accroissement de
la population ; toutefois, cette période de croissance démographique est temporaire et compensée par une chute de la fécondité sur le long terme.

Intervalles entre les naissances et âge de la mère à la naissance

Les intervalles courts entre les naissances ont un impact négatif sur la santé
maternelle, infantile et néo natale. En cas de grossesses rapprochées, les carences
en acide folique chez la mère peuvent affecter négativement l'enfant. Les femmes
ayant des enfants dans de courts intervalles sont également exposées au risque

Graphique 2.1 Corrélation entre le taux de mortalité des enfants de moins de cinq ans et l'indice synthétique de fécondité en Afrique subsaharienne et dans le reste du monde (2012)

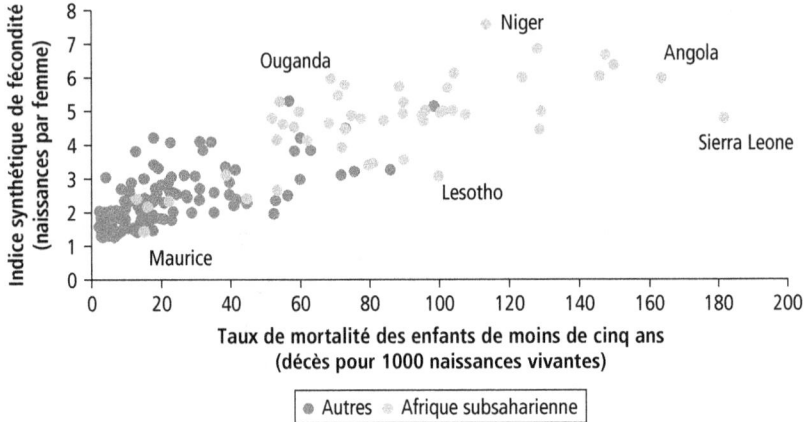

Source : Banque mondiale, 2012.

d'insuffisance cervicale, ce qui augmente le risque des naissances prématurées et des fausses-couches. Les enfants nés dans des intervalles de naissance courts sont plus exposés au risque de décès et à une santé défaillante en raison de la transmission mère-enfant d'infections, d'une lactation sous-optimale (du fait du chevauchement entre les périodes d'allaitement et de grossesse) et à la concurrence pour les ressources maternelles entre membres de la fratrie (Conde-Agudelo, Rosas-Bermúdez et Kafury-Goeta, 2006 ; Conde-Agudelo et al., 2012).

L'espacement entre les maternités constitue un aspect critique de la réduction de la mortalité infantile. Même en ajustant les chiffres pour tenir compte de l'âge de la mère, de l'éducation des parents, du lieu de résidence (rural ou urbain) et d'autres indices de richesse relative des ménages, les enfants issus d'une grossesse rapprochée ont une mortalité relative considérablement supérieure. Les enfants issus d'une grossesse rapprochée de 7 à 11 mois de la précédente ont 4,3 fois plus de chances de mourir que ceux issus d'une grossesse faisant suite de 36 à 47 mois après la précédente (graphique 2.2). Le risque de décès diminue à mesure que l'intervalle entre les naissances augmente, et est le plus faible lorsque les naissances font suite aux précédentes après un intervalle compris entre 48 et 59 mois.

La maternité chez les jeunes a un effet très négatif sur les résultats de santé des mères et des enfants, et cela indépendamment de l'espacement des naissances, de l'ordre de naissance et des facteurs socio-économiques des ménages (graphique 2.3). Les jeunes mères ont beaucoup plus de risques de mourir des suites de leur grossesse et les enfants nés de jeunes mères risquent plus de mourir ou d'être en mauvaise santé. À l'adolescence, le bassin n'est en effet

Graphique 2.2 Risque relatif de mortalité infantile en Afrique subsaharienne, ajusté par intervalle de temps écoulé depuis la maternité précédente de la mère (1987–2011)

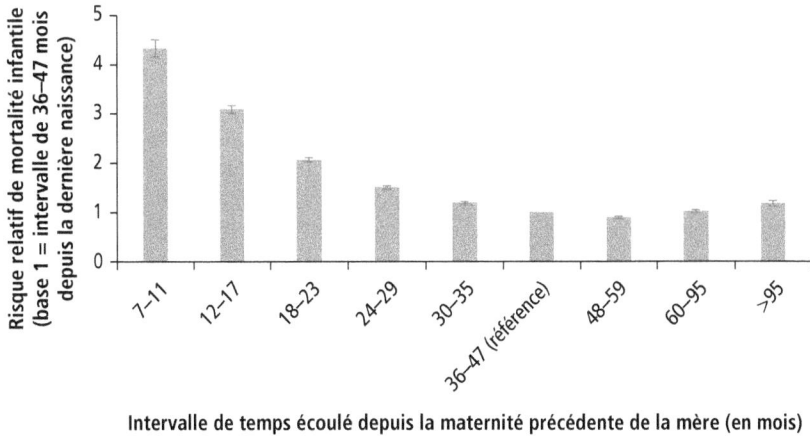

Intervalle de temps écoulé depuis la maternité précédente de la mère (en mois)

Source : Finlay et Canning, 2013.
Remarque : Le risque relatif de mortalité infantile est ajusté pour étudier les effets de l'intervalle de temps écoulé depuis la maternité précédente de la mère, indépendamment des autres caractéristiques des ménages.

Graphique 2.3 Risque relatif de mortalité infantile en Afrique subsaharienne, ajusté par intervalle de naissance (1987–2011)

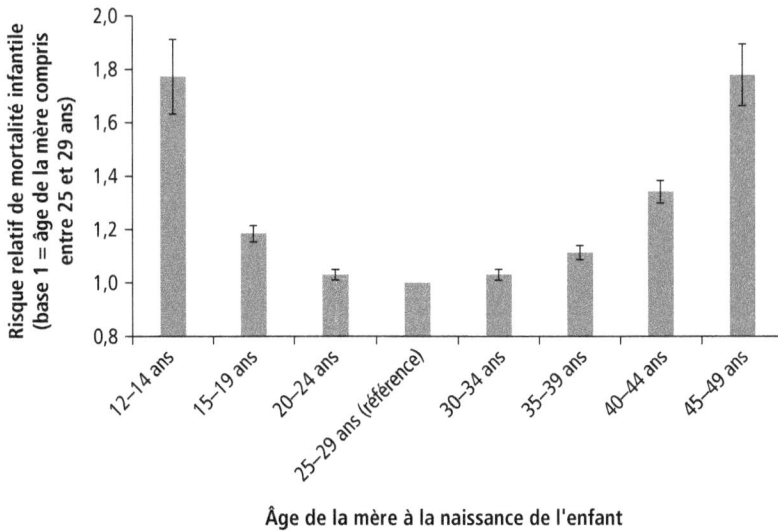

Âge de la mère à la naissance de l'enfant

Source : Finlay et Canning, 2013.

pas encore pleinement formé. En outre, il peut arriver que les jeunes mères ne sachent pas prendre soin de leurs enfants et elles risquent de ne pas bénéficier d'un soutien financier adéquat. L'effet de l'âge de la mère sur la santé de l'enfant est non-linéaire dans la mesure où les mères plus âgées peuvent également aboutir sur des enfants moins sains pour des raisons d'ordre biologique.

Le recours à des méthodes contraceptives permet aux ménages d'assurer un espacement adéquat des naissances. Une intervention de planification familiale à Matlab, au Bangladesh, a permis de faire baisser la fécondité de 17 % mais également engrangé des bienfaits supplémentaires tels qu'une mortalité infantile plus faible, une plus grande application de mesures de santé préventives et l'amélioration du statut des femmes. Il faut par ailleurs noter qu'à Matlab, la mortalité infantile a reculé grâce au plus grand espacement des naissance. Ce phénomène concorde avec les conclusions de Joshi et Schultz (2007), lesquels ont découvert qu'un meilleur accès à la planification familiale ne retarde pas l'âge de la première maternité mais augmente par contre l'espacement entre les naissances. Une étude de Finlay, Özaltin et Canning (2011) affirme que pour retarder l'âge de procréation, il faut fournir des opportunités viables aux femmes en matière d'éducation et de travail plutôt que d'améliorer l'accès à la planification familiale.

Le fait que les femmes deviennent mères à un très jeune âge, comme c'est souvent le cas en Afrique subsaharienne, rallonge également leur vie reproductive, qui est est contre-productif dans un contexte d'accélération de la transition de la fécondité. L'Afrique subsaharienne doit réaliser de sérieux progrès en matière d'âge de la première maternité. Pour y parvenir, les pouvoirs publics peuvent ajuster l'âge légal du mariage ou encore de travailler à améliorer le niveau d'éducation des filles et des femmes. Ainsi, aux États-Unis, l'âge moyen de la première maternité est passé de 21 ans en 1970 à 25 ans en 2000. Bien que n'ayant pas été précédé par des changements de politique clairs, ce changement peut s'expliquer par l'amélioration de l'éducation des femmes, et en conséquence, à leur meilleur accès au marché du travail.

Éducation des femmes et fécondité

Une meilleure éducation des femmes conduit à une baisse de l'indice de fécondité. Plusieurs théories cherchent à expliquer les mécanismes qui font que l'éducation des femmes conduit à une baisse de la fécondité. Une approche économique suggère un effet incitatif : les femmes plus éduquées ont un coût d'opportunité supérieur à faire des enfants en termes de pertes de revenus. Comme on peut le voir en Afrique subsaharienne, les hommes souhaitent souvent des familles plus larges que les femmes (Bankole et Singh, 1998). Les modèles de négociation intra-familiale suggèrent que les femmes mieux éduquées peuvent mieux subvenir à leurs besoins et ont plus de pouvoir de négociation, ce qui leur donne plus de possibilités pour parvenir à imposer la fécondité plus faible qu'elles souhaitent.

Selon la théorie des changements de mentalité, les femmes plus éduquées pourraient disposer d'un meilleur accès aux réseaux mondiaux de communication et, par le biais de l'école et de leur communauté, en arriver à avoir des idées différentes concernant la taille qu'elles souhaitent pour leur famille. Elles peuvent également avoir un meilleur accès aux méthodes de planification familiale et de meilleures connaissances de celles-ci, bien que de récentes enquêtes révèlent qu'il y a déjà une très forte sensibilisation des femmes à ce sujet dans la plupart des groupes socio-économiques en Afrique (Khan et al., 2007). En outre, les femmes plus scolarisées ont de meilleures connaissances en matière de soins prénataux et de santé infantile et leur plus faible fécondité pourrait aussi s'expliquer par l'effet indirect de la baisse de la mortalité attendue.

La relation négative entre l'éducation des femmes et la fécondité est particulièrement visible en Éthiopie, au Ghana et au Kenya (graphique 2.4). Les différences en termes d'indice synthétique de fécondité (ISF) entre les femmes

Graphique 2.4 Indice synthétique de fécondité en Éthiopie, au Ghana et au Kenya, selon le nombre d'années de scolarité des femmes (1990–2010)

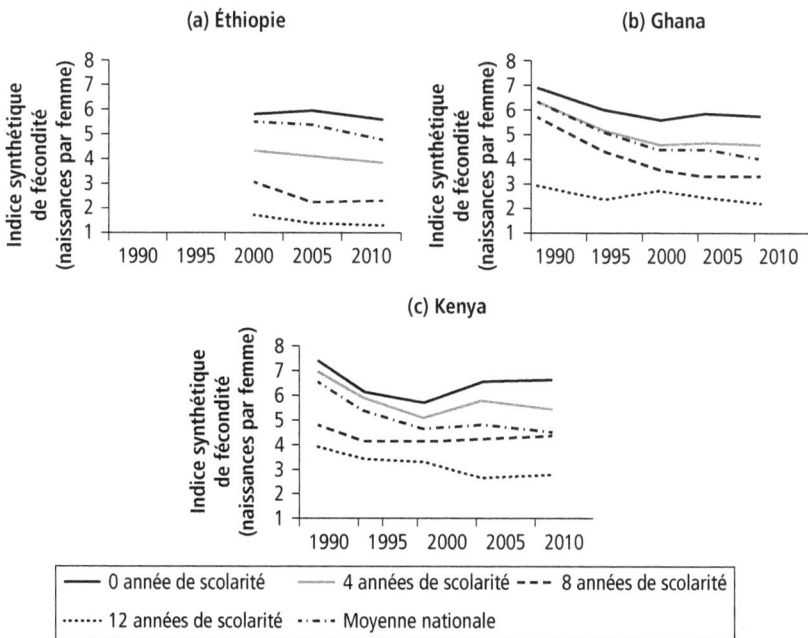

Source : Basé sur les enquêtes démographiques et de santé les plus récentes de chacun des pays concernés.

non scolarisées et celles qui ont suivi une éducation de niveau secondaire sont frappantes. Par exemple au Ghana en 2008, les femmes ayant une éducation de niveau secondaire (12 années de scolarité) avaient un ISF compris entre 2 et 3, alors que celui des non scolarisées était d'environ 6. En Éthiopie en 2011, les femmes ayant une éducation de niveau secondaire avaient un ISF de 1,34 alors que celui des non scolarisées était d'environ 5,61.

La forte association entre l'éducation et la fécondité suggère une relation de cause à effet mais il pourrait s'agir d'une confusion : les femmes qui préfèrent avoir des familles moins nombreuses peuvent égaler préférer recevoir une bonne éducation. Par ailleurs, la procréation précoce peut être la cause de décrochage scolaire. Des données empiriques solides pour l'Afrique subsaharienne viennent cependant la réduction de la fécondité (encadré 2.1). Au Kenya, une réforme de l'éducation ayant permis d'augmenter la durée de l'éducation primaire d'une année a élevé le niveau scolaire des femmes et retardé l'âge de mariage et de la première naissance (Chicoine 2012). Un essai contrôlé randomisé effectué par Duflo et al. (2006), également au Kenya, a mis en évidence que réduire le coût des uniformes ne permet pas seulement de diminuer le taux d'abandon scolaire mais aussi de réduire la prévalence du mariage et des grossesses chez les adolescentes. Osili et Long (2008) ont examiné la réforme de l'éducation au Nigeria et y ont constaté que l'augmentation du niveaux d'éducation des femmes y a contribué à baisser la fécondité précoce de 0,26 naissance.

L'impact important de l'éducation sur la fécondité est lié aux revenus potentiels des femmes et au coût d'opportunité associé au fait d'élever des enfants. Il existe toutefois d'autres explications possibles, notamment le changements de mentalités et l'augmentation du pouvoir de négociation des femmes. Lavy et Zablotsky (2011) présentent des éléments tendant à prouver que l'éducation des femmes permet de réduire la fécondité sans pour autant altérer les taux de participation de la main d'œuvre féminine. En se servant de la fin brusque du régime militaire, lequel limitait considérablement la mobilité des Arabes en Israël jusqu'au milieu des années 1960, comme variable instrumentale, les auteurs constatent que ce changement a entraîné une très forte augmentation du niveau de scolarité des femmes. Cet accroissement de la scolarisation a finalement conduit à une baisse de la fécondité effective des femmes. Les auteurs ont par ailleurs démontré que la participation des femmes au marché du travail dans cette population est restée stable et ils en ont conclu que l'éducation a réduit la fécondité en améliorant le pouvoir de négociation des femmes au sein des ménages, et ce grâce à un meilleur accès à la contraception et à des préférences plus marquées pour des enfants mieux éduqués et en meilleure santé.

Outre l'éducation des femmes, celle des hommes joue également un rôle dans la détermination de la fécondité. Breierova et Duflo (2004) estiment que, pour ce qui est de l'augmentation de l'âge du mariage et du retardement de la fécondité, l'éducation des femmes compte plus que celle des hommes. En effet,

ENCADRÉ 2.1

L'effet d'une réforme de l'éducation sur la fécondité chez les adolescentes en Éthiopie

L'Éthiopie présente des variations considérables en termes de fécondité en fonction du niveau d'éducation. Ces variations sont également évidentes dans la fécondité des adolescentes, dans la mesure où 61 % des femmes non scolarisées ont un enfant avant l'âge de 20 ans, contre seulement 16 % pour les femmes ayant huit années de scolarité.

Ces variations reflètent-elles un lien de cause à effet ? La réforme de l'éducation de 1994 en Éthiopie a supprimé les frais de scolarité, instauré des cantines scolaires dans les zones rurales, augmenté le budget de l'éducation et autorisé l'enseignement des cours en langue vernaculaire plutôt qu'en amharique.

Le graphique B2.1.1 montre la durée moyenne de scolarisation des femmes en Éthiopie par cohorte de naissance sur la base de l'enquête démographique et de santé

Graphique B2.1.1 Durée moyenne de scolarisation des femmes en Éthiopie, par cohorte de naissance et selon la couverture ou non par la réforme (1960–1990)

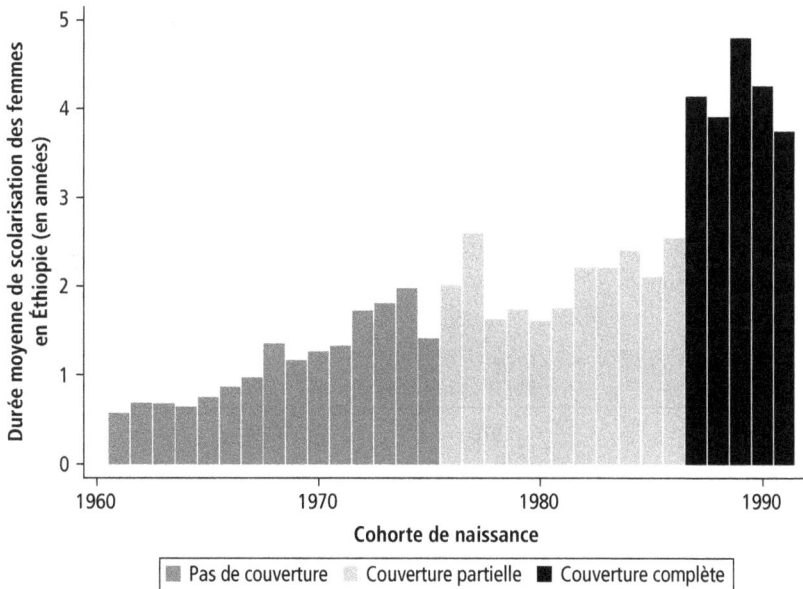

Source : Pradhan et Canning, 2013a.

(Suite page suivante)

Encadré 2.1 (suite)

(EDS). La cohorte née en 1987 a été exposée à la réforme à l'âge de sept ans, à son entrée à l'école tandis que celle née en 1986 a commencé sa scolarité dans l'ancien système. Comme on le constate, la réforme a donné lieu à une très forte amélioration du niveau d'éducation des filles, augmentant la durée de scolarité des femmes des cohortes nées en 1987 et après de 0,8 année en moyenne.

Pradhan et Canning (2013a) se fondent sur une approche de régression par discontinuité pour évaluer l'effet de ce choc exogène sur les niveaux d'éducation sur le mariage, la fécondité et la sexualité des adolescentes. Les auteurs estiment que chaque année supplémentaire de scolarité conduit à une réduction de 7 points de pourcentage de la probabilité de maternité précoce (graphique B2.1.2) et de 6 points de la probabilité de mariage précoce (tableau B2.1.1). Ces effets sont considérables (même si l'effet sur la sexualité des adolescentes paraît statistiquement négligeable). Ils portent à croire que les femmes ayant huit ans de scolarité ont un taux de fécondité inférieur de 53 points de pourcentage par rapport à celui des femmes non scolarisées.

Graphique B2.1.2 Probabilité de donner naissance avant l'âge de 20 ans en Éthiopie, par cohorte de naissance et selon la couverture ou non par la réforme (1960–1990)

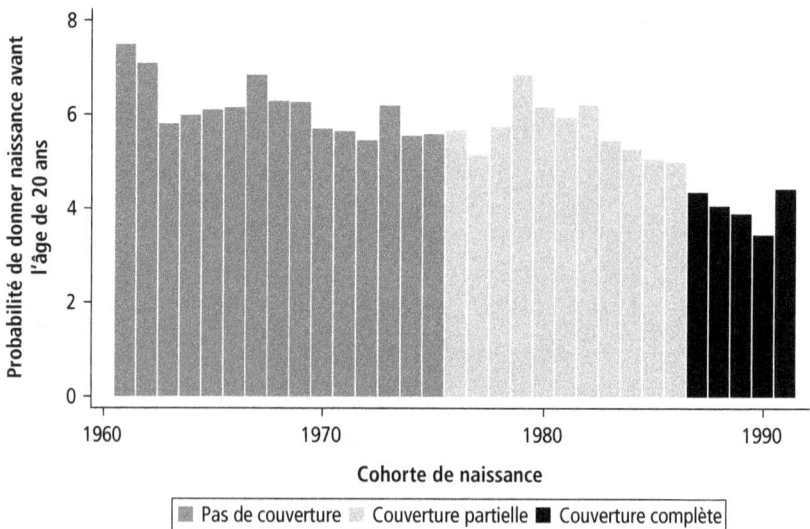

Source : Pradhan et Canning, 2013a.

(suite page suivante)

Encadré 2.1 (suite)

Tableau B2.1.1 Effet de l'éducation sur le comportement reproductif chez les adolescentes en Éthiopie

Variable	Maternité	Mariage précoce	Activités sexuelles
Nombre d'années de scolarité	−0,067***	−0,060***	−0,014
	(0,006)	(0,009)	(0,049)
Tendances temporelles	0,016	0,015	−0,028
	(0,014)	(0,014)	(0,027)
Nombre d'observations	2 740	2 740	2 740

Source : Pradhan et Canning, 2013a.
Note : Compare des femmes nées pendant les deux années après 1987 et pleinement exposées à la réforme et celles nées dans les deux années précédant la réforme. Les écarts-types sont indiqués entre parenthèses. Toutes les régressions tiennent compte de la religion, de l'origine ethnique, de la taille de la fratrie de l'adolescente et de son rang de naissance.
*** *p* <.01. Écarts-types entre parenthèses. Toutes les régressions tiennent compte de la religion, de l'origine ethnique, de la taille de la fratrie de l'adolescente et de son rang de naissance.

Les réductions de la procréation précoce indiquent que les taux de fécondité globaux dans cette cohorte vont diminuer et que les avantages directs de la prévention de la procréation précoce, à savoir l'amélioration de la santé maternelle et infantile, seront plus importants.

l'éducation des hommes peut accroître la fécondité en augmentant les ressources économiques des ménages et renforcer la position de négociation des hommes dans le mariage, mais ces effets semblent être moins importants que celui de l'éducation des femmes. Même si la fécondité connaît un recul là où l'éducation des hommes et celle des femmes sont en hausse, le graphique 2.5 montre l'écart important entre la scolarisation des hommes et des femmes dans le secondaire en Afrique subsaharienne, ce qui signifie que parvenir à des niveaux de scolarité égaux pourrait avoir un effet considérable sur les taux de fécondité. De plus, comme l'illustre le graphique 2.6, les pays où les femmes sont plus scolarisées affichent des taux de fécondité faibles, ce qui permet d'étayer un argument fondé sur l'éducation des filles, au-delà de ses effets sur le capital humain, la participation de la main d'œuvre féminine et la croissance économique.

Aussi bien en 1980 qu'en 2010, les pays africains ayant des niveaux élevés d'instruction des femmes présentaient des indices synthétiques de fécondité plus faibles que les pays ayant des femmes moins instruites. La différence entre les lignes du graphique 2.6 est restée globalement constante d'une année sur l'autre, ce qui indique que d'autres facteurs sont à l'œuvre et pourraient avoir également

Graphique 2.5 Ratio fille/garçons pour les enfants scolarisés dans le secondaire en Afrique subsaharienne (dernière année disponible)

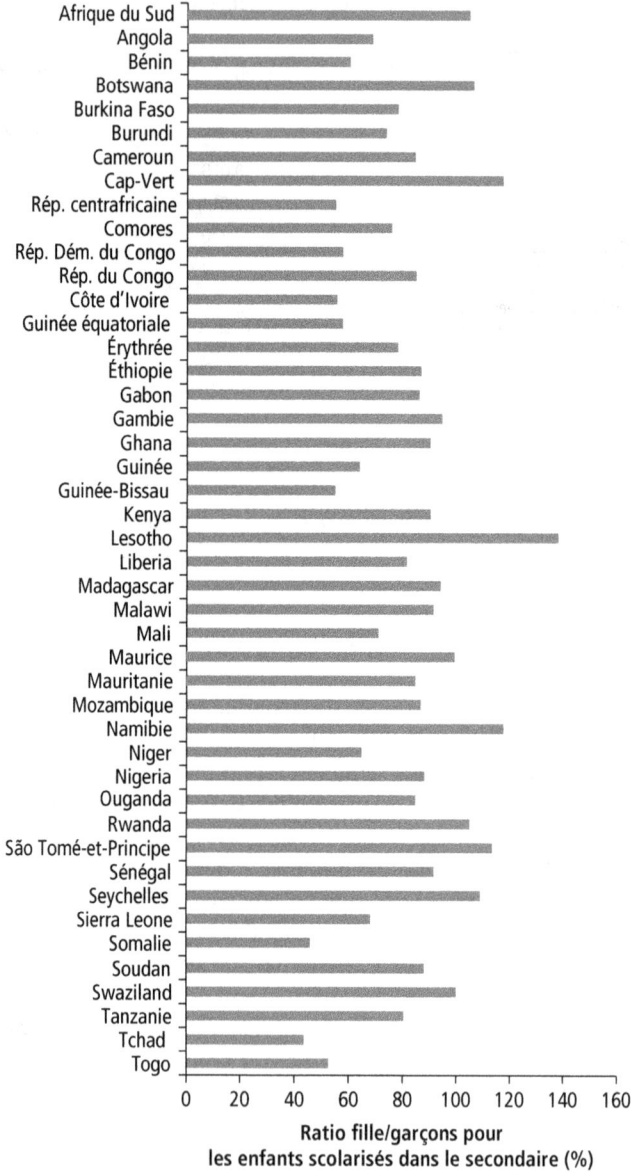

Ratio fille/garçons pour
les enfants scolarisés dans le secondaire (%)

Source : Banque mondiale, 2011.
Note : Il n'y a pas de données disponibles pour la Zambie et le Zimbabwe.

Graphique 2.6 Indice synthétique de fécondité et nombre d'années de scolarisation des filles en Afrique subsaharienne (1980 et 2010)

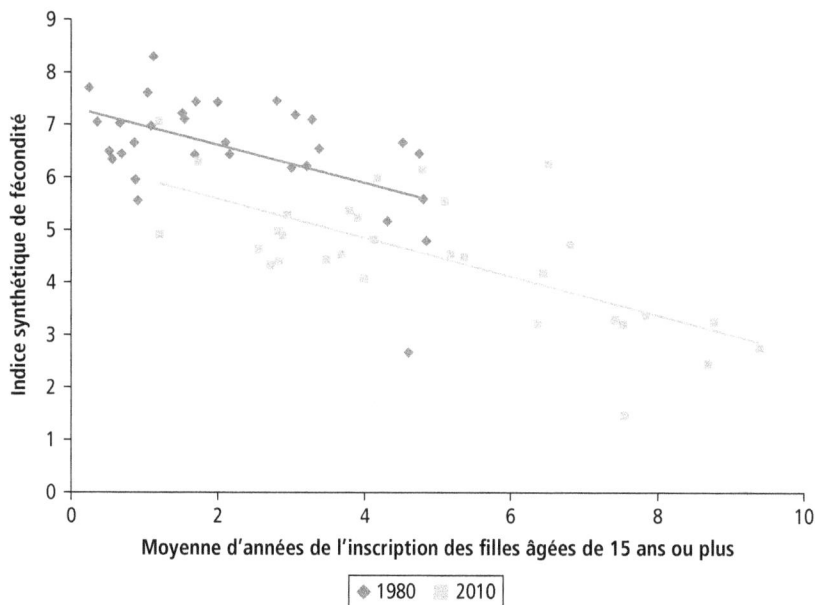

Source : Taux de fécondité de la Banque mondiale, 2011 ; nombre d'années de scolarisation des filles par Barro et Lee, 2013.

joué un rôle dans la baisse de la fécondité, et notamment un meilleur accès à la planification familiale, la baisse de la mortalité infantile et le meilleur accès des femmes au marché du travail. L'éducation, quoique importante, n'explique donc pas tout. L'éducation est un déterminant lointain de la fécondité qui ne peut qu'intervenir en reportant l'âge du mariage et de la procréation et en permettant aux femmes d'espaces les naissances comme elles le souhaitent. La planification familiale joue donc un rôle important dans la réduction de la fertilité.

Normes sociales et fécondité

Les normes sociales constituent un déterminant important de la fécondité. Cette idée est apparue pour la première fois lors de l'analyse de résultats du European Fertility Project. Plusieurs études issues de ce projet ont mis en évidence que lorsque la fécondité commence à décliner dans une zone donnée, d'autres zones ayant la même langue ou la même culture connaissent des baisses similaires de la fécondité (Coale et Watkins, 1986 ; Knodel et Van de Walle, 1979 ; Watkins, 1987). La connaissance des risques et des avantages des différentes méthodes contraceptives, mais aussi des coûts et avantages liés au fait d'avoir moins d'enfants, semble se diffuser à travers les réseaux sociaux.

Les normes sociales sont disséminées à travers deux mécanismes—l'apprentissage social et l'influence sociale (Montgomery et Casterline, 1993, 1996). L'apprentissage social survient lorsque les interactions personnelles avec des pairs changent les normes de fécondité. Les ménages se heurtent à de nombreuses incertitudes quant à la détermination de la taille optimale de leur famille. Ils font par exemple face à une incertitude concernant les coûts et les avantages de la contraception, ou encore concernant les coûts et les retours de l'éducation de leurs enfants. En discutant avec d'autres membres du même groupe social, les ménages peuvent permettre de résoudre cette incertitude, et de nombreux groupes sociaux trouvent leur propre consensus informel sur le nombre idéal d'enfants à avoir, les pratiques contraceptives à utiliser et ainsi de suite. L'influence sociale concerne quant à elle les influences normatives sur les préférences et les comportements, mettant en évidence l'effet de l'environnement social sur les préférences personnelles.

Grâce à l'un ou l'autre de ces deux mécanismes, les réseaux sociaux conduisent généralement à des effets globaux plus important que les simples effets individuels. Par exemple, la meilleure d'éducation d'une femme donnée peut contribuer à diminuer à la fois sa fécondité et celle de sa voisine—cet effet indirect donne lieu à un multiplicateur social générant des effets stratégiques en affectant plus la fécondité au niveau global qu'au niveau de l'individu. Lors d'une analyse multi-pays, Canning et al. (2013) constatent qu'allonger la durée d'instruction d'une femme donnée d'une année réduit sa descendance finale de 0,1 enfant tandis qu'allonger la durée d'instruction moyenne d'une année à l'échelle d'un pays réduit la descendance finale moyenne d'environ 0,3 enfant. De même, la survie de l'enfant affectant la fécondité non seulement par des effets de remplacement mais aussi par des effets d'assurance, le niveau sociétal de la mortalité infantile a un effet significatif sur la mortalité prévue et ainsi sur la fécondité. En accord avec cette théorie, Canning et al. constatent qu'un enfant décédé sur trois est remplacé au niveau du ménage, alors qu'une baisse de la mortalité infantile à l'échelle nationale diminue la fécondité d'une naissance pour un décès évité.

Les normes sociales, qui sont importantes pour les décisions liées à la reproduction, peuvent différer en fonction des groupes sociaux. Munshi et Myaux (2006) montrent par exemple que les décisions liées à la contraception et à la reproduction étaient similaires pour les ménages de la même religion à Matlab, au Bangladesh, mais différentes entre ménages de religions différentes (mais bénéficiant d'un accès similaire aux services de planification familiale au sein du même village). Cela indique que la diffusion des choix en matière de reproduction à travers les effets de réseau dépend de la façon dont les femmes et les familles sont liées.

Les efforts pour introduire des « dialogues croisés » dans les réseaux collectifs peuvent être importants pour accroître l'effet des campagnes de planification familiale. Dans une étude longitudinale au Bangladesh, Kincaid (2000) constate que les femmes ayant participé à des discussions de groupe sur le comportement reproductif ont enregistré une hausse des taux d'utilisation des contraceptifs modernes cinq fois plus élevée que chez les femmes ayant été visitées individuellement par des agents de santé. La composition très hétérogène des sociétés africaines constituées de groupes religieux, ethniques et linguistiques multiples pourrait également ralentir la diffusion des nouvelles normes sociales pour les décisions liées à la reproduction.

Les marchés et les événements communautaires importants sont quelques-uns des canaux par lesquels les ménages des différents réseaux sociaux interagissent. Au Kenya, Kohler, Behrman et Watkins (2001) constatent que les femmes qui partagent des réseaux sociaux avec d'autres femmes qui utilisent des contraceptifs sont plus susceptibles d'utiliser elles-mêmes des contraceptifs. En outre, les auteurs ont pu constater que, dans les zones à niveaux élevés de disponibilité et d'utilisation de services de planification familiale, les réseaux sociaux ont un impact sur les décisions de contraception à travers l'apprentissage social. Behrman, Kohler et Watkins (2002) estiment que les réseaux sociaux chez les hommes pourraient jouer un rôle dans le changement des mentalités en matière de comportement contraceptif et la taille idéale de la famille. Les auteurs relèvent également qu'à la fois les hommes et les femmes faisaient la remarque que les décisions relatives à la taille de la famille sont du ressort des hommes et que ces derniers sont plus susceptibles d'être influencés par les membres de leurs réseaux que les femmes.

En Afrique, la religion fournit d'importantes normes sociales qui affectent la fécondité, en particulier lorsqu'elle favorise expressément les familles nombreuses et décourage la planification familiale (Caldwell et Caldwell, 1987 ; McQuillan, 2004). Les religions traditionnelles en Afrique ne sont pas dogmatiques au sujet de la planification familiale (Adongo, Phillips et Binka, 1998), mais il existe des différences entre les groupes religieux en matière de fécondité. Heaton (2011) estime que les musulmans ont une fécondité nettement supérieure à celle des chrétiens dans la région et que les protestants et les catholiques ont une fécondité semblable. Toutefois, à l'échelle mondiale, de plus en plus d'éléments tendent à montrer que les sociétés musulmanes suivent la même évolution en matière de fécondité que les autres pays où la religion joue un rôle important, en contribuant à retarder au maximum la baisse de la fécondité plutôt qu'en la prévenant (Groth et Sousa-Poza, 2012).

Les politiques gouvernementales peuvent-elles changer les préférences et influer sur la planification familiale ? Au Bangladesh, en République Islamique d'Iran et en République de Corée, la mise en place de politiques publiques à ce sujet concorde avec la baisse de la fécondité dans ces pays.

Graphique 2.7 Impact des campagnes de planification familiale sur l'indice synthétique de fécondité au Ghana, au Kenya et en Ouganda (1960–2014)

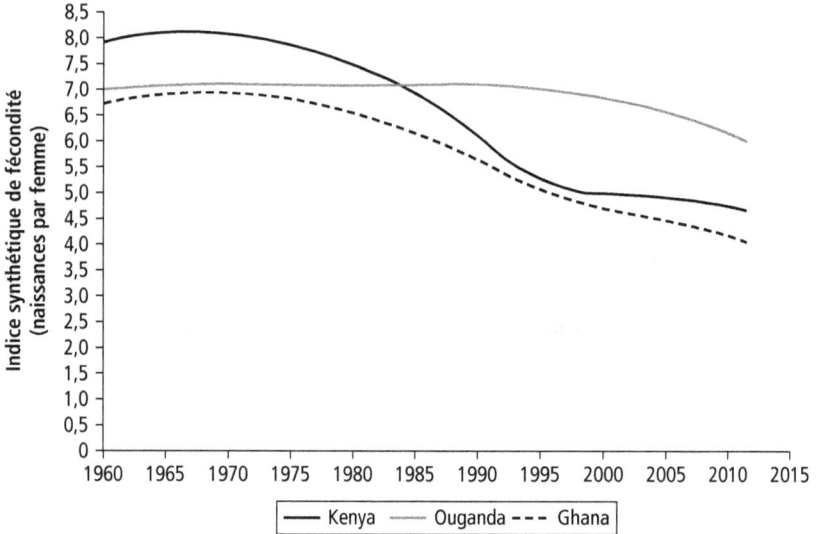

Source : Banque mondiale, 2011.

Le graphique 2.7 montre l'évolution dans le temps de la fécondité et la mise en place de politiques démographiques gouvernementales dans trois pays africains (Robinson et Ross, 2007). Au Kenya, une baisse accentuée de la fécondité a suivi le lancement d'un programme national de planification familiale volontariste au début des années 1970. La fécondité totale a chuté d'environ 40 % entre 1980 et 2000. Les politiques démographiques au Ghana qui ont commencé à peu près simultanément ont également vu la fécondité baisser considérablement. Toutefois, en Ouganda, la première politique démographique nationale, laquelle a commencé en 1995, a connu moins de succès (Uganda Ministry of Finance, Planning, and Economic Development, 2008).[1] Néanmoins, même dans les pays où la mise en place de politiques concorde très bien avec les évolutions en matière de fécondité, il est difficile d'en déduire un lien de cause à effet.

Égalité des sexes et fécondité

Le modèle économique énoncé précédemment est un modèle de ménage unitaire. Dans un modèle de ménage unitaire, un couple est supposé avoir un ensemble unique de préférences. Dans un modèle de négociation, les deux conjoints ont des préférences différentes. Ils négocient sur les résultats, y compris le nombre

d'enfants, et réussissent leur négociation en fonction de leur pouvoir de négociation relatif. Les différences d'âge, de niveau d'instruction et de ressources économiques privées au sein du couple affectera les pouvoirs de négociation des
époux et pourrait affecter les décisions en matière de fécondité. L'inégalité entre
les sexes peut donc constituer un important déterminant de la fécondité.

En Afrique subsaharienne, les hommes et les femmes expriment des
préférences différentes en matière de fécondité. Les maris préfèrent systématiquement des familles plus larges à leurs épouses (Shapiro et Gebreselassie,
2008 ; Westoff, 1992). Des données tirées d'Enquêtes démographiques et
de santé (EDS) indiquent que la proportion de maris ou de partenaires qui
approuvent de l'utilisation des contraceptifs est nettement inférieure à celle
des femmes ; cet écart est plus important en Afrique subsaharienne que dans
les autres régions. Des études ethnographiques ont montré que les femmes
cachent souvent l'utilisation des contraceptifs à leurs partenaires (Castle et al.,
1999 ; Fapohunda et Todaro, 1988 ; McCarraher, Martin et Bailey, 2006). Une
expérience sur le terrain réalisée en Zambie par Ashraf, Field et Lee (2010)
permet de constater par exemple que les femmes sont plus portées à utiliser
les contraceptifs et moins susceptibles d'avoir des enfants si elles reçoivent des
contraceptifs qu'elles peuvent cacher à leur partenaire que si les contraceptifs
leur sont offerts en présence de leurs maris. Vu que les hommes ont plus de
pouvoir de négociation que les femmes dans de nombreux ménages africains
(Woldemicael et Beaujot, 2011), s'attaquer aux inégalités entre les sexes pourrait donc accélérer la baisse de la fécondité.

Opportunités des femmes sur le marché du travail et fécondité

La théorie économique de la fécondité insiste sur les revenus potentiels des
femmes. Lorsqu'ils prennent des décisions sur le fait d'élever les enfants et la
taille de famille souhaitée, les ménages évaluent aussi les coûts d'opportunités pour les époux. Si les revenus potentiels des femmes sont nettement plus
faibles que ceux des hommes, un ménage pourrait décider que la femme ferait
mieux de s'occuper d'enfants que de gagner des revenus faibles sur le marché
du travail. Dès lors que les revenus relatifs des femmes sur le marché du travail
augmentent, ces dernières font face à des décisions d'allocation de leur temps
entre les enfants et le travail rémunéré. En conséquence, la hausse de la participation féminine au marché du travail entraîne une diminution de la fécondité. Toutefois, le sens de la causalité (entre la participation féminine au marché
du travail et la fécondité) est difficile à isoler—on peut seulement se contenter
d'affirmer une corrélation claire (Hout, 1978 ; Kupinsky, 1977).

Le type de travail que réalisent les femmes peut même être plus important pour la fécondité que le simple fait de travailler. La plupart des femmes en Afrique subsaharienne travaillent à domicile ou au sein de l'exploitation familiale, souvent sans rémunération, et souvent aux côtés de leurs enfants. Celles qui travaillent dans des secteurs plus formels, tels que l'industrie ou les services, à l'extérieur du domicile et en contrepartie d'une rémunération, pourraient ne pas avoir la possibilité de s'occuper des enfants en même temps et risquent par conséquent de faire face à des contraintes de temps plus sévères que d'autres femmes qui travaillent. Lorsqu'un pays en développement présente un avantage comparatif dans des secteurs à forte intensité de main d'œuvre et que le commerce accroît alors la demande en main d'œuvre féminine dans ces secteurs, la fécondité peut baisser (Goh, 1999). En Chine rurale par exemple, Fang et al. (2010) constatent que l'emploi féminin non agricole réduit la descendance finale de 0,64 enfant et la probabilité d'avoir plus d'un enfant de 54,8 % par rapport à l'emploi féminin dans le secteur agricole.

L'Afrique subsaharienne constitue une exception dans la mesure où à la fois la participation de la main d'œuvre féminine *et* la fécondité sont en hausse (graphique 2.8). En désagrégeant les mêmes données par pays, le graphique 2.9 place la majorité des pays africains dans le quadrant supérieur droit de la participation élevée de la main d'œuvre féminine et de la fécondité élevée. Deux facteurs expliquent cet état de fait. D'une part, les femmes prennent part à un

Graphique 2.8 Indice synthétique de fécondité et participation de la main d'œuvre féminine en Afrique subsaharienne et dans d'autres régions du monde

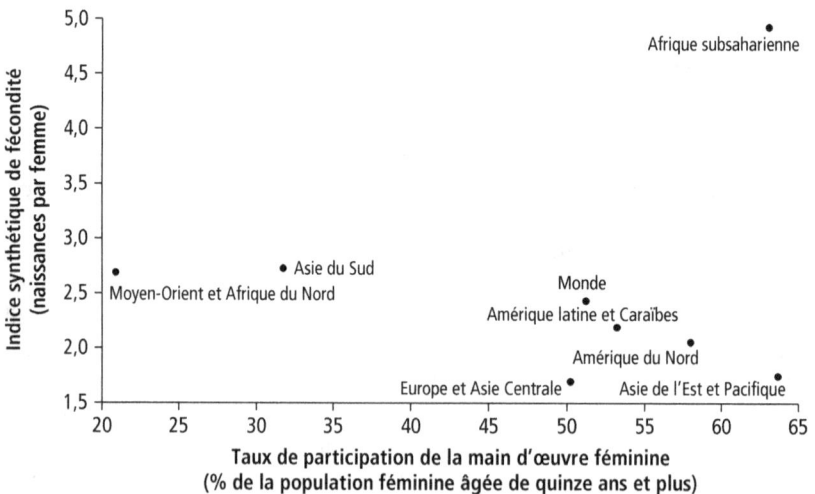

Source : Banque mondiale, 2011.

Graphique 2.9 Indice synthétique de fécondité et participation de la main d'œuvre féminine dans certains pays d'Afrique subsaharienne (2011)

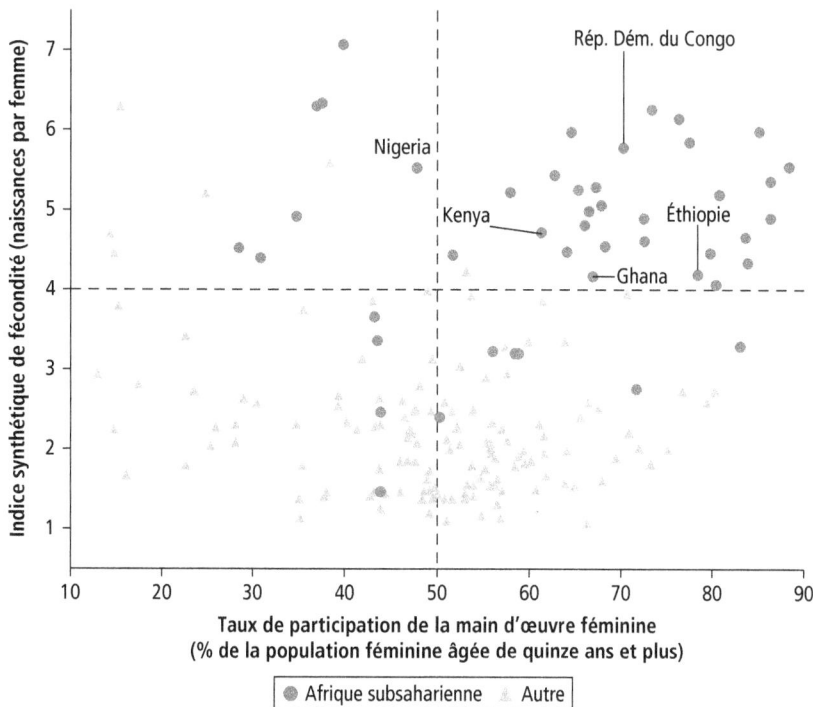

Taux de participation de la main d'œuvre féminine
(% de la population féminine âgée de quinze ans et plus)

● Afrique subsaharienne   ▵ Autre

Source : Banque mondiale, 2011.

marché du travail informel dans lequel il n'y a que peu d'arbitrage à faire entre le fait d'élever des enfants et travailler. Par ailleurs, les mères qui travaillent bénéficient du soutien d'un réseau social étendu qui les aide à s'occuper des enfants (Fapohunda et Todaro, 1988). D'autres éléments de preuve provenant de l'Afrique indiquent qu'une participation accrue de la main d'œuvre féminine n'entraîne qu'une baisse de la fécondité pour les femmes possédant un haut niveau de scolarité dans les zones urbaines (Ashraf, Field et Lee, 2010 ; Castle et al., 1999 ; McCarraher, Martin et Bailey, 2006).

Urbanisation et fécondité

Comme le montre le chapitre 1, les indices synthétiques de fécondité sont systématiquement beaucoup plus élevés dans les zones urbaines que dans les zones rurales en Afrique subsaharienne et les différences entre ces zones en termes d'ISF sont bien plus importantes en Afrique que dans les autres régions du monde. Même parmi les femmes non scolarisées, celles vivant dans la capitale ont une fécondité bien plus faible (2,02) que celles vivant en zone rurale (5,89). Bien que l'effet de l'urbanisation soit plus prononcé chez les femmes ayant de faibles niveaux d'éducation, l'influence de l'éducation est encore plus grande étant donné que l'ISF est beaucoup plus faible pour les femmes ayant un niveau secondaire que pour celles qui ont d'autres niveaux d'éducation, indépendamment du lieu de résidence. Néanmoins, de plus en plus de personnes migrent vers les zones urbaines, et la fécondité devrait donc baisser plus rapidement.

Les raisons des différences entre les zones rurales et les zones urbaines en matière de fécondité sont nombreuses et variées. Lorsque seul le chef de famille s'établit en ville pour des raisons professionnelles ou lorsque la migration vers la ville est temporaire (travail saisonnier), la fréquence coïtale (fertilité) peut connaître un recul. L'âge du premier mariage peut être plus élevé dans les villes parce que les femmes et les hommes choisissent de poursuivre leurs études ou leur emploi, ce qui retarde ainsi le moment de fonder une famille. L'accès aux méthodes modernes de contraception et aux services d'avortement est probablement plus important dans les zones urbaines que dans les zones rurales.

Tous ces facteurs peuvent avoir des impacts aussi bien radicaux que temporaires en matière de fécondité qui font que que les femmes ont au final moins d'enfants et commencent à procréer plus tard. Les normes sociales relatives aux préférences en matière de fécondité et d'utilisation de contraceptifs sont également très variées entre zones urbaines et zones rurales, avec une assimilation au fil du temps des nouveaux migrants ruraux vers les villes. Il est toutefois difficile de déterminer si la différence entre zones rurales et zones urbaines en matière de fécondité est principalement due aux différences en termes de conditions socio-économiques. Selon les données disponibles sur les migrants ruraux et urbains, les deux mécanismes tendent à se renforcer mutuellement, en ayant toutefois des effets différents dans différents contextes.

Dans les communautés agricoles, le fait d'avoir beaucoup d'enfants pourrait être synonyme d'une production plus importante sur l'exploitation familiale. Les enfants sont à la fois un bien de production et de consommation et la taille idéale de la famille—plus grande dans ces économies agricoles—est déterminée en mettant en balance la production de chaque enfant supplémentaire contre les ressources que consomme l'enfant. Les ménages ruraux peuvent, de façon optimale, décider d'avoir plus d'enfants. Parallèlement, les zones rurales ont souvent moins d'accès et moins de connaissances sur les méthodes de planification familiale et donc les ménages ruraux désirant contrôler leur fécondité risquent de ne pas avoir accès aux contraceptifs et de ne pas atteindre la taille souhaitée pour leur famille.

Le fait d'avoir plus d'enfants pourrait s'avérer plus coûteux dans les zones urbaines que dans les milieux ruraux, dans la mesure où les frais liés à la garde d'enfants ou au logement sont plus élevés qu'en zone rurale. Les meilleures opportunités du marché du travail en zone urbaine entraînent également un coût d'opportunité plus élevé. Les économies urbaines tendent à s'industrialiser ou à être basées sur les services et le travail tend à être effectué en dehors du domicile, ce qui n'aide pas les femmes à combiner le travail avec la garde des enfants. En outre, le manque d'une famille locale élargie en zone urbaine peut rendre difficile le fait d'élever des enfants.

Dans les zones urbaines, les contraintes économiques et le changement de mentalités semblent être importantes dans la réduction des taux de fécondité des femmes n'ayant bénéficié d'aucune instruction. Les femmes moins instruites des zones urbaines peuvent apprendre ou s'inspirer de leurs voisines mieux instruites là où les mécanismes sociaux de contrôle encourageant une fécondité élevée peuvent être affaiblis. En outre, les zones urbaines peuvent avoir un meilleur accès aux services de planification familiale, ce qui permet aux femmes de réduire leur fécondité et également influer sur leurs préférences par le biais de la publicité et d'autres sources d'information.

Pendant les premières phases d'urbanisation, la migration des milieux ruraux vers les milieux urbains est difficile et les migrants qui se déplacent vers les zones urbaines ont un profil différent des personnes qui restent dans les zones rurales. Chattopadhyay, White et Debpuur (2006) constatent que le comportement de fécondité des migrants ruraux-urbains au Ghana ressemble plus à celui des urbains de naissance qu'à celui des personnes qui restent en milieu rural, avant et après la migration. Cela donne à penser que l'urbanisation concerne des femmes qui auraient une faible fécondité dans tous les cas.

Toutefois, Brockerhoff et Eu (1993), dans leur analyse des données des EDS du Burundi, du Ghana, du Kenya, du Mali, du Nigeria, de l'Ouganda, du Sénégal et du Togo, constatent que les taux de migration des femmes y sont plus élevées pour les femmes non mariées, ayant une vingtaine d'années, ou ayant une éducation formelle. En se basant sur les données des EDS en Afrique subsaharienne, Brockerhoff (1998) constate que les femmes migrantes rurales-urbaines, qui ont vécu dans des zones urbaines pendant près de deux ans, ont des comportements de procréation et de contraception qui s'apparentent à ceux des urbains de naissance.

Déterminants proches de la fécondité

Le modèle de Bongaart des déterminants proches de la fécondité présente différents mécanismes à travers lesquels la fécondité peut évoluer (Bongaarts, 1978). La proportion des femmes mariées ou sexuellement actives, l'utilisation (et l'efficacité) des contraceptifs, l'insusceptibilité post-partum et l'avortement provoqué expliquent presque toutes les variations en matière de fécondité

Graphique 2.10 Cadre conceptuel des déterminants proches de la fécondité

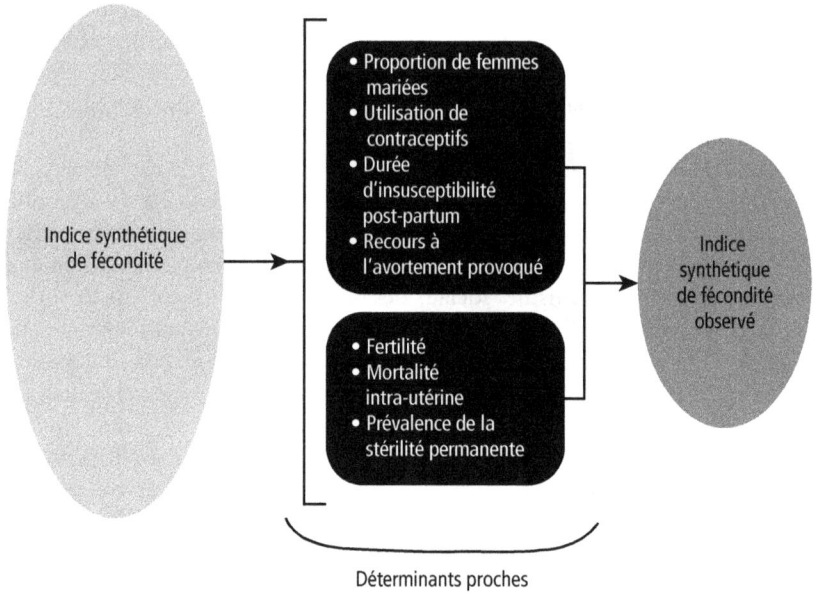

Déterminants proches

Source : Madhavan et Guengant, 2013, adapté de Bongaarts, 1978.

observées au fil du temps. Les autres déterminants – la fertilité, la mortalité intra-utérine et la stérilité – sont des facteurs d'ordre biologique et sanitaire plutôt que des choix.

Le graphique 2.10 montre un modèle conceptuel visant à expliquer comment la limite biologique de la fécondité—le taux de fécondité—tombe au taux de fécondité réel observé. Selon ce modèle, tous les déterminants distaux de la fécondité agissent par le biais de ces déterminants proches, et le modèle fournit donc un cadre utile pour analyser les composantes des taux de fécondité et mieux comprendre leurs facteurs proximaux.

Ce modèle nous permet de quantifier le rôle de chacun des déterminants proches en matière de réduction de la fécondité. En partant du plafond biologique de fécondité, le graphique 2.11 identifie les déterminants proches ayant fait baisser la fécondité réelle du maximum biologique dans l'ensemble des pays d'Afrique subsaharienne sur la base des enquêtes démographiques et de santé postérieures à 2000 et en comparaison avec plusieurs pays à revenu faible et intermédiaire dans d'autres régions. Cela nous fournit donc un aperçu de la manière dont la fécondité est contrôlé dans ces différents pays.

Graphique 2.11 Indice synthétique de fécondité en Afrique subsaharienne et dans certains pays à revenu faible ou intermédiaire dans d'autres régions, par déterminant proche (1996–2011)

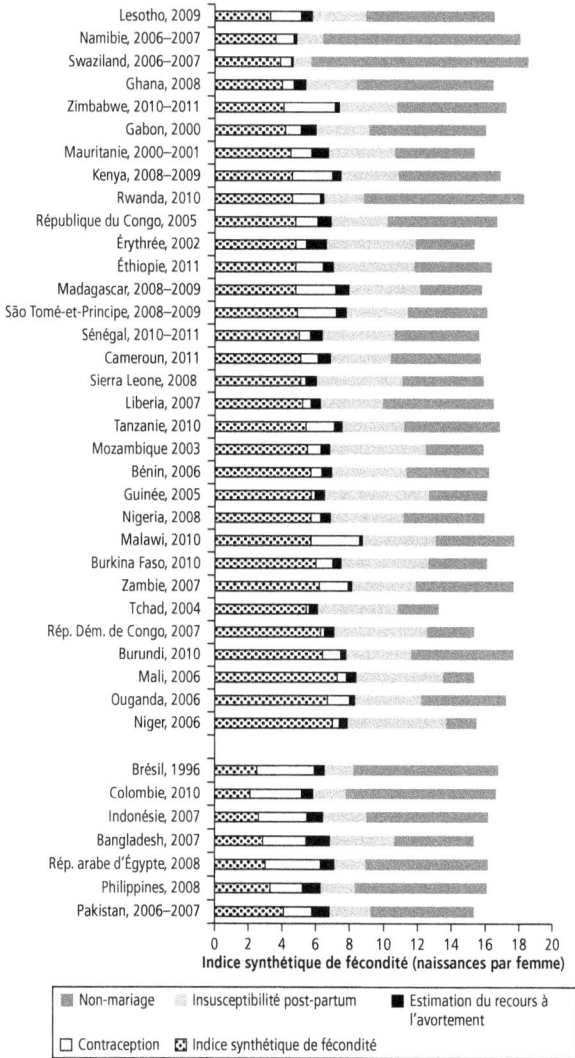

Source : Madhavan et Guengant, 2013, sur la base de données des différentes enquêtes démographiques et de santé (EDS).

Note : Le niveau réel de l'indice synthétique de fécondité présente des variations d'un pays à l'autre (c'est-à-dire que le cumul des barres ne fait pas 15,3) parce que les éléments résiduels ne sont pas montrés. Cela n'est pas considéré comme significatif parce que l'utilité de cette analyse réside dans la possibilité de voir les contributions proportionnelles des déterminants proches eux-mêmes à différents niveaux de l'ISF. Les données sur la fécondité, le mariage, l'insusceptibilité post-partum et l'utilisation des contraceptifs proviennent directement des EDS. Les taux d'avortement sont calculés sur la base de données provenant d'autres sources parce que, même si le recours à l'avortement peut être déclaré dans les EDS, il pourrait y avoir sous-déclaration du fait de la stigmatisation associée à l'avortement.

L'âge retardé du mariage et l'insusceptibilité post-partum—induits par les taux de fécondité élevés et les pratiques post-partum—jouent un rôle important dans la modulation de la fécondité en Afrique subsaharienne. Dans les pays de comparaison, l'âge retardé du mariage joue également un rôle important, mais l'utilisation des contraceptifs y joue un rôle proportionnellement plus important qu'en Afrique subsaharienne.

La proportion de femmes non mariées, qui s'explique par le retardement de l'âge du mariage, joue un rôle essentiel dans la réduction de la fécondité. Les pays africains qui ont atteint un taux de fécondité faible l'ont fait grâce au non-mariage. À l'exception du Burundi, de Madagascar, du Niger et des Philippines, les pays à faible taux de fécondité ont des proportions plus élevées de femmes non mariées et des niveaux plus élevés d'utilisation de contraceptifs. Toutefois, la contraception et l'avortement jouent un rôle moins important dans la plupart des pays africains que dans les autres régions, dans des pays tels que le Bangladesh, la République arabe d'Égypte, le Pakistan et les Philippines par exemple.

Bien que l'avortement provoqué joue un rôle moins important dans la baisse de la fécondité par rapport au non-mariage et l'utilisation des contraceptifs, il joue toutefois un rôle considérable dans certains pays d'Afrique subsaharienne (Érythrée, Ghana, Kenya, Liberia, Sénégal et Togo) et dans l'échantillon de comparaison (Bangladesh, Égypte, Pakistan et Philippines). En Érythrée et au Togo, l'avortement joue un rôle proportionnellement plus important dans la détermination de la fécondité que l'utilisation des contraceptifs.

Pour illustrer l'analyse de la décomposition, les déterminants proches du changement en matière de fécondité dans les zones rurales et urbaines de cinq pays d'Afrique subsaharienne ont été décomposés. Ces pays sont la République démocratique du Congo, l'Éthiopie, le Ghana, le Kenya et le Nigeria (graphique 2.12). Les cinq villes concernées—Accra, Addis-Abeba, Kinshasa, Lagos et Nairobi—avaient en 2010 des populations allant de 2,5 millions (Accra) à 10,8 millions d'habitants (Lagos), et représentaient entre 14 et 36 % de la population urbaine du pays (Division de la population de l'ONU, 2012). Dans tous ces pays, l'ISF est nettement inférieur dans les zones urbaines et dans les villes clés que dans les zones rurales, avec un ISF remarquable de 1,51 à Addis-Abeba. De plus, le rôle de l'âge retardé du premier mariage—visible dans la barre « non-mariage »—occupe une place importante dans tous les pays et zones résidentielles, indiquant qu'il s'agit du principal comportement inhibant la fécondité. Les villes clés ont la proportion de non-mariage la plus élevée, suivies des zones urbaines en général, puis des zones rurales. Inversement, le recours à l'avortement provoqué et à des moyens contraceptifs semblent avoir un effet proportionnellement modeste sur la fécondité. L'abstinence post-partum ou aménorrhée due à la lactation (encore appelée insusceptibilité post-partum) est le second effet le plus puissant. Comme il faut s'y attendre, la proportion d'insusceptibilité post-partum est plus élevée là où le non-mariage est plus faible et la fécondité est plus élevée—c'est-à-dire dans les zones rurales. Les villes clés

Graphique 2.12 Indice synthétique de fécondité dans cinq pays d'Afrique subsaharienne, par déterminant proche et lieu de résidence (rural/urbain/capitale)

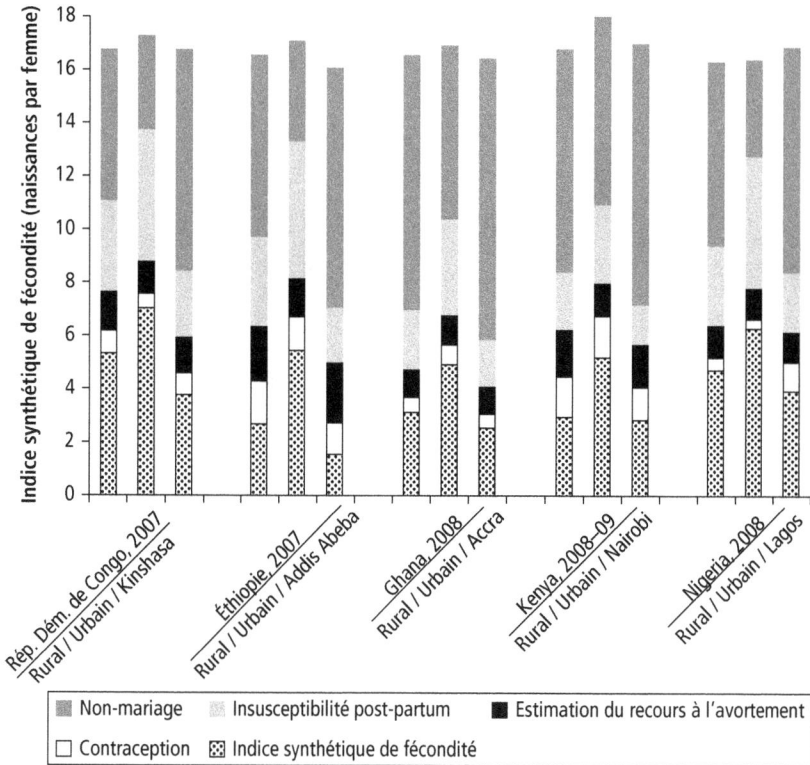

Source : Madhavan et Guengant, 2013, sur la base de données des différentes enquêtes démographiques et de santé.

ont la part d'insusceptibilité post-partum la plus faible (pour égaler la part élevée de non-mariage).

Les changements de l'ISF dans quatre de ces pays ont ensuite été décomposés dans toutes les zones de résidence pour permettre d'imputer les changements en matière de fécondité aux déterminants dans le temps (graphique 2.13). En Éthiopie, le facteur clé de la baisse de la fécondité dans tous les lieux de résidence est l'utilisation des contraceptifs. Au Kenya, à la fois de l'âge retardé au mariage et l'utilisation des contraceptifs vont principalement jouer, alors qu'au Ghana, c'est l'âge retardé du mariage. Toutefois, au Nigeria, la baisse globale a été significative et l'insusceptibilité post-partum et l'utilisation des contraceptifs semblent en avoir été les facteurs principaux. Une fois encore, dans les zones urbaines et les grandes villes, c'est le report de l'âge de mariage qui est le déterminant proche le plus important de la fécondité.

Graphique 2.13 Variation des indices synthétiques de fécondité dans quatre pays d'Afrique subsaharienne, selon le déterminant proche et le lieu de résidence (rural/urbain/capitale) (2009–2011)

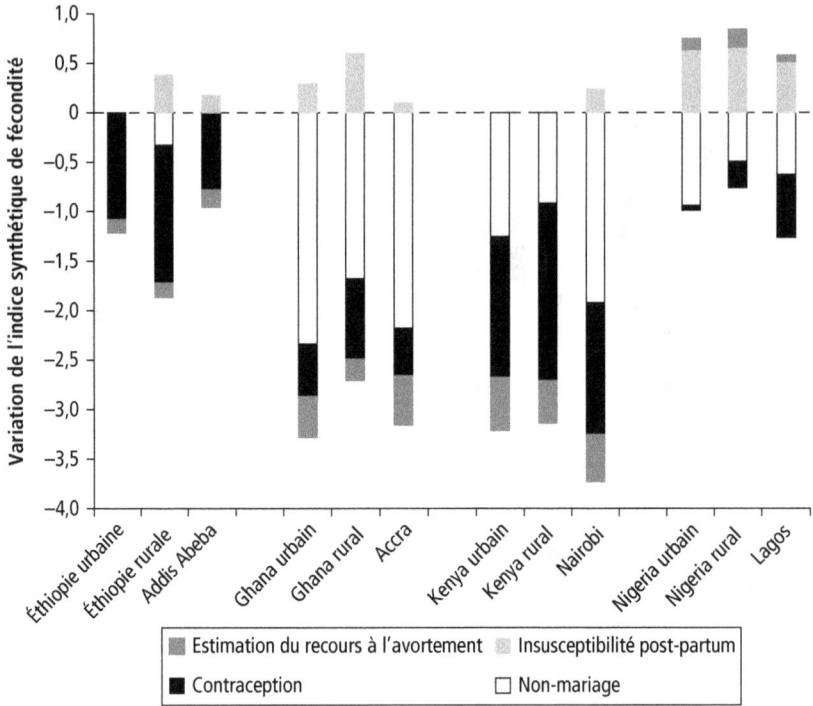

Source : Madhavan et Guengant, 2013, sur la base de données des différentes enquêtes démographiques et de santé.

Les baisses de l'ISF dans les pays d'Afrique subsaharienne et les autres régions sont essentiellement liées à des augmentation de l'utilisation des contraceptifs et le report de l'âge de mariage—et, comme nous l'avions vu, les investissements dans l'éducation des femmes peuvent réduire la fécondité par ces deux biais. Les femmes scolarisées sont susceptibles de se marier plus tard et d'utiliser les contraceptifs pour espacer les naissances et limiter le nombre le nombre d'enfants. L'utilisation des contraceptifs est toujours un facteur mineur de la fécondité totale en Afrique subsaharienne, en particulier pour les pays à fécondité élevée. En fait, les taux de recours à la contraception sont assez faibles dans la plupart de l'Afrique subsaharienne sont assez faibles comparativement à ceux constatés dans sept pays d'autres régions (graphique 2.14).

Le graphique 2.15 présente une comparaison de l'ISF régressé sur le taux de recours à la contraception pour l'Afrique subsaharienne rurale et urbaine.

Graphique 2.14 Utilisation des méthodes de contraception modernes en Afrique subsaharienne et dans sept pays d'autres régions, selon le lieu de résidence (rural/urbain)

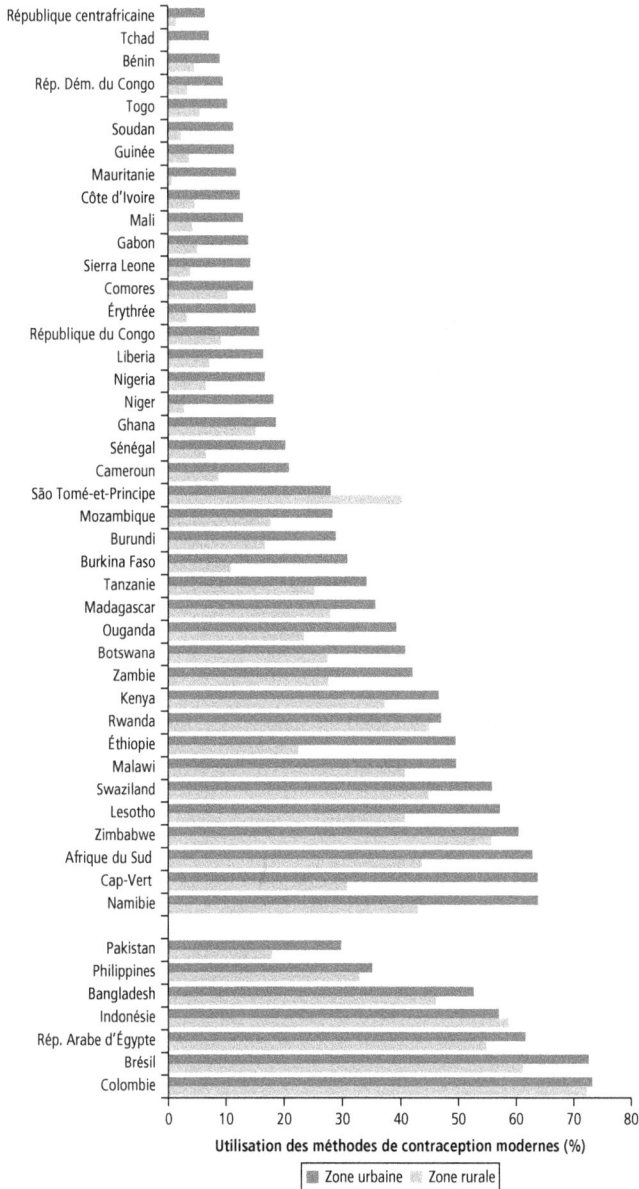

Utilisation des méthodes de contraception modernes (%)

Zone urbaine   Zone rurale

Source : Madhavan et Guengant, 2013, sur la base de données des différentes enquêtes démographiques et de santé dans le pays.

Graphique 2.15 Corrélation entre l'indice synthétique de fécondité et le taux de prévalence contraceptive en Afrique subsaharienne, selon le lieu de résidence (rural/urbain)

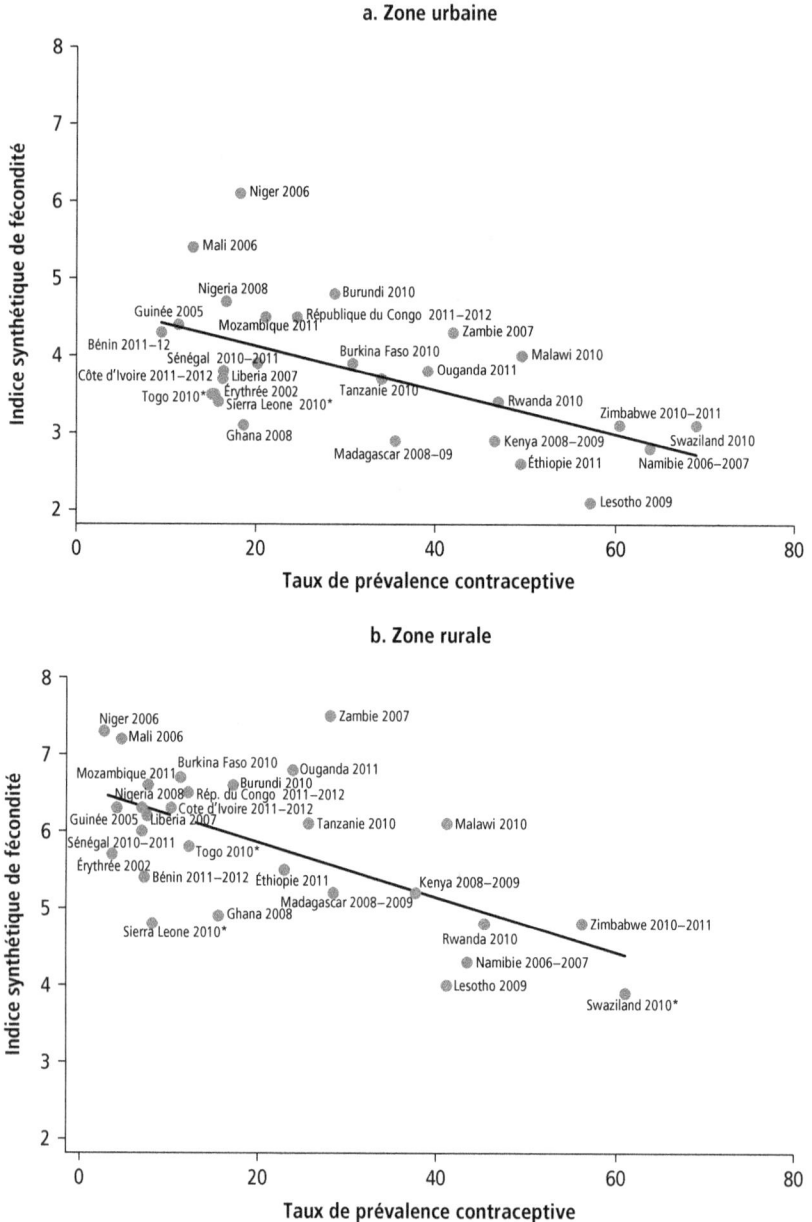

a. Zone urbaine

Indice synthétique de fécondité (axe des ordonnées), Taux de prévalence contraceptive (axe des abscisses)

Points : Niger 2006 ; Mali 2006 ; Nigeria 2008 ; Burundi 2010 ; Guinée 2005 ; République du Congo 2011–2012 ; Mozambique 2011 ; Zambie 2007 ; Bénin 2011–12 ; Burkina Faso 2010 ; Malawi 2010 ; Sénégal 2010–2011 ; Ouganda 2011 ; Côte d'Ivoire 2011–2012 ; Liberia 2007 ; Tanzanie 2010 ; Togo 2010* ; Érythrée 2002 ; Rwanda 2010 ; Sierra Leone 2010* ; Zimbabwe 2010–2011 ; Swaziland 2010 ; Ghana 2008 ; Kenya 2008–2009 ; Madagascar 2008–09 ; Éthiopie 2011 ; Namibie 2006–2007 ; Lesotho 2009

b. Zone rurale

Indice synthétique de fécondité (axe des ordonnées), Taux de prévalence contraceptive (axe des abscisses)

Points : Niger 2006 ; Mali 2006 ; Zambie 2007 ; Mozambique 2011 ; Burkina Faso 2010 ; Ouganda 2011 ; Nigeria 2008 ; Burundi 2010 ; Rép. du Congo 2011–2012 ; Guinée 2005 ; Cote d'Ivoire 2011–2012 ; Liberia 2007 ; Tanzanie 2010 ; Malawi 2010 ; Sénégal 2010–2011 ; Togo 2010* ; Érythrée 2002 ; Bénin 2011–2012 ; Éthiopie 2011 ; Madagascar 2008–2009 ; Kenya 2008–2009 ; Ghana 2008 ; Zimbabwe 2010–2011 ; Sierra Leone 2010* ; Rwanda 2010 ; Namibie 2006–2007 ; Lesotho 2009 ; Swaziland 2010*

Source : Simkins, 2013.

Même si l'association est légèrement plus élevée pour les zones rurales, avec moins d'écarts à la moyenne, la constatation la plus frappante est que l'échelle complète de l'ISF est de l'ordre de 2 points plus élevée en zone rurale qu'en zone urbaine. Par ailleurs, les taux de recours à la contraception sont compris dans une fourchette plus faible (0–60%) dans les zones rurales que dans les zones urbaines (10–70 %). De même, l'ISF peut atteindre 7,0 dans certaines zones rurales, avec beaucoup de pays ayant un taux dépassant 6,0, alors qu'il est inférieur à 4,5 dans les zones urbaines dans la plupart des taux, avec seulement quelques cas isolés au-dessus de ce niveau.

Vers une planification familiale effective : obstacles, coûts et subventions publiques

Les politiques de planification familiale peuvent accroître l'utilisation des contraceptifs en modifiant les normes sociales—à la fois les préférences individuelles et l'acceptabilité sociale—à l'égard des contraceptifs, ainsi qu'en en réduisant les barrières à l'accès (Magnani et al., 1999). La planification familiale englobe non seulement l'approvisionnement en contraceptifs mais également les campagnes d'éducation et de sensibilisation visant à encourager le fait d'avoir des familles de taille plus réduite (Bongaarts, 1994). Lors d'une étude de panel, Magnani et al. (1999) ont constaté que dans le cadre d'un programme de planification familiale au Maroc, l'utilisation accrue de contraceptifs était associée à des changements des normes sociales en matière de planification familiale.

Une expérience approfondie de planification familiale réalisée à Matlab, au Bangladesh, comprenait la fourniture en porte-à-porte de contraceptifs par des agents de santé. Ce personnel de santé a distribué des contraceptifs et fourni aux ménages des informations sur les moyens et les avantages de la planification familiale. L'intervention a eu lieu dans certaines zones de Matlab, alors que d'autres zones ont servi de témoins. Les résultats de cette intervention à l'échelle communautaire indiquent que l'offre de services de planification familiale a permis de réduire la fécondité d'environ 1 enfant par femme dans les zones d'interventions par rapport aux zones témoins (Joshi et Schultz, 2007 ; Schultz, 2009).

Dans un programme de planification familiale au Navrongo, au nord du Ghana, lequel avait une conception de traitement similaire et des zones témoins, une intervention ayant combiné des visites auprès des ménages effectuées par des infirmières formées avec la mobilisation des ressources traditionnelles (y compris des hommes) a permis d'améliorer l'espacement des naissances au cours des premières années du programme par rapport aux communautés témoins (Phillips et al., 2012), avec une réduction similaire d'environ 1 enfant par femme.

Des éléments de preuve provenant du Rwanda indiquent qu'une campagne intensive de planification familiale peut augmenter rapidement l'utilisation des contraceptifs. Un programme lancé en 2007 avec un volet éducation publique et un budget six fois plus grand que celui du précédent programme a montré que le taux de prévalence contraceptive est passé de 17 à 52 % entre 2005 et 2010, alors que la fécondité a baissé de 6,1 à 4,6 naissances par femme. Les EDS révèlent également des augmentations considérables, mais un peu moins élevées, dans l'utilisation des contraceptifs en Éthiopie et au Malawi, deux pays avec des programmes nationaux de planification familiale vigoureux.

Des éléments de preuve provenant d'expériences randomisées à Matlab et Navrongo tendent à montrer que les programmes intensifs de planification familiale peuvent accroître l'utilisation des contraceptifs, réduire la fécondité et, par conséquent, accélérer la transition démographique.

Barrières à l'utilisation des services de planification familiale et réponses politiques

L'Afrique subsaharienne compte le pourcentage le plus élevé de femmes dont le besoin de contraception n'est pas satisfait : environ 25 % des femmes dans la région—quelque 49 millions de femmes—utilisent des méthodes traditionnelles ou n'utilisent pas de méthode du tout (Gribble, 2012). Les raisons de cette non-utilisation sont diverses—elles vont du fait d'être célibataire ou d'avoir peu de relations sexuelles au fait d'être préoccupées par des risques liés à la santé (graphique 2.16).

Insuffisance de l'offre

L'insuffisance de l'offre de services de planification familiale concerne à la fois la disponibilité de contraceptifs et les services de conseil. En Afrique subsaharienne, les femmes ne connaissent pas aussi bien les services ou méthodes de planification familiale que celles des autres régions. C'est ce que montrent les données d'EDS les plus récentes d'un échantillon de pays d'Afrique subsaharienne[2] et d'un échantillon de pays d'Asie, d'Amérique latine, du Moyen-Orient et d'Afrique du Nord.[3]

Les données tirées des plus récentes EDS de 25 pays d'Afrique montrent que, parmi les femmes âgées de 15 à 49 ans et qui n'utilisent pas de contraceptifs, 70 % de celles vivant dans des zones urbaines et 56 % des zones rurales connaissent au moins une source de méthode de planification familiale. Dans l'échantillon comparatif, et tout en restant parmi les femmes qui n'utilisent pas la contraception, 84 % des femmes urbaines et 73 % des femmes rurales connaissent une méthode de planification familiale. La connaissance d'une méthode contraceptive sert ici de mesure brute de la disponibilité des services de planification familiale en raison du manque d'informations rigoureuses sur les indicateurs de disponibilité tels que les ruptures de stock et la distance et les coûts d'accès aux services (Creanga et al., 2011).

Une expérience naturelle au Ghana fournit des données causales de l'effet de la disponibilité des contraceptifs sur les résultats de la fécondité. Jones (2013) s'est penche sur l'impact des changements dans l'offre de contraceptifs financés par les États-Unis suite à la règle dite du « global gag », laquelle a affecté l'aide aux organisation non gouvernementales locales qui fournissaient une part importante des contraceptifs utilisés par les ménages ghanéens. En se basant sur ce choc exogène, Jones montre que les grossesses ont augmenté au cours des périodes où les contraceptifs étaient moins accessibles, même si les femmes plus aisées et plus scolarisées ont pu compenser cet effet par des avortements. Les ruptures de stock de contraceptifs pourraient donc avoir un impact direct sur la fécondité, ce qui accentue l'importance du financement d'une planification familiale durable.

Graphique 2.16 Motifs du non-recours à des services de planification familiale pour limiter ou espacer les naissances en Afrique subsaharienne (2004–2011)

a. Motif du non-recours à la planification
familiale pour limiter les naissances

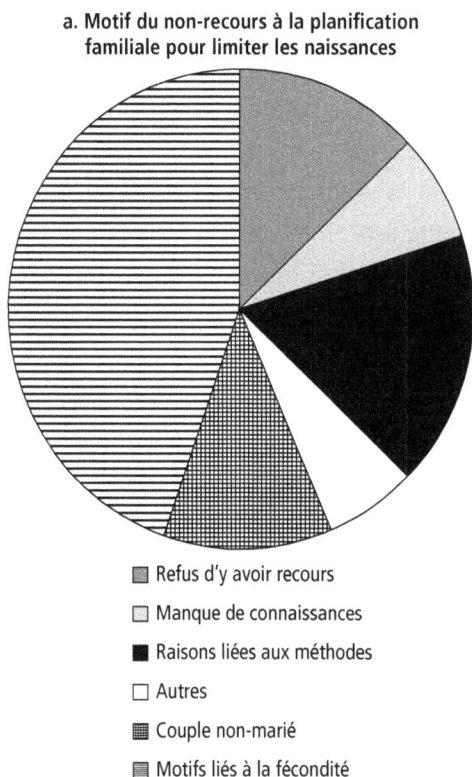

- Refus d'y avoir recours
- Manque de connaissances
- Raisons liées aux méthodes
- Autres
- Couple non-marié
- Motifs liés à la fécondité

(Suite page suivante)

Graphique 2.16 (suite)

b. Motif du non-recours à la planification familiale pour espacer les naissances

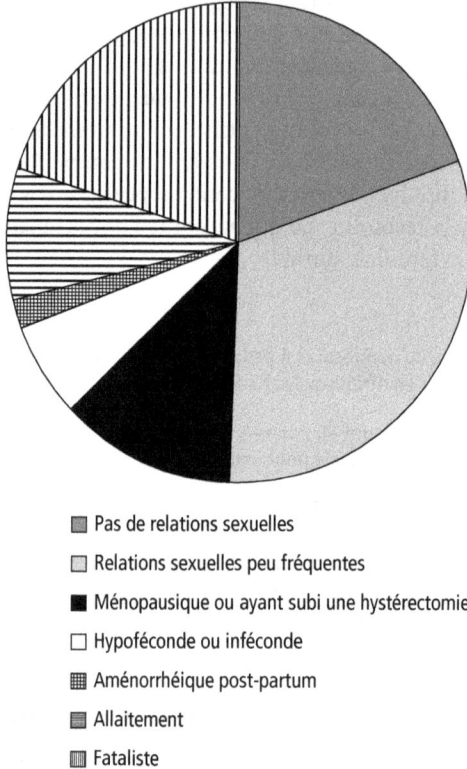

- Pas de relations sexuelles
- Relations sexuelles peu fréquentes
- Ménopausique ou ayant subi une hystérectomie
- Hypoféconde ou inféconde
- Aménorrhéique post-partum
- Allaitement
- Fataliste

Source : Enquêtes démographiques et de santé dans 25 pays en Afrique subsaharienne (2004–2011). Cf. http://www.statcompiler.com.

Mauvaise qualité des services

Un autre obstacle lié à l'offre de contraception se situe dans la qualité des services (notamment en matière de soins de santé, d'interactions client-fournisseur et de produits) ainsi que dans l'absence (ou le faible) choix de méthodes. Des études montrent que l'information apportée aux clients et la compétence technique des fournisseurs ont un effet statistiquement significatif sur l'utilisation des contraceptifs (Dieleman et al., 2011).

En Afrique subsaharienne, peu d'informations sont fournies sur les effets secondaires et les différentes méthodes de contraception, mais sans grande différence par rapport au reste des pays échantillonnés aussi caractérisés par des taux de prévalence contraceptive élevés. Environ 37 % des femmes africaines étaient informées des effets secondaires à la réception des contraceptifs, par rapport aux 31 % des autres femmes. De même, 44 % des femmes mariées en Afrique subsaharienne ont indiqué avoir été informées sur d'autres méthodes lors du choix de la méthode à utiliser. En se basant sur les mesures disponibles dans les EDS, il apparaît que la qualité des soins est la même dans l'échantillon africain que dans ceux caractérisés par une utilisation plus élevée de contraceptifs.

Manque de sensibilisation
Une explication possible de la fécondité non désirée est que les femmes n'ont tout simplement pas conscience des méthodes modernes de contraception. L'écart de connaissance sur les contraceptifs varie entre les pays et au sein de ceux-ci. La plupart des femmes en Afrique sont conscientes de l'existence de méthodes de contraception moderne—90 % des femmes actuellement mariées, âgées entre 15 et 49 ans, peuvent citer au moins une méthode et 79 % peuvent en citer trois. Toutefois, la connaissance des contraceptifs est nettement plus limitée dans les pays de l'Afrique de l'Ouest, à savoir le Tchad, le Niger et le Nigeria, où 25, 45 et 48 % des femmes mariées, respectivement, peuvent citer au moins trois méthodes.

De même, les différences en matière de connaissance selon les niveaux de richesse et d'éducation (et le lieu de résidence rural ou urbain) sont frappantes dans plusieurs de ces pays. Les pays d'Afrique de l'Ouest affichent les différences extrêmes. Par exemple, seulement 4,5 % des femmes dans les ménages tchadiens les plus défavorisés connaissent au moins trois méthodes, par rapport à 55 % des ménages plus aisés. Au Nigeria, 23 % des femmes non scolarisées connaissent au moins trois méthodes contre 80 % ayant fait des études secondaires partielles. La connaissance des contraceptifs est généralement plus élevée en Afrique subsaharienne que dans les autres régions également caractérisées par une utilisation relativement élevée de contraceptifs.

Les connaissances élémentaires des méthodes contraceptives ne semblent pas constituer des obstacles majeurs à l'accès et à l'utilisation de celles-ci. Le manque de connaissances de base peut expliquer la faible utilisation dans certaines régions géographiques, mais pas toutes. L'échantillon des EDS de l'Afrique subsaharienne, semble indiquer que la plupart des femmes qui ont déclaré ne pas recourir à la contraception bien que ne désirant pas tomber enceinte (ou du moins pas maintenant) ne manquaient pas de connaissances élémentaires. Seulement 6 % des femmes non mariées ou en cohabitation n'ayant pas recours à la contraception mais ne désirant pas tomber enceinte ont rapporté ne pas avoir recours à la contraception parce qu'elles ne connaissaient pas de méthode contraceptive.

La connaissance des effets secondaires des contraceptifs semble jouer un rôle plus important chez les femmes qui n'utilisent pas la contraception en Afrique

que dans les pays échantillons des autres régions. Parmi les femmes qui n'utilisent pas la contraception bien que ne désirant pas tomber enceinte, 14 % ont rapporté avoir peur des effets secondaires et 6 % ont avancé des raisons de santé pour ne pas utiliser les contraceptifs. Ces pourcentages sont semblables à ceux de l'échantillon de comparaison, dans lequel 13 % ont cité les effets secondaires et 10 % ont évoqué des raisons de santé pour expliquer le fait qu'elles n'utilisent pas la contraception ; 50 % de ces femmes d'Afrique subsaharienne ont mentionné des raisons liées à la fécondité telles que les relations sexuelles peu fréquentes et l'infécondité. Par rapport à certaines autres explications, les barrières en termes de connaissances ne semblent pas très importantes, quoique pas triviales pas autant.

La connaissance est toutefois définie en des termes très limités et n'inclut pas la bonne compréhension de totalité des coûts et des avantages de la planification familiale, non seulement en matière la santé maternelle et infantile, mais aussi pour la richesse des ménages. Les programmes de planification familiale visant à accroître la demande, combinés à des services de contraception, comme à Matlab (Joshi et Schultz, 2007) ou plus récemment en Zambie (Neukom et al., 2011), pourraient accroître l'utilisation des contraceptifs et augmenter la fécondité et les résultats en matière de santé infantile.

Des coûts peu abordables

Pour s'assurer que les contraceptifs soient abordables pour les ménages, il faut non seulement prendre en compte leurs coûts directs mais également les coûts d'opportunité liés au fait de s'en approvisionner, notamment en transport et en temps d'attente. Il s'agit là d'une barrière plausible pour les ménages défavorisés dans la mesure où leur taux d'utilisation de contraceptifs n'est que de 14 % contre 32 % pour les ménages africains le plus aisés. Cette disparité peut s'expliquer par des problèmes d'accessibilité financière mais est aussi liée à des différences en matière de fécondité désirée et d'accessibilité des contraceptifs selon les niveaux de prospérité des ménages. La capacité financière inclut la capacité de faire face non seulement aux coûts directs des contraceptifs, mais également aux coûts d'opportunité nécessaires pour s'en procurer, notamment le voyage et le temps d'attente. Elle est certainement un obstacle plausible pour les ménages défavorisés, dans la mesure où le taux de prévalence contraceptive dans les ménages les plus défavorisés et dans les plus aisés en Afrique est de 14 et 32 %, respectivement. L'écart dans l'utilisation, quoique cohérent avec la capacité financière, est également relié aux différences en termes de fécondité désirée et à l'accessibilité des contraceptifs à travers les niveaux de prospérité.

Les femmes mariées ou en cohabitation qui ont déclaré ne pas vouloir tomber enceinte n'ont pas évoqué le prix comme une raison majeure de ne pas utiliser de moyens contraceptifs.[4] Dans les échantillons d'EDS africaines, 3 % de ces femmes ont mentionné le prix comme étant un facteur, mais cette proportion s'élevait à 7 % dans plusieurs pays de la région ouest-africaine, notamment au Bénin, au Burkina Faso et au Cameroun.

Toutefois, la sensibilité au prix des ménages plus pauvres peut être supérieure lorsqu'on compare les technologies préventives telles que les contraceptifs à d'autres biens consommables. Des études montrent que les ménages ne parviennent pas à concrétiser leurs intentions et désirs lorsqu'ils achètent des biens dont les retours se font dans le futur (Kremer et Holla, 2009). La littérature sur l'économie comportementale indique que les personnes ne parviennent pas à agir dans leur intérêt pour de multiples raisons, et plusieurs interventions incitatives ont peuvent encourager les ménages à donner suite à leurs intentions. Les services de planification familiale seraient sous-consommés si ces tendances comportementales étaient présentes. Des études sur six programmes de planification familiale aux États-Unis, au Ghana, en Inde, au Sri Lanka et en Thaïlande indiquent que des incitations aussi modeste que le fait d'offrir des boîtes de lait en poudre pourraient encourager l'utilisation des services de planification familiale (Heil, Gaalema et Herrmann, 2012).

Inégalité entre les sexes
Les coûts d'opportunité de la procréation des enfants sont supportés en grande partie par les femmes, lesquelles préfèrent généralement des familles moins nombreuses, contrairement à leurs maris ou leurs partenaires. Toutefois, dans la plupart des zones d'Afrique, les maris ou les partenaires ont plus de pouvoir de négociation dans le ménage, ce qui se traduit par une sous-consommation des services de planification familiale et par des tailles de famille plus grandes que les femmes ne le désirent. Par conséquent, le fait de mettre l'accent sur le genre pourrait améliorer l'impact des initiatives de planification familiale.

Coûts et efficacité-coût des programmes de planification familiale
Les études de Matlab et Navrongo indiquent que les programmes de planification familiale intensive peuvent avoir des répercussions sur la fécondité de même que sur la santé maternelle et infantile. Toutefois, les coûts des programmes combinant des relations approfondies entre le personnel de santé et les clients et des produits contraceptifs peuvent être élevés. L'estimation des coûts et de l'efficacité-coût de tels programmes se heurte à des complications, comme en témoigne la littérature.

Mesurer tous les coûts et avantages des programmes de planification familiale peut être difficile. De même, les coûts de fourniture des services de planification familiale incluent les coûts des contraceptifs, des prestataires formés et de la mise en place d'une chaîne d'approvisionnement fiable. Des études complètes sur l'efficacité-coût comparent également les coûts de programme dans les différents pays en tenant compte de la qualité des services fournis, à l'aide d'une méthodologie commune, en définissant des ensembles de services communs et en évaluant les coûts administratifs du programme (Murray et al., 2000).

La plupart des études d'efficacité-coût de la planification familiale ne parviennent pas toutefois à déterminer la multitude de coûts et avantages de l'intervention et se contentent de rapporter les évaluations en termes de couple-année de protection (CAP), lequel permet de déterminer les coûts annuels de fourniture de services de contraception à un couple. Les coûts des contraceptifs à eux seuls peuvent être très différents selon les milieux : par exemple une analyse FHI360 de cinq études qui examine les coûts de fourniture de services de planification familiale au Kenya fait observer de grandes différences dans les estimations, avec une année de CAP pour un dispositif intra-utérin allant de 2,16 USD à 13,99 USD en 1997. Les estimations d'autres méthodes tendent à présenter les mêmes écarts importants.

Une récente étude de l'Institut Guttmacher rapporte des coûts directs pour l'Afrique variant entre 1,01 USD par CAP pour un dispositif intra-utérin, 4,15 USD pour les préservatifs, 8,72 USD pour les pilules et 8,61 USD pour les injectables (Singh et al., 2010). Ces coûts incluent ceux des produits, des fournitures et de la main-d'œuvre y compris des visites, examens et procédures. En plus des coûts directs, le rapport évalue les coûts indirects des programmes de planification familiale. Pour l'Afrique, le coût total par utilisateur de la fourniture d'une méthode moderne est estimé à 11,26 USD par CAP.

De même, les coûts et l'impact d'un programme de planification familiale « minimaliste » qui fournit uniquement des contraceptifs pourraient être très différents de ceux d'un programme exhaustif qui fournit une gamme de méthodes, propose des prestataires compétents qui conseillent sur les divers choix de méthode et les potentiels effets secondaires et fournit des informations sur le choix adopté. Le rapport Guttmacher fournit des estimations pour ces programmes exhaustifs, en soulignant que le CAP est passé de 11,26 USD à 26,90 USD pour l'Afrique. L'augmentation est cohérente avec les coûts de l'étude de la Zambie, où des sages-femmes ont été formées, embauchées et placées dans des structures de santé publiques afin d'améliorer l'adoption des méthodes réversibles à action prolongée. Le coût supplémentaire d'un tel programme exhaustif et de haute qualité était estimé à 13 USD par CAP.

Des campagnes médiatiques ciblées destinées à véhiculer les messages relatifs à la planification familiale peuvent également présenter une bonne efficacité-coût. Les estimations du CAP de ces campagnes varient entre 1,36 USD en Turquie (Kincaid et al., 1993), 3,26 USD en Égypte (Robinson et Lewis, 2003) et 3,57 USD au Zimbabwe (Piotrow et al., 1992). Vu que de telles campagnes sont importantes pour arriver à des programmes exhaustifs de planification familiale, leurs coûts devraient être ajoutés aux coûts directs de la planification familiale.

Justification du soutien public de la planification familiale

Bien que les coûts estimés de la prestation de services de planification familiale ne soient pas négligeables pour des économies en développement, il y existe des raisons probantes pour subventionner la planification familiale, tout particulièrement dans le cas d'approches fondées sur les droits de l'homme qui permettent aux femmes d'opérer leurs propres choix en matière de procréation.

Les défaillances de marché constituent une justification économique standard de la subvention d'un bien dont les avantages sociaux nets dépassent les avantages individuels. Les ménages des économies agraires tirent profit des familles nombreuses, mais ils doivent en supporter les coûts. Les subventions accordées à la planification familiale peuvent également donner lieu à des familles de taille réduite, avec des naissances bien espacées, où les effets externes positifs des enfants mieux éduqués et plus aisés peuvent s'ajouter considérablement à la qualité du capital humain.

Une autre défaillance du marché est que les femmes et les ménages manquent d'informations qui leur permettent d'opérer des choix en matière de procréation. Les ménages pourraient ne pas être conscients des coûts et avantages à avoir moins d'enfants ou des naissances plus largement espacées, surtout pour la survie des enfants et leurs perspectives d'avenir. Subventionner la planification familiale contribuer à tempérer la sous-évaluation des contraceptifs qui est constatée lorsque les ménages opèrent des décisions sur la taille de la famille et l'espacement des naissances. Elle permettrait également d'améliorer le rapport coûts-bénéfices des contraceptifs pour les ménages par rapport à la situation actuelle. Au-delà des disparités entre les sexes, les disparités socio-économiques pourraient être atténuées par les subventions publiques, par exemple lorsqu'une approche basée sur l'équité met davantage l'accent sur les ménages plus pauvres et plus rurales.

Notes

1. Les revenus moyens sont plus élevés au Kenya qu'en Ouganda. Étant donné que le revenu est susceptible d'affecter l'accès aux services de planification familiale, une partie des taux peu élevés de la fécondité au Kenya pourrait s'expliquer par le fait que les revenus moyens sont plus élevés au Kenya qu'en Ouganda.
2. L'échantillon de pays en Afrique subsaharienne comprend le Bénin, le Burkina Faso, le Burundi, le Cameroun, la République démocratique du Congo, l'Éthiopie, le Ghana, le Kenya, le Liberia, Madagascar, le Malawi, le Mali, le Mozambique, la Namibie, le Niger, le Nigeria, l'Ouganda, le Rwanda, le Sénégal, la Sierra Leone, la Tanzanie, le Tchad, la Zambie et le Zimbabwe.
3. L'échantillon de pays des autres régions comprend le Bangladesh, la Bolivie, le Brésil, la Colombie, la République dominicaine, l'Égypte, l'Indonésie, la Jordanie, le Maroc, le Nicaragua, le Pakistan, le Pérou, les Philippines et le Vietnam.

4. Dans l'EDS, les femmes, mais pas les hommes, ont été interrogées sur les raisons de ne pas utiliser les contraceptifs. Il est possible que les hommes soient plus enclins à évoquer le coût (y compris le coût d'opportunité du temps des femmes) comme raison principale pour laquelle leur ménage n'y a pas recours.

Références

Adongo, P. B., J. F. Phillips et F. N. Binka. 1998. "The Influence of Traditional Religion on Fertility Regulation among the Kassena-Nankana of Northern Ghana." *Studies in Family Planning* 29 (1): 23–40.

Ashraf, N., E. Field et J. Lee. 2010. "Household Bargaining and Excess Fertility: An Experimental Study in Zambia." Harvard University, Cambridge, MA. http://fmwww.bc.edu/ec-j/SemF2011/Field.pdf.

Bankole, A. et S. Singh. 1998. "Couples' Fertility and Contraceptive Decision-Making in Developing Countries: Hearing the Man's Voice." *Internationaly Family Planning Perspectives* 24 (1): 15–24.

Banque mondiale. 2011. *Indicateurs du développement dans le monde (WDI)*. Washington, DC: Banque mondiale.

———. 2012. *Indicateurs du développement dans le monde (WDI)*. Washington, DC: Banque mondiale.

Barro, R. J. et J. W. Lee. 2013. "A New Data Set of Educational Attainment in the World, 1950–2010." *Journal of Development Economics* 104 (C): 184–98.

Behrman, J. R., H. P. Kohler et S. C. Watkins. 2002. "Social Networks and Changes in Contraceptive Use over Time: Evidence from a Longitudinal Study in Rural Kenya." *Demography* 39 (4): 713–38.

Ben-Porath, Y. 1976. "Fertility Response to Child Mortality: Micro Data from Israel." *Journal of Political Economy*, 84 (2): S163–78.

Bloom, D. E., D. Canning, G. Fink et J. Finlay. 2009. "Fertility, Female Labor Force Participation, and the Demographic Dividend." *Journal of Economic Growth* 14 (2): 79–101.

———. 2012. "Microeconomic Foundations of the Demographic Dividend." PGDA Working Paper 93, Harvard University, Program on the Global Demography of Aging, Cambridge, MA.

Bongaarts, J. 1978. "A Framework for Analyzing the Proximate Determinants of Fertility." *Population and Development Review* 4 (1): 105–32.

———. 1994. "The Impact of Population Policies: Comment." *Population and Development Review* 20 (3): 616–20.

Bongaarts, J. et S. Sinding. 2009. "A Response to Critics of Family Planning Programs." *International Perspectives on Sexual and Reproductive Health* 35: 29–44.

Bongaarts, J. et S. C. Watkins. 1996. "Social Interactions and Contemporary Fertility Transitions." *Population and Development Review* 22 (4): 639–82.

Breierova, L. et E. Duflo. 2004. "The Impact of Education on Fertility and Child Mortality: Do Fathers Really Matter Less Than Mothers?" NBER Working Paper w10513,National Bureau of Economic Research, Cambridge, MA. http://www.nber .org/papers/w10513.

Brockerhoff, M. 1998. "Migration and the Fertility Transition in African Cities." In *Migration, Urbanization, and Development: New Directions and Issues, Proceedings of the Symposium on Internal Migration and Urbanization in Developing Countries, January 22–24, 1996*. New York: Springer.

Brockerhoff, M. et H. Eu. 1993. "Demographic and Socioeconomic Determinants of Female Rural to Urban Migration in Sub-Saharan Africa." *International Migration Review* 27 (3): 557–77.

Caldwell, J. C. et P. Caldwell. 1987. "The Cultural Context of High Fertility in Sub-Saharan Africa." *Population and Development Review* 13 (3): 409–37.

Canning, D., I. Günther, S. Linnemayr, D. Bloom. 2013. "Fertility Choice, Mortality Expectations, and Interdependent Preferences: An Empirical Analysis." *European Economic Review* 63 (C): 273–89.

Castle, S., M. K. Konaté, P. R. Ulin et S. Martin. 1999. "A Qualitative Study of Clandestine Contraceptive Use in Urban Mali." *Studies in Family Planning* 30 (3): 231–48.

Chattopadhyay, A., M. J. White et C. Debpuur. 2006. "Migrant Fertility in Ghana: Selection versus Adaptation and Disruption as Causal Mechanisms." *Population Studies* 60 (2): 189–203.

Chicoine, L. E. 2012. "Education and Fertility: Evidence from a Policy Change in Kenya," IZA Discussion Paper 6778, Institute for the Study of Labor, Bonne. http://econpapers .repec.org/paper/izaizadps/dp6778.htm.

Coale, A. J. 1986. *The Decline of Fertility in Europe since the Eighteenth Century as a Chapter in Demographic History*. Princeton, NJ: Princeton University Press.

Coale, A. J. et S. C. Watkins. 1986. *The Decline of Fertility in Europe: The Revised Proceedings of a Conference on the Princeton European Fertility Project*. Princeton, NJ: Princeton University Press.

Conde-Agudelo, A., A. Rosas-Bermudez, F. Castaño et M. H. Norton. 2012. "Effects of Birth Spacing on Maternal, Perinatal, Infant, and Child Health: A Systematic Review of Causal Mechanisms." *Studies in Familly Planning* 43 (2): 93–114.

Conde-Agudelo, A., A. Rosas-Bermúdez et A. C. Kafury-Goeta. 2006. "Birth Spacing and Risk of Adverse Perinatal Outcomes." *JAMA (Journal of the American Medical Association)* 295 (15): 1809–23.

Creanga, A. A., D. Gillespie, S. Karklins et A. O. Tsui. 2011. "Low Use of Contraception among Poor Women in Africa: An Equity Issue." *Bulletin of the World Health Organization* 89 (4): 258–66.

Dieleman, M., S. Kane, P. Zwanikken et B. Gerretsen. 2011. "Realist Review and Synthesis of Retention Studies for Health Workers in Rural and Remote Areas." Rapport technique 1, Organisation mondiale de la Santé, Genève.

Duflo, E., P. Dupas, M. Kremer et S. Sinei. 2006. "Education and HIV/AIDS Prevention: Evidence from a Randomized Evaluation in Western Kenya." Document de travail 4024, Banque mondiale, Washington, DC. http://ideas.repec.org/p/wbk/wbrwps/4024.html.

Dyson, T. 2011. "The Role of the Demographic Transition in the Process of Urbanization." *Population and Development Review* 37 (S1): 34–54.

Eckstein, Z., P. Mira et K. I. Wolpin. 1999. "A Quantitative Analysis of Swedish Fertility Dynamics: 1751–1990." *Review of Economic Dynamics* 12 (1): 137–65.

Fang, H., K. N. Eggleston, J. A. Rizzo, R. J. Zeckhauser. 2010. "Female Employment and Fertility in Rural China." NBER Working PAper w15886, National Bureau of Economic Research, Cambridge, MA. http://www.nber.org.ezp-prod1.hul.harvard.edu/papers /w15886.

Fapohunda, E. R. et M. P. Todaro. 1988. "Family Structure, Implicit Contracts, and the Demand for Children in Southern Nigeria." *Population and Development Review* 14 (4): 571–94.

Finlay, J. E. et D. Canning. 2013. "The Association of Fertility Spacing, Timing, and Parity with Child Health." Document de référence sur lequel s'appuie cette publication, Banque mondiale, Washington, DC.

Finlay, J. E., E. Özaltin et D. Canning. 2011. "The Association of Maternal Age with Infant Mortality, Child Anthropometric Failure, Diarrhoea, and Anaemia for First Births: Evidence from 55 Low- and Middle-Income Countries." *BMJ Open* 1 (2): n.p. doi:10.1136/bmjopen-2011-000226.

Galloway, P. R. et R. D. Lee. 1998. "Urban Versus Rural: Fertility Decline in the Cities and Rural Districts of Prussia, 1875 to 1910." *European Journal of Population* 14 (3): 209–64.

Glick, P. et S. Linnemayr. 2013. "Family Planning in Sub-Saharan Africa: The Role of Supply and the Rationale for Public Action." Document de référence sur lequel s'appuie cette publication, Banque mondiale, Washington, DC.

Goh, A. 1999. "Trade, Employment, and Fertility Transition." *Journal of International Trade and Economic Development* 8 (2): 143–84.

Goldin, C. 1994. "The U-Shaped Female Labor Force Function in Economic Development and Economic History." NBER Working PAper 4707, National Bureau of Economic Research, Cambridge, MA.

Gribble, J. 2012. "Fact Sheet: Unmet Need for Family Planning." Population Reference Bureau, Washington, DC.

Groth, H. et A. Sousa-Poza. 2012. *Population Dynamics in Muslim Countries: Assembling the Jigsaw*. New York: Springer.

Haines, M. R. 1998. "The Relationship between Infant and Child Mortality and Fertility: Some Historical and Contemporary Evidence for the United States." *From Death to Birth: Mortality Decline and Reproductive Change*, éditée par M. Montomery et B. Cohen, 227–53. Washington, DC: National Academy Press.

Heaton, T. B. 2011. "Does Religion Influence Fertility in Developing Countries?" *Population Research and Policy Review* 30 (3): 449–65.

Heil, S. H., D. E. Gaalema et E. S. Herrmann. 2012. "Incentives to Promote Family Planning." *Preventative Medecine* 55 (S1): S106–12.

Hollos, M. et U. Larsen. 2008. "Motherhood in Sub-Saharan Africa: The Social Consequences of Infertility in an Urban Population in Northern Tanzania." *Culture, Health, and Sexuality* 10 (2): 159–73.

Hossain, M. B., J. F. Phillips et T. K. LeGrand. 2007. "The Impact of Childhood Mortality on Fertility in Six Rural Thanas of Bangladesh." *Demography* 44 (4): 771–84.

Hout, M. 1978. "The Determinants of Marital Fertility in the United States, 1968–1970: Inferences from a Dynamic Model." *Demography* 15 (2): 139–59.

Jones, K. M. 2013. "Contraceptive Supply and Fertility Outcomes: Evidence from Ghana." International Food Policy Research Institute, Washington, DC.

Joshi, S. et P. Schultz. 2007. "Family Planning as an Investment in Development: Evaluation of a Program's Consequences in Matlab, Bangladesh," Discussion Paper 951, Economic Growth Center, Yale University, New Haven, CT.

Khan, S., V. Mishra, F. Arnold et N. Abderrahim. 2007. *Contraceptive Trends in Developing Countries*. Calberton: Macro International.

Kincaid, D. L. 2000. "Social Networks, Ideation, and Contraceptive Behavior in Bangladesh: A Longitudinal Analysis." *Social Science and Medicine* 50 (2): 215–31.

Kincaid, D. L., S. H. Yun, P. T. Piotrow, et Y. Yaser. 1993. "Turkey's Mass Media Family Planning Campaign." *Family Planning Management* 2: 68–92.

Knodel, J. et E. Van de Walle. 1979. "Lessons from the Past: Policy Implications of Historical Fertility Studies." *Population and Development Review* 5 (2): 217–45.

Kohler, H. P., J. R. Behrman et S. C. Watkins. 2001. "The Density of Social Networks and Fertility Decisions: Evidence from South Nyanza District, Kenya." *Demography* 38 (1): 43–58.

Kremer, M. et A. Holla. 2009. "Pricing and Access: Lessons from Randomized Evaluations in Education and Health." *What Works in Developing: Thinking Big, Thinking Small*, édité par J. Cohen et W. Easterly. Washington, DC: Brookings Institution Press. http://www.brookings.edu/events/2008/05/~/media/Events/2008/5/29%20global%20development/2008_kremer.PDF.

Kupinsky, S. 1977. "The Fertility of Working Women in the United States: Historical Trends and Theoretical Perspectives." In *The Fertility of Working Women: Synthesis of International Research*, édité par S. Kupinsky, 188–249. New York: Praeger.

Larsen, U. 2000. "Primary and Secondary Infertility in Sub-Saharan Africa." *International Journal of Epidemiology*, 29 (2): 285–91.

Lavy, V., et A. Zablotsky. 2011. "Mother's Schooling and Fertility under Low Female Labor Force Participation: Evidence from a Natural Experiment." NBER Working Paper 16856, National Bureau of Economic Research, Cambridge, MA. http://www.nber.org/papers/w16856.

LeGrand, T. K., T. Koppenhaver, N. Mondain et S. Randall. 2003. "Reassessing the Insurance Effect: A Qualitative Analysis of Fertility Behavior in Senegal and Zimbabwe." *Population and Development Review* 29 (3): 375–403.

LeGrand, T. K. et J. F. Phillips. 1996. "The Effect of Fertility Reductions on Infant and Child Mortality: Evidence from Matlab in Rural Bangladesh." *Population Studies* 50 (1): 51–68.

Madhavan, S., et J. P. Guengant. 2013. "Proximate Determinants of Fertility." Document de référence sur lequel s'appuie cette publication, Banque mondiale, Washington, DC.

Maglad, N. E. 1994. "Fertility in Rural Sudan: The Effect of Landholding and Child Mortality." *Economic Development and Cultural Change* 42 (4): 761–72.

Magnani, R. J., D. R. Hotchkiss, C. S. Florence et L. A. Shafer. 1999. "The Impact of the Family Planning Supply Environment on Contraceptive Intentions and Use in Morocco." *Studies in Family Planning* 30 (2): 120–32.

Manser, M. et M. Brown. 1980. "Marriage and Household Decision-Making: A Bargaining Analysis." *International Economic Review* 21 (1): 31–44.

McCarraher, D. R., S. L. Martin et P. E. Bailey. 2006. "The Influence of Method-Related Partner Violence on Covert Pill Use and Pill Discontinuation among Women Living in La Paz, El Alto, and Santa Cruz, Bolivia." *Journal of Biosocial Science* 38 (2): 169–86.

McQuillan, K. 2004. "When Does Religion Influence Fertility?" *Population and Development Review* 30 (1): 25–56.

Montgomery, M. R. et J. B. Casterline. 1993. "The Diffusion of Fertility Control in Taiwan: Evidence from Pooled Cross-Section Time-Series Models." 47 (3): 457–79.

———. 1996. "Social Learning, Social Influence, and New Models of Fertility." *Population and Development Review* 22 (supplement): 151–75.

Müller, R. et F. Woellert. 2013a. "At a Second Glance: Obstacles to Ghana's Demographic Success Story." Document de référence sur lequel s'appuie cette publication, Banque mondiale, Washington, DC.

———. 2013b. "The Demographic Bonus within Reach: Ethiopia's Heterogeneous Success Story of Fertility Decline." Document de référence sur lequel s'appuie cette publication, Banque mondiale, Washington, DC.

———. 2013c. "Disillusion after Years of Progress Stall in Kenya's Fertility Decline: Uncertain Future despite Resource Wealth." Document de référence sur lequel s'appuie cette publication, Banque mondiale, Washington, DC.

———. 2013d. "Same Trajectories, Diverging Results: How Bangladesh Overtook Pakistan in the Demographic Transition." Document de référence sur lequel s'appuie cette publication, Banque mondiale, Washington, DC.

———. 2013e. "Why Nigeria Is Caught in a High Fertility Trap." Document de référence sur lequel s'appuie cette publication, Banque mondiale, Washington, DC.

Munshi, K. et J. Myaux. 2006. "Social Norms and the Fertility Transition." *Journal of Development Economics* 80 (1): 1–38.

Murray, C. J., D. B. Evans, A. Acharya et R. M.P.M. Baltussen. 2000. "Development of WHO Guidelines on Generalized Cost-Effectiveness Analysis." *Health Economics* 9: 235–51.

Neukom, J., J. Chilambwe, J. Mkandawire, R. K. Mbewe et D. Hubacher. 2011. "Dedicated Providers of Long-Acting Reversible Contraception: New Approach in Zambia." *Contraception* 83 (5): 447–52.

Olsen, R. J. 1980. "Estimating the Effect of Child Mortality on the Number of Births." *Demography* 17 (4): 429–43.

ONU, Division de la population. 2012. *Perspectives de la population mondiale: révision de 2011* New York: Nations Unies, Division de la population, Département des affaires économiques et sociales (DAES).

Osili, U. O. et B. T. Long. 2008. "Does Female Schooling Reduce Fertility? Evidence from Nigeria." *Journal of Development Economics* 87 (1): 57–75.

Palloni, A. et H. Rafalimanana. 1999. "The Effects of Infant Mortality on Fertility Revisited: New Evidence from Latin America." *Demography* 36 (1): 41–58.

Phillips, J. F., E. F. Jackson, A. A. Bawah, B. MacLeod, P. Adongo, C. Baynes et J. Williams. 2012. "The Long-Term Fertility Impact of the Navrongo Project in Northern Ghana." *Studies in Family Planning* 43 (3): 175–90.

Piotrow, P. T., D. L. Kincaid, M. J. Hindin, C. L. Lettenmaier, I. Kuseka, T. Silberman, A. Zinanga, F. Chikara, D. J. Adamchak, M. T. Mbizvo. 1992. "Changing Men's Attitudes and Behavior: The Zimbabwe Male Motivation Project." *Études en matière de planification familiale* 23 (6): 365–75.

Pradhan, E. et D. Canning. 2013a. "The Effect of Educational Reform in Ethiopia on Girls' Schooling and Fertility." Document de référence sur lequel s'appuie cette publication, Banque mondiale, Washington, DC.

———. 2013b. "Socioeconomic Determinants of Fertility." Document de référence sur lequel s'appuie cette publication, Banque mondiale, Washington, DC.

Preston, S. H. 1978. *The Effects of Infant and Child Mortality on Fertility*. New York: Academic Press.

Robinson, W. C. et G. L. Lewis. 2003. "Cost-Effectiveness Analysis of Behaviour Change Interventions: A Proposed New Approach and an Application to Egypt." *Journal of Biosocial Science* 35 (4): 499–512.

Robinson, W. C. et J. A. Ross. 2007. *The Global Family Planning Revolution: Three Decades of Population Policies and Programs*. Washington, DC: Banque mondiale.

Sah, R. K. 1991. "The Effects of Child Mortality Changes on Fertility Choice and Parental Welfare." *Journal of Political Economy,* 99 (3): 582–606.

Schultz, T. P. 1969. "An Economic Model of Family Planning and Fertility." *Journal of Political Economy* 77 (2): 153–80.

———. 1976. "Interrelationships between Mortality and Fertility." In *Population and Development: The Search for Selective Interventions*, édité par R. G. Ridker, 239–89. Baltimore, MD: Johns Hopkins University Press.

———. 1997. "Demand for Children in Low-Income Countries." In *Handbook of Population and Family Economics*, édité par M. R. Rosenzweig et O. Stark, 349–30. Amsterdam: Elsevier.

———. 2009. "How Does Family Planning Promote Development? Evidence from a Social Experiment in Matlab, Bangladesh, 1977–1996." Yale University, Economic Growth Center, New Haven, CT.

Shapiro, D. et T. Gebreselassie. 2008. "Fertility Transition in Sub-Saharan Africa: Falling and Stalling." *African Population Studies* 23 (1): 3–23.

Simkins, C. 2013. "Urbanization and Fertility." Document de référence sur lequel s'appuie cette publication, Banque mondiale, Washington, DC.

Singh, S., J. E. Darroch, L. S. Ashford et M. Vlassoff. 2010. "Adding It Up: The Costs and Benefits of Investing in Family Planning and Maternal and Newborn Health." Institut Guttmacher, New York.

Soares, R. R. et B. L. S. Falcão. 2008. "The Demographic Transition and the Sexual Division of Labor." *Journal of Political Economy,* 116 (2): 1058–104.

Uganda Ministry of Finance, Planning, and Economic Development. 2008. "National Population Policy for Social Transformation and Sustainable Development." Gouvernement de l'Ouganda, Kampala.

Watkins, S. C. 1987. "The Fertility Transition: Europe and the Third World Compared." *Sociological Forum* 2 (4): 645–73.

Westoff, C. F. 1992. "Age at Marriage, Age at First Birth, and Fertility in Africa." Document technique 169, Banque mondiale, Washington, DC.

Woldemicael, G., et R. Beaujot. 2011. "Currently Married Women with an Unmet Need for Contraception in Eritrea: Profile and Determinants." *Canadian Studies in Population* 38 (1–2): 61–81.

Chapitre 3

Éducation et dividende démographique

La notion de dividende démographique a été développée à l'origine pour expliquer les liens entre transition démographique, évolution de la structure par âge et croissance économique. Bien que la littérature soit principalement axée sur les résultats économiques, indépendamment de ceux-ci, la transition démographique a eu des répercussions profondes. Ce chapitre propose un cadre permettant de comprendre comment un abaissement du taux de fécondité peut conduire à un dividende de scolarisation. Il décrit brièvement les orientations en matière de scolarisation, les relations entre fécondité et investissements dans le domaine de l'éducation, les chemins par lesquels la réduction de la fécondité peut créer un dividende et présente une analyse de décomposition des facteurs de niveau macro, il dégage des pistes conduisant à la création de cercles vertueux permettant d'exploiter le dividende potentiel de l'Afrique.

Tendances de la scolarisation et de la fécondité en Afrique subsaharienne

L'analyse débute par l'examen des tendances de scolarisation en Afrique subsaharienne, les objectifs du millénaire pour le développement n'étant pas atteints. Entre 1990 et 2010, le taux net d'inscription dans le primaire est passé de 52 à 75 % et le taux d'inscription dans le secondaire a doublé de 22 à 41 % (Lloyd et Hewett, 2003 ; Banque mondiale, 2013).[1] Des progrès ont également été réalisés en matière d'égalité des sexes, le ratio filles-garçons passant de 74 % à 82 % pour les inscriptions dans le secondaire et de 47 % à 62 % dans l'enseignement supérieur. La parité des sexes dans l'inscription au primaire a maintenant été atteinte dans près de 20 des 48 pays d'Afrique, contre 9 en 1990. Les réductions en matière de disparités socio-économiques sont moins étudiées mais des mesures de gratuité de l'enseignement ont eu un effet positif sur le taux de scolarisation des enfants de familles pauvres en milieu rural même s'il ne faut pas ignorer la différence de qualité dans l'enseignement.

Les analyses de corrélations au niveau régional montrent de fortes corrélations entre la fécondité, le taux de scolarisation et le taux d'achèvement de la scolarité (graphique 3.1, volets a à c). Au cours des deux dernières décennies, des taux de fécondité plus élevés allaient de pair avec des taux plus faibles d'inscription au primaire ($R^2 = 0{,}26$), d'achèvement du cycle primaire ($R^2 = 0{,}59$) et d'inscription au secondaire ($R^2 = 0{,}72$).

Les taux de dépendance liés à l'âge ne sont pas seulement corrélés au taux de fécondité mais également au montant des dépenses scolaires engagées par enfant. Le graphique 3.2 montre par exemple la corrélation entre le taux de dépendance des jeunes et les dépenses d'éducation publique par élève entre 1990 et 2010. Durant cette période, le taux de dépendance des jeunes a connu un déclin rapide en Afrique du Sud (−0,22), au Botswana (−0,30) et au Swaziland (−0,31) et une hausse légère au Niger (+0,09). Comme on peut le constater, les pays dont le taux de dépendance des jeunes a le plus chuté ont également connu les hausses les plus importantes de dépenses publiques par enfant ($R^2 = 0{,}31$), avec un recul de 0,01 point de la dépendance des jeunes étant associé à une progression moyenne de 14,50 USD dans les dépenses publiques par enfant.

Ces chiffres laissent supposer qu'une faible fécondité est associée à un dividende de scolarisation, mais il faudrait plus d'éléments de preuve pour établir un lien de cause à effet.

Graphique 3.1 Corrélations au niveau macro entre fécondité et scolarisation dans les pays d'Afrique subsaharienne, (1990–2010)

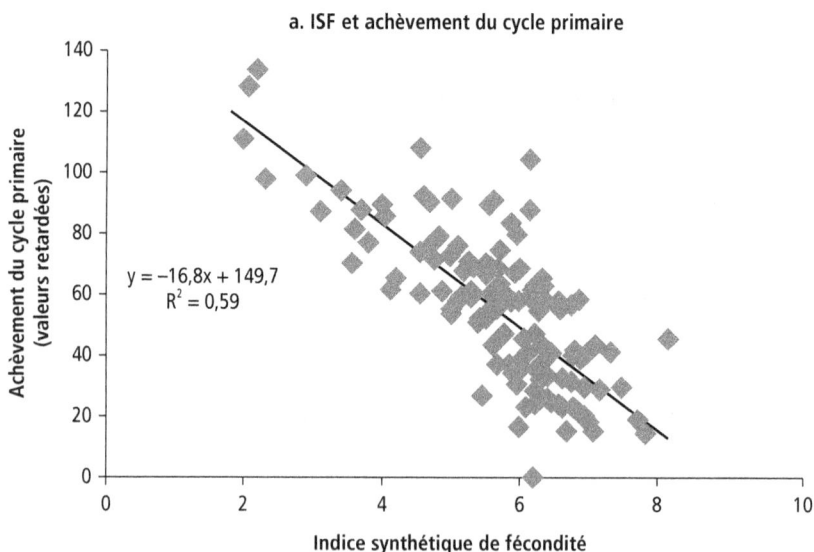

a. ISF et achèvement du cycle primaire

$$y = -16{,}8x + 149{,}7$$
$$R^2 = 0{,}59$$

Achèvement du cycle primaire (valeurs retardées)

Indice synthétique de fécondité

(suite de l'encadré page suivante)

Graphique 3.1 (suite)

b. ISF et inscription à l'école primaire

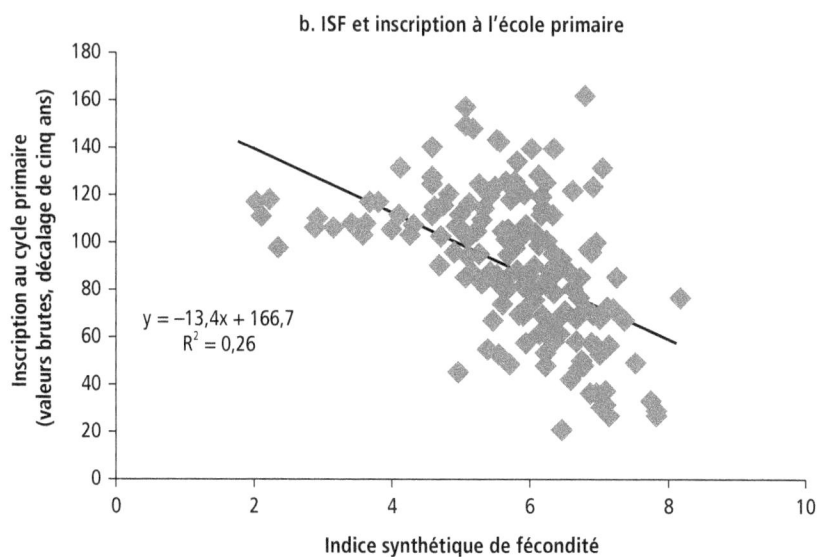

y = −13,4x + 166,7
$R^2 = 0,26$

Indice synthétique de fécondité

Inscription au cycle primaire (valeurs brutes, décalage de cinq ans)

c. ISF et inscription au secondaire

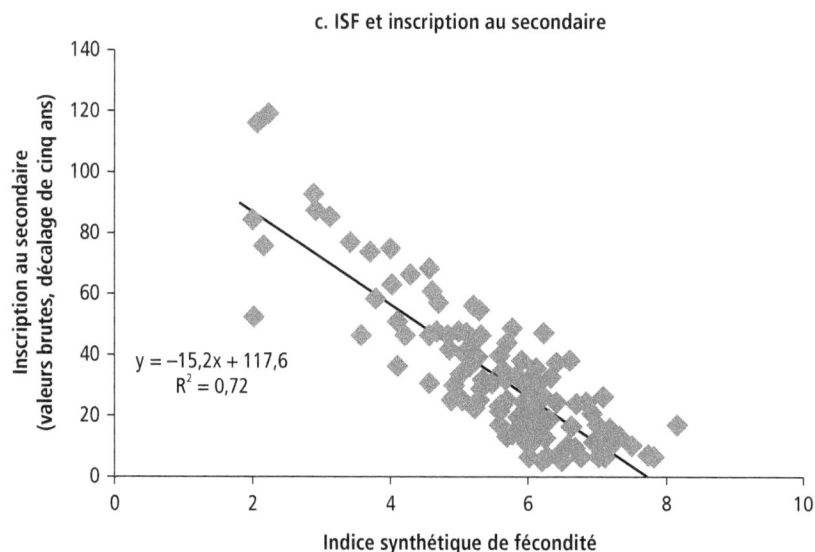

y = −15,2x + 117,6
$R^2 = 0,72$

Indice synthétique de fécondité

Inscription au secondaire (valeurs brutes, décalage de cinq ans)

Source : Eloundou-Enyegue, 2013.
Note : ISF = indice synthétique de fécondité.

Graphique 3.2 Évolution nominale des dépenses publiques par enfant en fonction du taux de dépendance des jeunes (1990–2010)

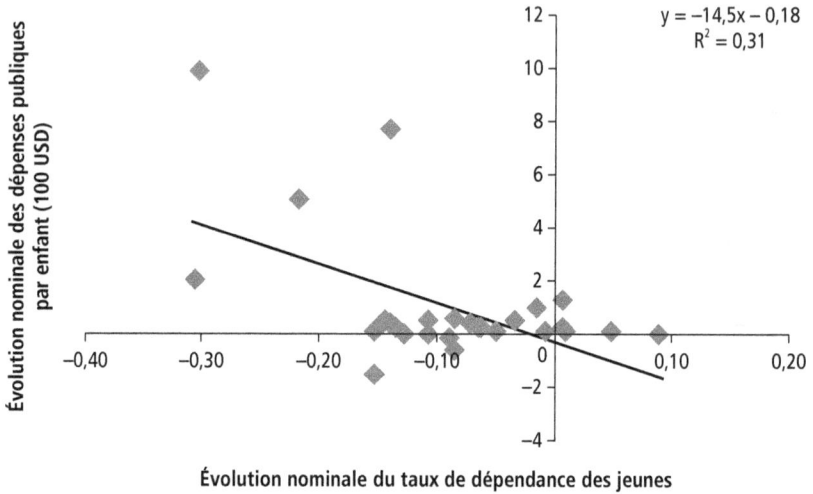

Évolution nominale des dépenses publiques par enfant (100 USD)

$y = -14,5x - 0,18$
$R^2 = 0,31$

Évolution nominale du taux de dépendance des jeunes

Source : Eloundou-Enyegue, 2013.
Notes : Le taux de dépendance des jeunes se définit comme le ratio de la population de jeunes sur la population adulte.

Fécondité et investissements dans le domaine de l'éducation

Une diminution de la fécondité peut stimuler les investissements dans le secteur de l'éducation et ce de plusieurs manières. Le compromis qualité-quantité est sans doute la plus connue – les décisions de fécondité et d'investissement en capital y sont prises conjointement (Hanushek, 1992). La relation démographique et économique entre fécondité et éducation sous-entend qu'une fécondité plus basse est à la fois une cause et une conséquence de l'augmentation des investissements dans le domaine de l'éducation. En particulier, la fécondité et la scolarisation sont déterminées par un ensemble commun de facteurs affectant les motivations économiques et les préférences des familles.

Cet effet être particulièrement prononcé en ce qui concerne la scolarisation des filles dans la mesure où les filles appartenant aux ménages à fécondité élevée sont souvent retirées de l'école pour s'occuper de leurs cadets. Les effets d'une fécondité plus faible sont clairement mis en évidence dans une étude menée à Matlab, au Bangladesh, dans laquelle une intervention de planification familiale a contribué à la réduction des taux de fécondité et à l'amélioration de la santé infantile et des résultats scolaires (Schultz, 2009). Une étude réalisée en Afrique subsaharienne démontre que la naissance d'un enfant non désiré réduit la scolarisation des jeunes enfants et augmente le taux d'abandon scolaire des enfants plus âgés, laisser penser que des naissances supplémentaires sont susceptibles de soumettre les ressources familiales à de plus fortes contraintes (Eloundou-Enyegue et Williams, 2006 ; Koissy-Kpein, Kuepie et Tenikue, 2012).

Puisque les dépenses cumulées consacrées aux enfants dans de nombreux pays représentent une part pratiquement constante des ressources nationales et ce indépendamment de la taille de la cohorte de jeunes (Mason et al., 2009), une fécondité plus faible contribuerait à accroître la quantité de ressources disponibles par enfant. Quand les cohortes de jeunes ont une taille plus réduite, les gouvernements peuvent alors augmenter le montant des ressources allouées à l'éducation de chaque enfant (Eloundou-Enyegue et Giroux, 2013), entraînant ainsi une amélioration du taux de scolarisation ainsi que de la qualité de l'éducation.

La quantification de ce dividende d'éducation se heurte à des obstacles méthodologiques en matière de validité interne, de généralisation et d'agrégation des données. La fécondité et la scolarisation étant conjointement déterminées, leur corrélation pourrait être trompeuse, et seules quelques études réalisées en Afrique obéissent à des normes statistiques rigoureuses, seules permettant de déterminer s'il y a ou non causalité. D'autres préoccupations résultent d'une éventuelle « erreur écologique » découlant d'un écart entre les niveaux d'analyse et d'inférence lors de l'étude des effets de la fécondité : il est impératif d'étudier le niveau micro pour être rigoureux en la matière (Cassen, 1994) alors que les orientations politiques se font principalement sur la base de résultats à l'échelle nationale : « Comment les changements de fécondité dans un pays influencent-ils les résultats *nationaux* en matière de scolarisation ? ». Enfin, le manque d'études rigoureuses fait obstacle à une forte généralisation de ces résultats, plaçant les analystes dans un dilemme : il leur faut privilégier soit la validité interne (se limitant aux quelques études méthodologiquement solides) soit la généralisation (élargissant alors le champ des études disponibles).

Le reste de ce chapitre tente de surmonter les limites des études actuelles en déterminant la contribution relative de chaque facteur au montant des dépenses publiques par enfant. Pour ce faire, des perspectives à la fois micro et macro sont mises à contribution. Les preuves de niveau micro sont tirées d'études sur les effets de la taille des fratries et de la fécondité juvénile sur la scolarisation en Afrique subsaharienne. Certaines de ces études ont commencé à aborder des questions de causalité, mais les résultats obtenus n'ont pas été agrégés pour en mesurer les implications au niveau macro. Différentes méthodes d'agrégation sont proposées pour pallier à ce manque. Les preuves de niveau macro sont quant à elles tirées d'analyses de décomposition des contributions des évolutions de la structure par âge et de la taille des cohortes d'enfants sur le montant des dépenses publiques par enfant. Ces analyses présentent des preuves directes que la baisse de la fécondité est corrélée à un dividende d'éducation. Bien que l'analyse de décomposition mette en évidence la contribution relative des différents facteurs, elle n'établit cependant pas de lien de causalité entre eux.

Dividende d'éducation : cadre conceptuel et trajectoire de réalisation

Les transitions de la fécondité peuvent avoir des effets sur les résultats scolaires en réduisant la taille de la fratrie, le décrochage scolaire lié aux grossesses, la dépendance des jeunes et, quoique pas dans le cas de l'Afrique subsaharienne, la taille la cohorte (graphique 3.3).

Il existe une distinction fondamentale entre les influences de niveau macro et micro de la fécondité sur l'éducation. La principale influence de niveau macro est la structure par âge, en particulier la dépendance des jeunes et la taille de la cohorte. En réduisant temporairement les taux de dépendance des jeunes, les diminutions rapides des taux de naissance créent un environnement favorable à l'expansion de l'enseignement. Des investissements ciblés pourront alors

Graphique 3.3 Dividende d'éducation : cadre conceptuel et cadre opérationnel

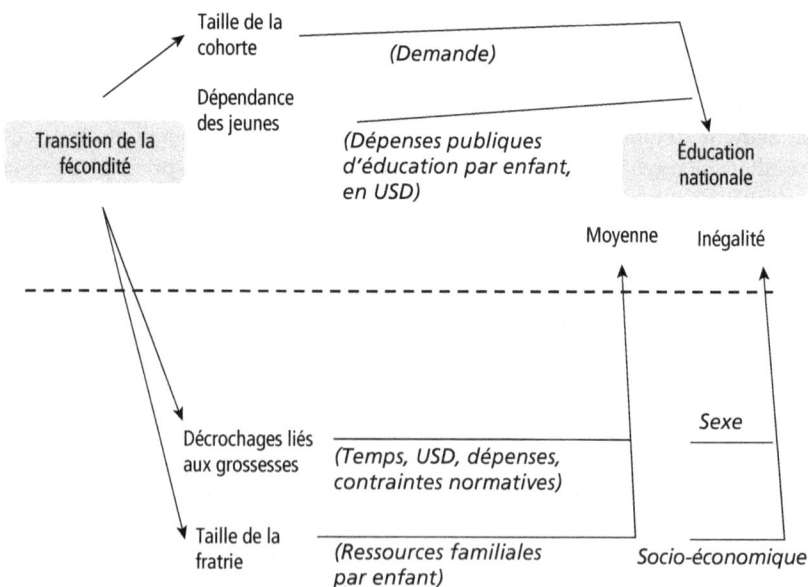

Source : Eloundou-Enyegue, 2013.

stimuler la scolarisation avant que le vieillissement de la population ne fasse ressentir (Bloom, Canning et Sevilla, 2003). La diminution de la taille absolue des cohortes constitue un autre mécanisme au niveau macro (Flinn, 1993), sans être toutefois applicable au cas de l'Afrique subsaharienne étant donné que l'inertie démographique des chiffres élevés de fécondité continuera à y produire de grandes cohortes.[2]

Au niveau micro économique, les transitions de la fécondité se traduisent par une réduction de la taille moyenne des familles et de la proportion d'enfants nés dans de très grandes familles. Moins d'enfants sont alors soumis à aux fortes contraintes de ressources auxquelles sont confrontées ces familles, et ce changement de composition améliore mécaniquement les résultats nationaux de scolarisation (Knodel et Wongsith, 1991 ; Knodel, Havanon et Sittitrai, 1990). Toujours au niveau micro, le retardement de l'âge de la première maternité va réduire l'incidence de décrochages liés aux grossesses. Cela pourrait relever le niveau d'éducation des femmes dans les pays où ces décrochages sont fréquents.

Eloundou-Enyegue (2013) offre un examen détaillé des nombreuses influences entre fécondité et éducation et résume la riche littérature existante tout en explorant les différences et les complémentarités entre publications. Les gains amenés par les processus macro bénéficient à l'ensemble des familles quelles que soient les implications directes de ces changements tandis que les processus micro bénéficient principalement aux familles et individus participant à la transition. Ces deux processus illustrent la complémentarité entre réponses privées et publiques.

Le dividende d'éducation est la résultante des influences propres à ces deux voies. Dès lors, le dividende aura tendance à être plus important, à comporter plus de facettes, mais aussi aussi à être complexe, que s'il était l'effet obtenu par un seul facteur. Étant donné que certains mécanismes affectent de façon prépondérante la scolarisation moyenne alors que d'autres concernent principalement les inégalités en termes de scolarisation, il existe une tension entre les plein effets d'une transition de la fécondité sur ces deux points.

Taille de la fratrie

La réduction de la taille des fratries est le facteur explicatif conventionnel des effets de la transition de la fécondité sur la scolarisation. Il repose sur le postulat qu'une fécondité élevée diminue les ressources parentales par enfant. Par ailleurs, les filles sont souvent retirées du système scolaire afin qu'elles s'occupent de leurs cadets et une forte fécondité a ainsi un effet négatif sur leur scolarité. Les petites familles ont plus de ressources par enfant, et cela a un effet positif sur les résultats scolaires (Blake, 1981, 1989). Bien que l'argument semble intuitif, il a été contesté à plusieurs titres, notamment les économies d'échelle réalisées par les familles, l'hétérogénéité spécifique à l'Afrique dans la structure et la définition des familles, les généralisations abusives et le risque d'erreurs écologiques.

Il est judicieux de résumer les preuves des effets de taille de fratrie chronologiquement pour tenir compte des améliorations régulières de méthodologie sur la durée de ces recherches. Les premières études en Afrique ont eu des résultats plus mitigés faisant état de corrélations non significatives ou même positives non significatives ou même positives (Tchernichovsky, 1985 ; DeLancey, 1990 ; Gomes, 1984). Des efforts ultérieurs ont affiné les mesures de la taille de la fratrie. Ces améliorations ont porté notamment sur la prise en compte de la discrimination par ordre de naissance et par sexe et de la polygamie et fécondité hors mariage en différenciant la progéniture de chacun des partenaires conjugaux. D'autres études ont utilisé des données historiques pour évaluer la dépendance temporelle de la taille de la fratrie (Eloundou-Enyegue et Williams, 2006 ; Lloyd et Gage-Brandon, 1994). Dans leur ensemble, ces études révèlent de grandes inégalités dans les effets de la taille de la fratrie au niveau même de la famille. Leurs résultats confirment et affinent les conclusions antérieures en révélant une variation interne : la réduction de la taille a des effets plus importants sur les aînés de sexe féminin, les enfants provenant de ménages dont le chef de famille est un homme ou dont l'accès à l'aide de réseaux de parenté est limitée (Case, Paxson et Ableidinger, 2004 ; Lloyd et Gage-Brandon, 1994). Les études tenant compte de la variabilité dans le temps rapportent aussi des effets de taille de fratrie plus importants que les études transversales.[3]

La série d'études suivante traitait de l'endogénéité de la fécondité et de la scolarisation en utilisant des protocoles de recherche améliorés : modèles d'estimation en deux étapes ou des méthodes à variables instrumentales (naissances de jumeaux, composition par sexe des naissances précoces ou non désirées) (Black, Devereux et Salvanes, 2005, Conley et Glauber, 2006 ; Kuepie et Tenikue, 2012). Ces études ont trouvé des effets, négatifs, de la taille de la fratrie sur la réussite scolaire dans les paramètres de développement même si ces effets étaient plus faibles que ceux trouvés en utilisant des méthodes d'estimation plus simples (Black, Devereux et Salvanes, 2005 ; Conley et Glauber, 2006 ; Desai, 1995). Peu de ces études de pointe concernent cependant l'Afrique subsaharienne. Répondant de manière pertinente à cette lacune, une étude réalisée par Koissy-Kpein, Kuepie et Tenikue (2012) utilise des données recueillies lors d'enquêtes sur la démographie et la santé (EDS) de trente pays africains pour déterminer comment les naissances non désirées récentes affectent l'entrée à l'école et les décrochages. Sur un an, les effets sur le décrochage de cette fécondité exogène sont significatifs et, comme le soulignent les auteurs, peuvent devenir très importants au fil du temps de part leur nature cumulative.

Les estimations au niveau micro des effets sur la taille de la fratrie, bien que rigoureuses, ne peuvent valablement se substituer à des estimations macro parce qu'elles ne combinent pas ces effets chez tous les enfants et ne prennent pas en compte les contraintes de ressources nationales dans l'enseignement public. Knodel et ses collègues (Knodel et Wongsith, 1991, Knodel, Havanon et Sittitrai,

1990) ont initié des efforts pour montrer comment les effets composés dépendent de la distribution de la baisse de fécondité sur les sous-populations. Les effets composés dépendent aussi des changements parallèles qu'ils engendrent. D'importants effets ne se traduisent pas nécessairement par des dividendes importants si la transition de la fécondité est conduite par des groupes socio-économiques favorisés ou est accompagnée par des changements défavorables dans la structure de la famille ou encore si les effets de taille de la fratrie décline à l'échelle nationale au cours de la transition (Eloundou-Enyegue et Giroux, 2013).

Grossesse précoce

La grossesse précoce est le second facteur théorique d'influence : les grossesses non désirées poussent les filles à abandonner l'école de manière prématurée donc la, la réduction des grossesses chez les adolescentes augmente les taux de réussite des filles dans l'enseignement. Les mécanismes de son action, comme pour le facteur de dilution, sont mises en question. Des inquiétudes portent sur la fiabilité des rapports sur les décrochages et les questions relatives aux règlements, au climat et au calendrier de scolarisation.

Les efforts pour déterminer s'il y a ou non causalité ont utilisé des méthodes d'historique prenant en compte la performance scolaire avant la grossesse, mais aussi la possibilité d'un retour à l'école des jeunes mères après la naissance d'un enfant. Ces méthodes tiennent parfois compte d'un problème de longue date : les corrélations associant fécondité juvénile et niveaux de scolarité atteints par les femmes ne seraient que le reflet des désavantages économiques des adolescentes les pauvres (Grant et Hallman, 2008 ; Madhavan et Thomas, 2005). Le taux de décrochage lié à une grossesse peut servir à en mesurer l'impact potentiel, mais cet indicateur est faible car il faudrait aussi tenir compte du moment où interviennent les grossesses et du fait que, déjà grossesses exclues, les filles abandonnent l'école plus fréquemment que les garçons. Les tables de vie scolaires permettent l'intégration des données sur l'incidence, le moment et les causes du décrochage lors de l'intégration des effets. Grâce aux précisions apportées de temps et motifs des décrochages, ces tables peuvent aussi être utilisées dans des simulations d'impact de réduction des abandons liés à la grossesse (Lloyd et Mensch, 2008).[4]

Les décrochages liés à la grossesse sont courants dans les pays africains. Dans une étude de 2007 dans vingt-trois pays, la grossesse représentait, en moyenne, 17,7 % des décrochages d'étudiantes de niveau secondaire (Eloundou-Enyegue et Stoke, 2004). C'était la principale cause de décrochage en République centrafricaine (37 %), au Mozambique (25,8 %) et en Afrique du Sud (36,1 %), ainsi que la seconde cause principale dans six autres pays : Cameroun (22 %), Gabon (29,8 %), Kenya (30,8 %), Ouganda (28 %) et Zambie (25,9 %). À partir des tables de vie scolaires, on a pu simuler l'impact des abandons liés à la grossesse sur les disparités entre les sexes en matière de niveaux de scolarité atteints.

Pour quelques pays (Cameroun, Gabon et Kenya), réduire les abandons liées à la grossesse pourrait contribuer à éliminer ces inégalités. Ces réductions ne sont pas nécessaires en Afrique du Sud, car l'écart y a déjà été comblé, et elles seraient sans effet dans d'autres pays (tels que le Bénin, le Niger et le Tchad), où la scolarisation des filles connaît des obstacles plus fondamentaux. Les résultats ventilés par pays mettent en évidence des impacts plus forts dans les pays en phase intermédiaire des transitions de la fécondité et de l'éducation, y compris là où la fécondité juvénile n'est pas normativement élevée ou là où les niveaux de scolarité atteints par les filles sont bas et que les grossesses n'y sont pas à elles seules un obstacle à leur éducation. De telles réductions ne sont donc réellement importantes que lorsque l'âge canonique du mariage et de la première maternité intervient pendant l'âge normal des études.

Toutefois, ces conclusions sont datées. Une étude de suivi, menée par Lloyd et Mensch (2008), semble montrer que les décrochages liés à la grossesse seraient moins courants. Cela, ajouté au doute sur la réalité du lien même de causalité, conduit à penser que la réduction de la grossesse juvénile ne produirait aujourd'hui qu'un modeste dividende d'éducation.

Ces analyses d'historiques montrent qu'une grande prudence est requise dans l'interprétation de la corrélation entre niveau d'instruction et grossesse juvénile. Le lien de causalité peut être mis en doute lorsque les futures mères étaient déjà en situation d'échec scolaire ou lorsque certaines jeunes mères retournent à l'école après avoir donné naissance (Grant et Hallman, 2008). En somme, la grossesse juvénile est plus préjudiciable sur la scolarité lorsque les familles sont les moins favorables à l'éducation des filles et là où les systèmes scolaires expulsent les élèves enceintes ou limitent le retour à l'école des jeunes mères. L'effet est moindre dans les premières et dernières phases de la transition de la fécondité étant donné que les revenus et les situations sont alors très variables. Cet effet ne se fait donc sentir que dans les phases intermédiaires.

Structure par âge

Bien que la taille des fratries et la grossesse juvénile fournissent des explications plausibles des relations entre fécondité et éducation, la structure par âge est néanmoins le facteur le plus spécifique de matérialisation du dividende d'éducation. Comme le montre le graphique 3.4, la structure par âge est le point départ d'une suite de phénomènes : la baisse de fécondité affecte d'abord la dépendance des jeunes (1), puis la dépendance « réelle » des jeunes (2), qui à son tour va augmenter les ressources d'éducation publique disponibles par enfant (3), et finalement les résultats scolaires (4).[5]

Ce cadre simple offre trois perspectives intéressantes. Tout d'abord, il fait ressortir les différentes étapes et leurs contraintes particulières : niveaux de mortalité infantile, niveaux de mortalité des adultes, cadence de la baisse de la fécondité ; prévalence du travail des enfants et du chômage ; performance économique nationale, priorités budgétaires ; réalité effective des politiques scolaires.

Ce cadre peut être utilisé pour identifier précisément l'étape ou les étapes où le processus de réalisation du dividende patine. Le calcul de coefficients bruts de conversion à chaque étape du processus permet de dégager ces résultats. Par exemple, si un pays donné voit son ISF baisser de 15 % entre 1975 et 1990, et que ce changement est suivi quinze ans plus tard d'un déclin de 10 % de son taux de dépendance réel, alors le coefficient de conversion de la première étape est de 0,67 (10/15). En règle générale, les coefficients positifs et élevés indiquent une conversion efficace tandis que les coefficients positifs et faibles indiquent une conversion moins efficace – des coefficients négatifs indiquent quant à eux un résultat contre-productif. Il est ainsi possible de repérer les goulots d'étranglement par pays. Ces analyses détaillées permettent d'expliquer pourquoi certains pays ne parviennent pas à obtenir un dividende d'éducation en dépit d'une fécondité fléchissante.

Analyse de décomposition : évolution démographique et ressources scolaires par enfant

Tout changement dans les ressources d'éducation par enfant peut se décomposer suivant trois facteurs : le revenu par habitant, la part des ressources nationales consacrées à l'éducation et le taux de dépendance des jeunes. Une telle décomposition est utile car elle permet de comprendre comment ces changements se répercutent dans le temps. L'analyse des dépenses d'enseignement public sur la période 1990–2010 sur vingt-neuf pays d'Afrique subsaharienne montre qu'elles varient considérablement d'un pays à l'autre (Eloundou-Enyegue, 2013).

Les transitions de la fécondité pourraient donc à la fois accroître les ressources allouées à l'éducation et creuser les inégalités entre pays en matière d'éducation. Des disparités similaires apparaissent au sein même des pays lorsque la transition de la fécondité débute dans les classes moyennes urbaines. Si ces tendances devaient se prolonger, un cycle d'auto-renforcement pourrait apparaître entre scolarisation et diminution de la fécondité. Compte tenu des effets de la scolarisation sur la fécondité (Bledsoe et al., 1998 ; Bongaarts, 2003 ; Kravdal, 2002), le dividende d'éducation initial de l'Afrique pourrait engendrer de nouvelles baisses de la fécondité. Le cycle peut être « vertueux » dans la mesure où il alimente en continu l'amélioration des niveaux moyens d'éducation. Néanmoins, il pourrait aussi bien comporter un élément plus « vicieux » si la disparité des gains en matière de scolarisation renforcent la tendance actuelle à la concentration de la fécondité parmi les groupes socio-économiques les plus défavorisés. Le défi consiste à tempérer le cycle de divergence tout en renforçant le cycle de la croissance de la scolarisation moyenne.

Pourquoi certains pays ne parviennent-ils pas à obtenir des gains importants en matière de dépenses publiques par enfant ? Le cadre présenté dans le graphique 3.4 permet d'identifier les goulots d'étranglement spécifiques à chaque pays. Sur l'ensemble de l'Afrique subsaharienne, la fécondité a baissé d'environ 10 % entre 1975 et 1990. Cela se traduit, quinze ans plus tard, par une baisse de 10 % de la dépendance des jeunes, une diminution de 9 % de la dépendance « réelle » des jeunes, une augmentation de 60 % des ressources scolaires par enfant et un accroissement de 41 % du nombre d'inscriptions scolaires (Eloundou-Enyegue et Giroux, 2013). En moyenne, l'ensemble de ces mécanismes ont fonctionné de manière efficace pour la région au cours de cette période.[6]

Ce n'est pas le cas pour les pays pris individuellement : la plupart d'entre eux ont connu une étape contre-productive sur leur trajectoire de réalisation d'un dividende d'éducation généré par des changements dans la structure par âge (graphique 3.3). La dépendance réelle des jeunes a été le goulot d'étranglement le plus fréquent (12 cas), suivi de la transition de la fécondité (5 cas), des ressources scolaires par enfant (5 cas), puis de la structure par âge (3 cas). Seule la Somalie comptait plus d'une étape problématique. Les ressources par enfant (étape 4) ne constituaient donc pas le problème le plus fréquent – la plupart des pays pourraient mobiliser davantage de ressources et obtenir ainsi de meilleurs résultats, quoique évidemment pas toujours avec la même efficacité. Bien sûr, l'étape 4 pourrait très bien s'avérer plus problématique à des stades ultérieurs de la transition. Les pouvoirs publics doivent donc

Graphique 3.4 Trajectoire de réalisation d'un dividende d'éducation généré à travers des changements dans la structure par âge

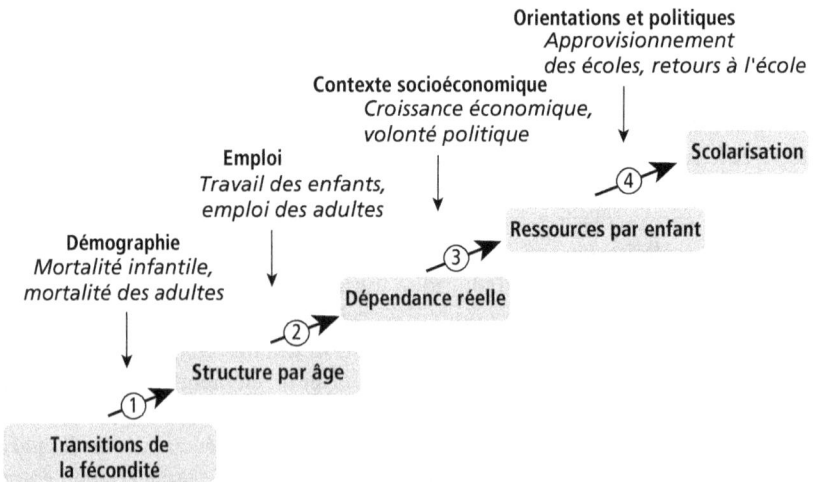

Source : Eloundou-Enyegue, 2013.

commencer par initier le déclin de la fécondité pour réorienter plus tard leurs ressources pour faire en sorte que la faible dépendance des jeunes se traduise par des ressources par enfant plus élevées. Enfin, dans une dernière étape, ces ressources devront être réorientées pour améliorer les résultats finaux en matière d'éducation.

En théorie, les transitions de la fécondité peuvent améliorer le niveau d'éducation en Afrique subsaharienne par ces quatre chemins à la fois. Conformément à cette attente, de fortes corrélations existent entre les taux nationaux de fécondité et les résultats de base en matière d'éducation. Certaines de ces corrélations persistent quand les analyses sont étendues aux variables correspondantes. Par exemple, la baisse de la fécondité dans les deux dernières décennies est corrélée avec des gains en matière de ressources publiques d'éducation par élève. Les corrélations transversales multi-pays ne sont pas pour autant matière à preuve convaincante. Les chercheurs redoublent d'efforts pour répondre aux problèmes de causalité, d'agrégation et de généralisation – fléau de ce domaine de recherche.

Politiques pour récolter les dividendes scolaires prometteurs de l'Afrique

Le dividende d'éducation de l'Afrique est non seulement probable mais *déjà* visible dans quelques pays précurseurs. Les voies les plus plausibles pour obtenir un dividende sont les changements dans la structure d'âge et la taille des fratries. Les effets cumulatifs des évolutions dans la structure par âge et de la taille des fratries vont conduire à l'amélioration de la scolarisation moyenne dans les pays qui réussiront à réaliser une transition à la fois large et rapide.

Malgré l'incapacité d'établir un lien de causalité, les conditions préalables et les conditions d'un dividende d'éducation sont de mieux en mieux compris. Les conditions suivantes comprennent les caractéristiques des transitions elles-mêmes ainsi que celles de l'environnement contextuel :

- *Caractéristiques de la transition.* Quand il s'agit de réaliser un dividende lié à la taille des fratries, les transitions doivent être largement réparties plutôt que conduites par les groupes socio-économiques les plus favorisés. Elles doivent aussi être accompagnées par des évolutions favorables au niveau de la famille, et notamment en termes de ressources (présence et emploi des parents) et de leur affectation aux enfants (participation des femmes aux décisions budgétaires). De même, la réalisation d'un dividende lié à la dépendance des jeunes requiert une transition régulière et rapide qui dégage de façon nette une période de faible dépendance des jeunes. Ces transitions requièrent également des progrès continus en matière de survie des adultes, et tout particulièrement des mères.

• *Caractéristiques contextuelles.* Les dividendes liés à la taille des fratries ne peuvent avoir lieu que si les retours sur les investissements scolaires sont suffisants. Les dividendes liés à la structure par âge requièrent quant à eux des conditions économiques favorables et un réel engagement politique dans le temps en matière d'éducation. L'analyse détaillée de cette trajectoire possible met en évidence que, parmi les pays dont la fécondité a notablement diminué depuis 1990, l'obstacle le plus fréquent se situe au niveau de la capacité à traduire une baisse de dépendance des jeunes en une augmentation parallèle des dépenses par élève. Cela s'explique peut-être par des conditions économiques défavorables.

La sécurisation d'un dividende national n'est pas le seul défi qui se pose : il s'agit aussi de veiller à éviter de creuser les inégalités. De manière transversale, les inégalités en matière de dépenses publiques ont augmenté de 12 % depuis 1990. Dans la plupart des pays africains qui ont mené des EDS après 2000, les taux de fécondité des groupes les moins favorisés sont au moins deux fois plus élevés que ceux des groupes les plus aisés. En l'absence de mesures correctrices, le dividende élargira probablement les inégalités de scolarisation entre les pays et au sein des pays.

Néanmoins, il est possible d'envisager un cycle d'auto-renforcement pour l'Afrique dans lequel les premiers dividendes de scolarisation stimulerait plus avant la baisse de fécondité, les prolongeant ainsi. Ce scénario est le plus plausible quand l'effort déployé pour la qualité de l'enseignement s'intensifie et que les retombées de l'éducation sont importantes. En effet, malgré une forte hausse du chômage parmi les diplômés et de nouveaux doutes sur les retombées individuelles de l'éducation (Boyle, 1996), de nombreuses familles urbaines ont accru leurs investissements en matière d'enseignement privé, de tutorat et d'autres dépenses discrétionnaires pour renforcer le capital humain des enfants (Boyle, 1996 ; Buchmann, 2001). Les adolescents et les jeunes adultes préfèrent des familles plus petites et ont une propension à réduire leur fécondité et à opter pour la « qualité » plutôt que la « quantité » dans leurs choix en matière d'enfants (Casterline, 2009).

Ces deux tendances laissent présager un cercle vertueux dans le développement de la scolarisation. Toutefois, ce cycle dépendra aussi de facteurs politiques et économiques. Les pays qui connaissent les plus fortes augmentations de dépenses publiques par enfant (460 USD en moyenne) ont pu y arriver grâce à un dosage équilibré de réduction de la dépendance des jeunes (39 %), de croissance économique (36 %) et d'implication politique dans l'éducation (25 %). Ces facteurs de niveau macro demeureront essentiels, tout comme les facteurs d'ordre familial : structure familiale, discrimination filles-garçons dans l'affectation des investissements d'éducation et le contrôle des ressources domestiques par les femmes.

La perspective de ce cercle vertueux est assombrie par le spectre d'un cercle vicieux d'inégalité tout aussi probable. Comme déjà noté, la propension à investir dans la qualité de l'éducation et à réduire la fécondité est plus élevée dans les classes moyennes urbaines. La non-reproduction intergénérationnelle de l'inégalité repose sur le fait que d'autres groupes leur emboîte le pas. Sur ce point, les statistiques récentes de la fécondité soulèvent des inquiétudes. La plupart des vingt-trois pays ont ratio d'au moins 2:1 entre la fécondité des groupes défavorisés et celle des classes aisées. Alors qu'une partie de cet écart corresponde à des besoins non satisfaits de planification familiale, le reste tient pour partie au fait que les pauvres ont tendance à privilégier stratégiquement pour des familles plus larges, plutôt que plus petites et mieux dotées, dans l'idée de réduire l'incertitude économique dans laquelle ils sont tenus.

Il est difficile de légiférer ou d'agir par des mesures politiques sur certaines de ces conditions, mais une bonne partie d'entre elles se prêtent au moins indirectement à l'influence politique. Pour baisser la fécondité, il est possible d'investir dans des programmes qui répondent à la demande pour la limitation de la fécondité, tout particulièrement chez les femmes pauvres, jeunes et rurales. Tout retard dans le début de la transition modèlera l'inertie démographique et la nature de la participation des femmes dans l'élaboration des budgets familiaux, y compris les investissements dans l'éducation des enfants. Pour améliorer le taux de survie maternel, il faut agir sur les facteurs principaux, à savoir le report et l'espacement des naissances, ainsi que les soins de santé prénataux. Pour améliorer les retombées des investissements en éducation, il est possible de renforcer les standards éducatifs et accroître les avantages attachés à l'éducation sur le marché du travail, tout en s'attachant à atténuer les inégalités de ressources qui empêchent les familles pauvres d'investir autant que les autres dans leurs enfants. Veiller à maintenir ou accroître le niveau des investissements publics dans l'éducation peut aussi s'avérer utile. Au-delà de ces investissements directs dans l'éducation, des investissements indirects dans la santé maternelle et dans des programmes de planification familiale ciblant les adolescentes ainsi que les femmes pauvres des zones rurales pourront aider à faire en sorte que le cercle vertueux de la scolarisation l'emporte. Les choix politiques doivent évidemment être faits en fonction des situations spécifiques des pays, en sachant que le graphique 3.4 pourra apporter des éclairages sur les goulots d'étranglement principaux et la chronologie des interventions à mener.

Notes

1. Les taux de scolarisation dans le secondaire sont calculés en divisant le nombre d'enfants inscrits par le nombre d'enfants en âge d'y être scolarisés. Ces chiffres peuvent être surestimés du fait des enfants redoublants ayant un âge supérieur à l'âge habituel pour ces classes.

2. Pour l'Afrique subsaharienne, bien que le taux de fécondité ait baissé de 21 % et que la part de la population âgée de 0 à 14 ans ait baissé de 4 % entre 1990 et 2010, la taille absolue de cette tranche d'âge a augmenté de 63 %. Sur cette période, la taille des cohortes de jeunes n'a diminué que dans une poignée de petits pays (Cap-Vert, Maurice et Seychelles).

3. Eloundou-Enyegue et Williams (2006) constatent que les enfants dont la taille de la fratrie a été estimée à 7 au moment de l'enquête ont, en fait, l'expérience d'une moyenne de la taille de la fratrie de 6,17, avec des valeurs annuelles allant de 2 à 10. L'étude montre également que ne pas considérer ces variations dans le temps conduit à sous-estimer légèrement les effets de la taille de fratrie.

4. Les simulations des effets de la réduction des décrochages liés à la grossesse sur les disparités entre les sexes en matière de scolarité peuvent être basées sur une formulation des disparités entre les sexes.

5. Une distinction est faite entre la dépendance « démographique » des jeunes (le ratio d'enfants âgés de 0 à 14 ans sur le nombre de personnes en âge de travailler, ayant entre 15 à 64 ans) et la dépendance « réelle » des jeunes (ratio du nombre d'enfants à charge sur le nombre d'adultes qui travaillent). Les enfants à charge ne sont qu'un sous-ensemble des enfants dans les pays où le travail des enfants et les ménages dirigés par des enfants sont monnaie courante. Les adultes qui travaillent sont également un sous-ensemble de la population totale en âge de travailler.

6. Les baisses de l'indice synthétique de fécondité sont associées a une diminution de la dépendance démographique des jeunes (+1,02), laquelle s'accompagne d'une diminution de la dépendance réelle des jeunes (+0,89), laquelle s'accompagne elle-même de l'amélioration des ressources par enfant (+6,58), et à son tour de l'augmentation du nombre d'inscriptions scolaires (+0,68).

Références

Banque mondiale. 2013. *Indicateurs du développement dans le monde (WDI) 2013*. Washington, DC : Banque mondiale.

Black, S., P.J. Devereux et K.G. Salvanes. 2005. "The More the Merrier? The Effect of Family Composition on Children's Education." *Quarterly Journal of Economics* 120 (2): 669–700.

Blake, J. 1981. "Family Size and the Quality of Children." *Demography* 18 (4): 421–42.

———. 1989. *Family Size and Achievement.* Berkeley : University of California Press.

Bledsoe, C. H., J. B. Casterline, J. A. Johnson-Kuhn et J. G. Haaga, 1998. *Critical Perspectives on Schooling and Fertility in the Developing World*. Washington, DC : National Academies Press.

Bloom, D. E., D. Canning et J. Sevilla. 2003. *The Demographic Dividend: A New Perspective on the Economic Consequences of Population Change*. Population Matters Monograph MR-1274. Santa Monica, CA : RAND Corporation.

Bongaarts, J. 2003. "Completing the Fertility Transition in the Developing World: The Role of Educational Differences and Fertility Preferences." *Population Studies* 57 (3): 321–35.

Boyle, P. M. 1996. "Parents, Private Schools, and the Politics of an Emerging Civil Society in Cameroon." *Journal of Modern African Studies* 34 (4): 609–22.

Buchmann, C. 2001. "Getting Ahead in Kenya: The Role of Shadow Education and Social Capital in Adolescents' School Success." Annual Meeting of the Population Association of America. Washington, DC, 2001: 31.

Case, A., C. Paxson et J. Ableidinger. 2004. "Orphans in Africa: Parental Death, Poverty, and School Enrollment." *Demography* 41 (3): 483–508.

Cassen, R. 1994. *Population and Development: Old Debates, New Conclusions.* New Brunswick, NJ : Transaction Publishers.

Casterline, J. B. 2009. "Fertility Desires and the Prospects for Fertility Decline in Africa." Présenté à la réunion annuelle de la Population Association of America, Detroit, 30 avril au 2 mai 2009.

Chernichovsky, D. 1985. "Socioeconomic and Demographic Aspects of School Enrolment and Attendance in Rural Botswana." *Economic Development and Cultural Change* 33 (2): 319–32.

Conley, D. et R. Glauber. 2006. "Parental Educational Investment and Children's Academic Risk: Estimates of the Impact of Sibship Size and Birth Order from Exogenous Variation in Fertility." *Journal of Human Resources* 41 (4) : 722–37.

DeLancey, V. 1990. "Socio-Economic Consequences of High Fertility for the Family." In *Population Growth and Reproduction in Sub-Saharan Africa*, édité par G. Acsadi, G. Johnson Acsadi et R. Bulatao. Washington, DC : Banque mondiale.

Desai, S. 1995. "When Are Children from Large Families Disadvantaged? Evidence from Cross-National Analyses." *Population Studies* 49 (2): 195–210.

Eloundou-Enyegue, P. M. 2013. "A Demographic Dividend for Africa's Schooling? Theory and Early Evidence." Document de référence sur lequel s'appuie cette publication, Banque mondiale Washington, DC.

Eloundou-Enyegue, P. M. et S. C. Giroux. 2013. "Schooling Dividends from Fertility Transitions. Early Evidence for Sub-Saharan Africa, 1990–2005." *Journal of Children and Poverty* 19 (1): 21–44.

Eloundou-Enyegue, P. M. et C. S. Stokes. 2004. "Teen Fertility and Gender Inequality in Education: A Contextual Hypothesis." *Demographic Research* 11 (art. 11): 305–34.

Eloundou-Enyegue, P. M. et L. B. Williams. 2006. "Family Size and Schooling in Sub-Saharan African Settings: A Reexamination." *Demography* 43 (1): 25–52.

Flinn, C. J. 1993. "Cohort Size and Schooling Choice." *Journal of Population Economics* 6 (1): 31–55.

Gomes, M. 1984. "Family Size and Educational Attainment in Kenya." *Population and Development Review* 10 (4): 647–60.

Grant, M. J. et K. K. Hallman. 2008. "Pregnancy-Related School Dropout and Prior School Performance in KwaZulu-Natal, South Africa." *Studies in Family Planning* 39 (4): 369–82.

Hanushek, E. A. 1992. "The Trade-Off between Child Quantity and Quality." *Journal of Political Economy* 100 (1): 84–117.

Knodel, J. et M. Wongsith. 1991. "Family Size and Children's Education in Thailand: Evidence from a National Sample." *Demography* 28 (1): 119–31.

Knodel, J., N. Havanon et W. Sittitrai. 1990. "Family Size and the Education of Children in the Context of Rapid Fertility Decline." *Population and Development Review* 16 (1): 31–62.

Koissy-Kpein, S. A., M. Kuepie et M. Tenikue. 2012. "Fertility Shock and Schooling." CEPS/INSTEAD Working Paper 2012–12, Centre for Population, Poverty, and Public Policy Studies, Luxembourg. http://ideas.repec.org/p/irs/cepswp/2012–12.html.

Kuepie, M. et M. Tenikue. 2012. "The Effect of the Number of Siblings on Education in Sub-Saharan Africa: Evidence from a Natural Experiment." CEPS/INSTEAD Working Paper 2012–28, Centre for Population, Poverty, and Public Policy Studies, Luxembourg.

Kravdal, Ø. 2002. "Education and Fertility in Sub-Saharan Africa: Individual and Community Effects." *Demography* 39 (2): 233–50.

Lloyd, C. B. et A. Gage-Brandon. 1994. "High Fertility and Children's Schooling in Ghana: Sex Differences in Parental Contributions and Educational Outcomes." *Population Studies* 48 (2): 293–306.

Lloyd, C. B. et P. C. Hewett. 2003. *Primary Schooling in Sub-Saharan Africa: Recent Trends and Current Challenges.* New York : Population Council.

Lloyd, C. B. et B. S. Mensch. 2008. "Marriage and Childbirth as Factors in Dropping Out from School: An Analysis of DHS Data from Sub-Saharan Africa." *Population Studies* 62 (1): 1–13.

Madhavan, S. et K. Thomas. 2005. "Childbearing and Schooling: New Evidence from South Africa." *Comparative Education Review* 49 (4): 452–67.

Mason, A., R. Lee, A.-C. Tung, M.-S. Lai et T. Miller. 2009. "Population Aging and Intergenerational Transfers: Introducing Age into National Accounts." In *Developments in the Economics of Aging*, édité D. A. Wise. Chicago : University of Chicago Press.

Schultz, T. P. 2009. "How Does Family Planning Promote Development? Evidence from a Social Experiment in Matlab, Bangladesh, 1977–1996." Yale University, Economic Growth Center, New Haven, CT.

Chapitre 4

Effets économiques du dividende démographique

Le concept de dividende démographique a été développé à l'origine pour expliquer les liens entre la transition démographique et la croissance économique. La littérature sur le sujet s'est principalement penchée sur les résultats économiques. L'évolution démographique a un impact direct sur l'économie grâce à l'effet de la structure par âge sur l'offre de main d'œuvre et l'effet de l'épargne cumulée sur les ménages et l'investissement public. Ce chapitre décrit brièvement les tendances de la performance économique récente de l'Afrique et examine les liens entre la fécondité et la structure d'âge, d'une part, et l'épargne cumulée, d'autre part. Un modèle servant à identifier les moyens par lesquels la baisse de fécondité affecte la croissance économique. Celui-ci est basé sur des données du Nigeria qui simulent la croissance économie et les résultats de développement dans un scénario central où la fécondité diminue lentement. Ce chapitre se termine en suggérant des politiques visant à récolter le dividende économique de la transition de la fécondité.

Tendances de la performance économique récente de l'Afrique

La croissance et la performance économique globale de l'Afrique subsaharienne dans les années 1970 et 1980 ont été décevantes pour diverses raisons et ont été décrits comme une « tragédie de la croissance » (Easterly et Levine, 1997). Il existe de nombreuses explications à la mauvaise performance économique de l'Afrique dans le passé : son passé colonial, son histoire conflictuelle et sa géographie (Sachs et Warner, 1997), sa diversité ethnique et linguistique (Easterly et Levine 1997 ; Montalvo et Reynal-Querol, 2005), la malédiction des ressources (Sachs et Warner, 1995) et le manque de capital social (Temple, 1998) ont toutes eu un impact important.

Cependant, il y a aussi des raisons d'être optimiste, comme en témoignent les publications récentes telles que « Lion on the Move » (McKinsey Global

Graphique 4.1 Croissance du PIB et du PIB par habitant en Afrique subsaharienne (1965–2010)

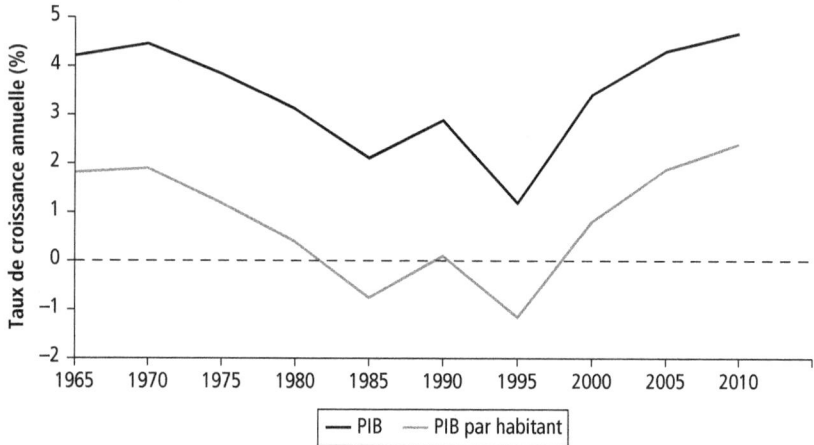

Source : Cho et Tien, 2013.
Note : Échantillon équilibré de 29 pays. PIB = Produit Intérieur Brut. Chaque période va du 1er juillet de la première année au 30 juin de la dernière année.

Institute, 2010), « The Sun Shines Bright » (Economist, 2011) et « African Growth Miracle » (Young, 2012). Après une période de croissance lente, la performance économique de l'Afrique a pris de l'essor cette dernière décennie (graphique 4.1), et les récents rapports prédisent avec prudence que la croissance va continuer (voyez FMI, 2012). Est-ce une baisse à court terme ou un changement fondamental ? S'il s'agit de cette dernière explication, ce pourrait être le début d'une amélioration à long terme de la performance économique et de la croissance qui pourraient fournir des emplois pour les prochaines grandes cohortes en âge de travailler.

Quels sont les facteurs qui ont contribué à la croissance économique récente de l'Afrique ? Comme le montre le graphique 4.2, trois éléments fournissent des indices sur le redressement économique qui a lieu depuis le milieu des années 1990 : la part de la population en âge de travailler a augmenté, le montant de capital par travailleur a fortement augmenté, en particulier de 2005 à 2010, et la productivité globale des facteurs (PGF) a fortement augmenté (Arbache et Page, 2010). Bien que l'éducation et la structure d'âge étaient favorables à la croissance (Cho et Tien, 2013), leurs effets sont lents et n'expliquent pas suffisamment l'essor actuel. Pour mieux comprendre les raisons de cet essor, il faudra regarder le taux d'investissement, les flux de capitaux et les progrès technologiques.

La croissance économique est étroitement liée à l'investissement public, sous réserve que les pays gèrent leur dette de manière durable. Pour cette raison, les investissements publics dans les infrastructures sont souvent utilisés pour

Graphique 4.2 Décomposition du PIB par habitant en Afrique subsaharienne (1960–2010)

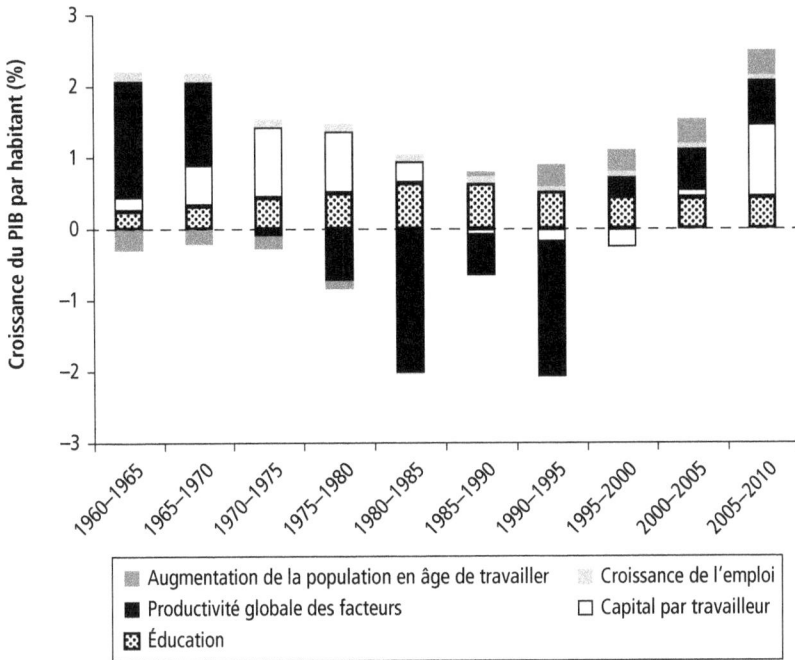

Source : Cho et Tien, 2013.
Note : α = 0,33 ; β = 0,67 ; γ = 0,1. Moyenne de 32 pays d'Afrique subsaharienne, présentée par périodes de cinq ans avec les chiffres annualisés. PIB = Produit Intérieur Brut. Chaque période va du 1er juillet de la première année au 30 juin de la dernière année.

stimuler l'économie et promouvoir la croissance (Buffie et al., 2012). Cependant, compte tenu de leurs niveaux élevés de la dette et de l'espace budgétaire limité, les pays africains n'ont pas eu la possibilité d'utiliser l'investissement public pour stimuler l'économie et l'investissement privé a joué un rôle plus important que l'investissement public dans l'investissement global. Cela est peut-être en train de changer, puisque les pays ont peu de dettes, un environnement fiscal plus solide, des économies en général plus saines et de plus importants recettes tirées des ressources naturelles depuis la fin des années 2000.

Au début des années 1990, l'investissement a augmenté en Afrique subsaharienne tandis que l'épargne y est restée pratiquement inchangée (graphique 4.3, tableau a).[1] En 2010, l'investissement a représenté 23 % du produit intérieur brut (PIB), principalement en raison des flux financiers internationaux, à savoir l'investissement direct étranger (IDE), l'aide publique au développement (APD), les envois de fonds par les migrants et le solde de la balance commerciale (exportations nettes).

Graphique 4.3 Écart entre l'épargne et les investissements et source des entrées de capitaux en Afrique subsaharienne (1980–2000)

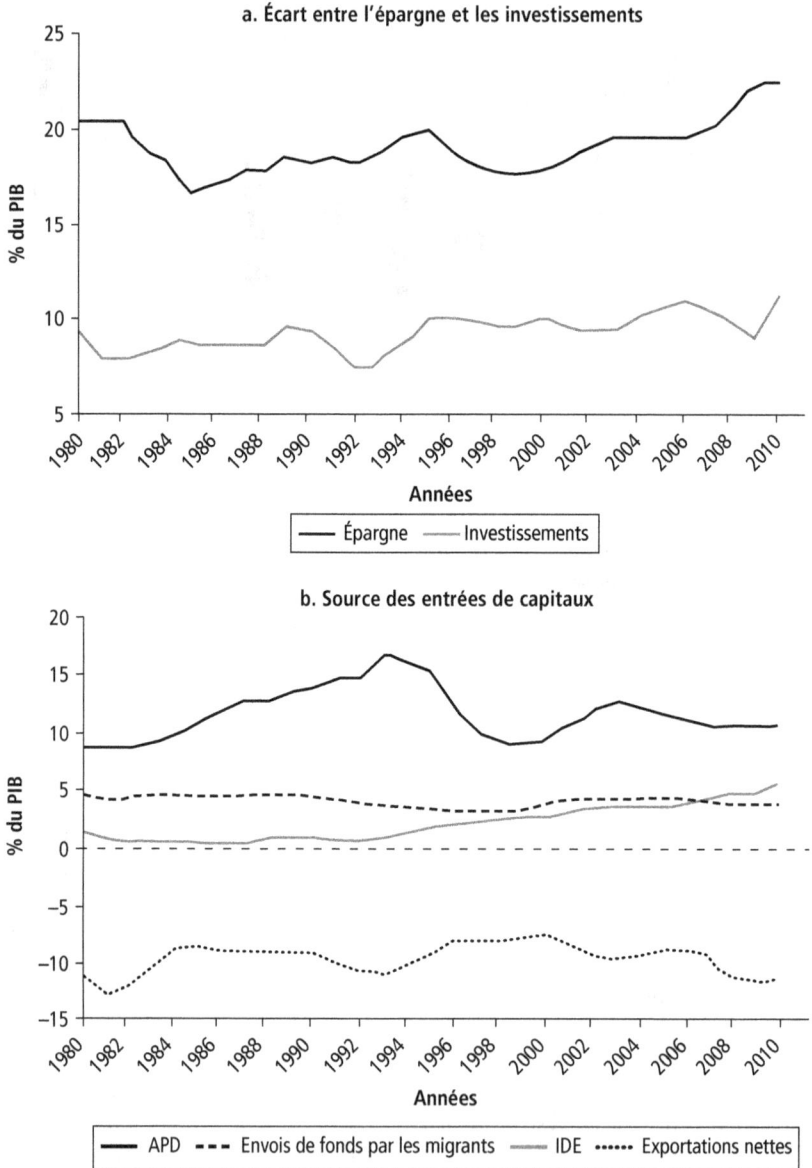

a. Écart entre l'épargne et les investissements

b. Source des entrées de capitaux

Source : Cho et Tien, 2013.
Note : PIB = produit intérieur brut ; APD = aide publique au développement ; IDE = investissement direct étranger.

Il est largement admis que les ressources jouent un rôle essentiel pour attirer des capitaux dans la région. Cela intervient principalement du fait d'IDE dans l'extraction de ressources et dans les activités exportatrices du fait de la hausse des cours des matières premières et de l'amélioration des termes de l'échange depuis la fin des années 1990. Les pays riches en ressources naturelles (pétrolières et non pétrolières) ont bénéficié d'une hausse des IDE mais c'est aussi le cas des pays pauvres en ressources naturelles (Graphique 4.4), ce qui suggère que la présence de ces ressources naturelles n'est pas la seule explication de l'augmentation des entrées de capitaux. La nature des IDE est importante parce qu'elle affecte la probabilité que les investissements produiront des emplois et parce que des emplois bien rémunérés pour les cohortes nombreuses de jeunes sont une condition essentielle de la captation des retombées économiques de la transition démographique.

Enfin, la région a obtenu des gains substantiels de la PGF du fait que les principaux secteurs générateurs d'emplois sont désormais à forte productivité et du fait d'une plus grande stabilité politique (Lewis, 1954). La productivité est généralement considérée comme plus faible dans l'agriculture que dans les autres secteurs bien que la croissance de la PGF puisse avoir lieu même sans transformation structurelle.[2] Si la corrélation est effectivement imparfaite,

Graphique 4.4 Part des IDE dans le PIB dans les pays d'Afrique subsaharienne, par statut en matière de ressources naturelles (1980–2010)

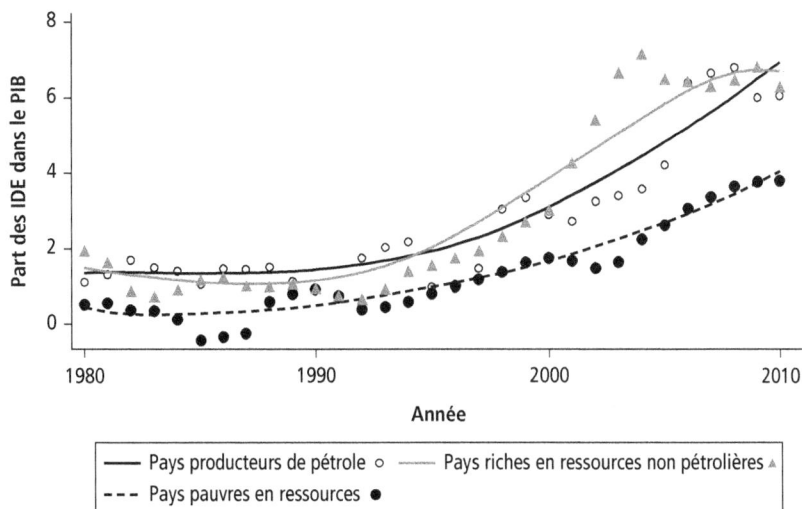

Source : Cho et Tien, 2013.
Note : Basé sur 30 pays d'Afrique subsaharienne, à l'exclusion de deux cas atypiques : le Tchad (exportateur de pétrole) et le Lesotho (non exportateur de pétrole) ; les tracés sont issus d'une régression locale (LOESS). IDE = investissement direct étranger ; PIB = produit intérieur brut.

la transformation structurelle semble être associée à la croissance de la PGF. Cette transformation a été lente en Afrique jusqu'au milieu des années 1990, et la contribution de l'agriculture, de l'industrie et des services au était alors relativement stable. Cependant, depuis le milieu des années 1990, la part de l'agriculture a nettement baissé tandis que celle de l'industrie a augmenté au moment où la population a commencé à devenir de plus en plus urbanisée.

Bien que la transition démographique n'ait joué qu'un petit rôle dans l'essor de l'économie de l'Afrique à ce jour, n'aurait-elle pas le potentiel pour générer des emplois et de l'épargne pour les pays d'Afrique et de ce fait engranger une croissance économique durable ? Ce sujet est débattu dans les deux prochaines sections.

Effets positifs sur l'emploi

L'évolution démographique affecte l'économie à travers la structure par âge et la participation au marché du travail. La croissance économique est stimulée par l'augmentation de la quantité de facteurs de production utilisés pour la production ou l'augmentation de la productivité de ces de facteurs de production et le travail est l'un des facteurs les plus importants dans le processus de production, représentant environ les deux tiers de l'ensemble de la production réalisée (Hall et Jones, 1999).

Cependant, la plupart des modèles de croissance économique considère un nombre fixe de travailleurs par habitant. Et en effet, la proportion de la population active étant au plus égale à 1 (lorsque l'ensemble de la population travaille), augmenter la part de la population qui travaille ne peut pas renforcer la croissance sur le *très* long terme. Il existe néanmoins des variations importantes de la part de la population qui travaille au fil du temps, et ces variations peuvent avoir des impacts significatifs sur les taux de croissance du PIB. Par exemple, la part de la population qui travaille a fortement augmenté en Asie de l'Est au cours des quarante dernières années. Cet accroissement de l'offre de travail, combiné à l'augmentation des facteurs de productivité que sont le capital physique et le capital humain (par opposition à l'augmentation de la productivité globale des facteurs) constitue la source principale de la croissance économique et du développement asiatique qu'on associe au miracle économique asiatique (Young, 1995).

L'augmentation de la part de la population qui travaille provient essentiellement de deux sources. La première d'entre elles est le changement de la structure par âge de la population, laquelle détermine la proportion de personnes en âge de travailler dans la population totale. La seconde source est le changement du taux de participation au marché du travail. Si les taux de participation des hommes ont tendance à être uniformément élevés au fil du temps, les taux de participation des femmes peuvent fluctuer considérablement, ce qui peut conduire à des changements rapides dans le nombre de travailleurs et par conséquent de la production par habitant.

Le cumul des forces démographiques peut également affecter la productivité des travailleurs. Une augmentation de la taille globale de la population active peut réduire la quantité de terres disponibles et le stock de capital par travailleur, baissant ainsi la productivité. Dans le long terme, une pénurie de capitaux peut être corrigée par l'investissement ; toutefois, ce n'est pas le cas de la terre cultivable. En outre, si la taille d'une cohorte de jeunes affecte son niveau de scolarisation par exemple, une plus grande cohorte de jeunes recevant moins de ressources et d'attention éducative, cette accumulation de capital humain plus pauvre peut nuire à sa productivité lorsque la cohorte entre dans la population active.

Effet de la structure par âge

La structure par âge influe sur l'économie de la façon suivante : si des comportements spécifiques à l'âge restent stables, le comportement global dépendra du nombre de personnes dans chaque classe d'âge. Ainsi les modes de consommation, de travail et les revenus du travail présentent des schémas spécifiques liés à l'âge qui sont relativement stables au fil du temps et entre les pays et les économies (le graphique 4.5 compare ainsi le Kenya et Taïwan en Chine), ce qui rend les effets directs de changements dans la structure par âge assez prévisibles. En Afrique par exemple, la consommation est supérieure aux revenus du travail jusqu'à un âge de 20 ans environ et à partir de la soixantaine, et la consommation en matière d'éducation est plus élevée pour les jeunes tandis que la consommation en matière de santé est supérieure pour les personnes âgées (graphique 4.6).

L'évolution démographique a l'incidence la plus directe sur l'économie à travers l'effet de la structure par âge sur l'offre de main d'œuvre (graphique 4.7).

Graphique 4.5 Revenus salariaux et consommation par habitant au Kenya et à Taïwan en Chine, par âge (1994)

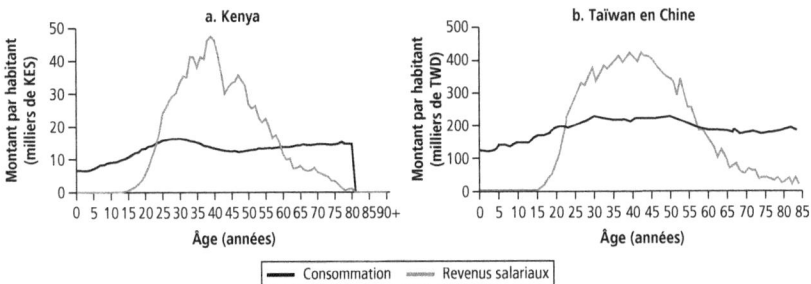

Source : Comptes de transfert nationaux (http://www.ntaccounts.org/web/nta/show).

Graphique 4.6 Consommation par âge en Afrique du Sud (2005)

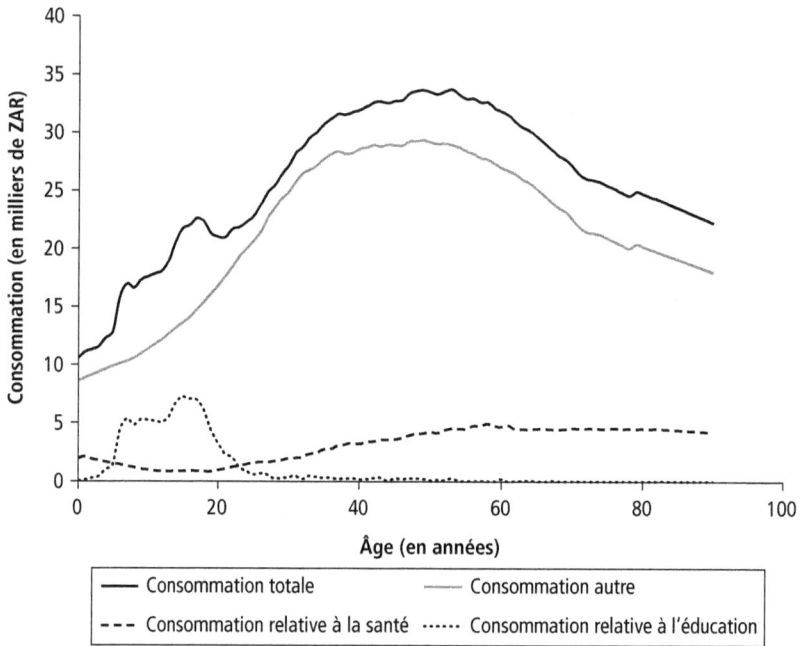

Source : Oosthuizen, 2013.

Graphique 4.7 Ratio de la population en âge de travailler (ayant entre 15 et 64 ans) sur la population dépendante et l'indice synthétique de fécondité en Afrique (2010)

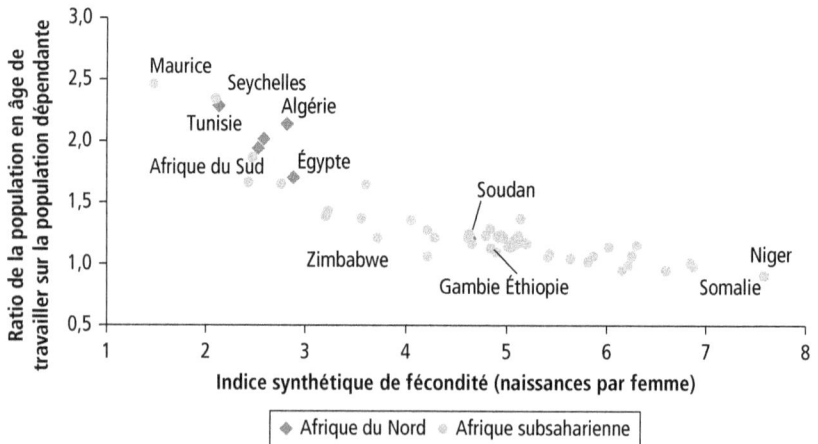

Source : Pradhan et Canning, 2013.

Ici, la tranche de la population en âge de travailler est habituellement définie comme la population âgée de 16 à 64 ans, bien qu'elle soit souvent plus limitée dans la pratique. Dans les pays ayant des taux de fécondité élevés, le niveau de dépendance des jeunes est élevé—le ratio de la population en âge de travailler sur le nombre de personnes dépendantes est d'environ 1. Comme la fécondité diminue, le taux de dépendance baisse et le ratio de la population en âge de travailler sur le nombre de personnes dépendantes augmente. Lorsque la fécondité est au seuil de renouvellement des générations, soit 2,0 enfants par femme, il y a environ 2,5 travailleurs par personne dépendante. Parallèlement, si la production par travailleur reste constante, une augmentation de la part de la population en âge de travailler de 1,0 travailleur par dépendant à 2,5 travailleurs par dépendant entraînerait une augmentation de 43 % du revenu par habitant.

Effet de la taille de la cohorte et emploi des jeunes

À mesure que le rapport entre la population en âge de travailler et la population dépendante augmente, le nombre absolu de jeunes travailleurs qui entrent sur le marché du travail augmente lui aussi, ce créant ainsi de larges cohortes de jeunes. Le fait de naître dans une cohorte nombreuse, ce que l'on appelle une génération surpeuplée, peut entraîner une réduction de salaires et conduire à un chômage de grande échelle chez les jeunes (Korenman et Neumark, 2000). Toutefois, en Afrique subsaharienne, il est plus probable qu'un grand nombre de jeunes travailleurs soient obligés de travailler dans des secteurs à faible productivité, à savoir l'agriculture et les entreprises familiales informelles. Les afflux massifs de jeunes sur le marché du travail informel compliquent la tâche qu'ont les pays en développement de générer les investissements nécessaires pour pousser à l'industrialisation. Beaucoup de jeunes arrivent précocement sur le marché du travail, typiquement comme apprentis dans des emplois indépendants ou en tant qu'aides dans les entreprises familiales. Les filets de sécurité sociaux sont peu fréquents, ce qui, étant donné les faibles salaires, signifie que les revenus sont très faibles. L'enjeu majeur de la réalisation du dividende géographique est de s'assurer que les populations ont des emplois productifs et bien rémunérés. Bien que peu de recherches soient réalisées sur les pays en développement, les données concernant les pays avancés tendent à montrer que les situations initiales défavorables se traduisent généralement pas des impacts négatifs qui peuvent persister pendant une bonne partie de l'âge adulte (Gindling et Newhouse, 2014 ; Welch, 1979), d'où la possibilité que, si les membres des cohortes importantes sont défavorisés lorsqu'ils sont jeunes, ils auront des revenus inférieurs une fois entrés sur le marché du travail.

Le présent chapitre utilise des données sur l'emploi et la population tirées de diverses sources appartenant à la Banque mondiale pour analyser la relation entre la taille de la cohorte et quatre types de résultats pour l'Afrique subsaharienne sur la période allant de 1990 à 2010.[3] Ces quatre résultats à l'étude sont : l'activité principale, la fréquentation scolaire, le secteur d'activité et le statut professionnel. L'activité principale se divise en trois catégories : employés, chômeurs ou inactifs. Les jeunes inactifs âgés de 15 à 24 ans sont ensuite répartis en élèves inactifs et en non-élèves inactifs. Des informations fiables sur le nombre d'heures travaillées n'étant pas disponibles, l'analyse utilise la définition standard de l'Organisation internationale du travail, laquelle définit le fait d'avoir un travail comme le fait d'avoir travaillé au moins une heure au cours des sept jours précédents. La fréquentation scolaire est examinée séparément étant donné que les jeunes qui travaillent pendant leurs études sont considérés comme des travailleurs.

Le secteur d'activité est divisé entre l'agriculture, les services et l'industrie. L'agriculture est en général le secteur présentant la plus faible productivité et tend à être associée à des résultats sur marché du travail moins bons que le secteur industriel et des services. L'indicateur final est le statut professionnel, lequel inclut les travailleurs non rémunérés, les travailleurs indépendants les salariés et les employeurs.

Comme cela est illustré dans le graphique 4.8, la taille de la cohorte des jeunes varie considérablement entre grands pays africains. Même si les cohortes de jeunes sont en hausse en Éthiopie et au Nigeria, la croissance démographique a commencé à baisser au Kenya et en Afrique du Sud. Toutefois, les taux de naissance étant élevés, les cohortes de jeunes continueront à s'accroître dans un avenir proche dans de nombreux pays d'Afrique (graphique 4.9).

Graphique 4.8 Taille de la cohorte de jeunes (ayant entre 15 et 24 ans) dans quelques pays d'Afrique subsaharienne (1960–2010)

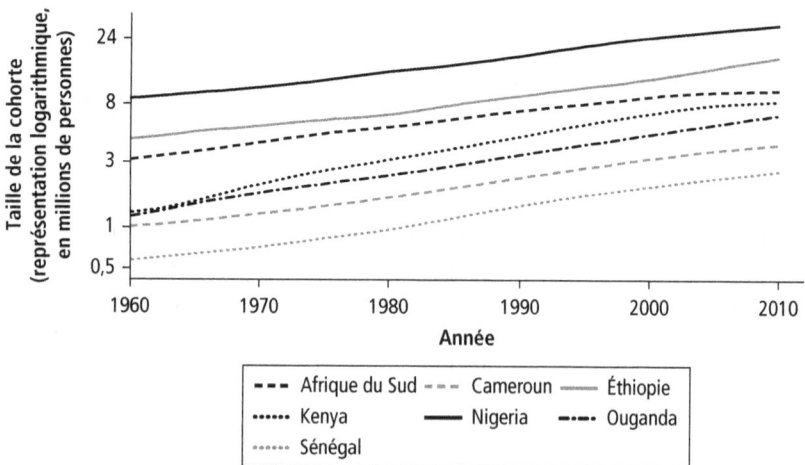

Source : Newhouse et Wolff, 2013b.

Graphique 4.9 Croissance projetée de la population de jeunes ayant entre 15 et 24 ans en Afrique subsaharienne, en Chine et en Inde (1950–2050)

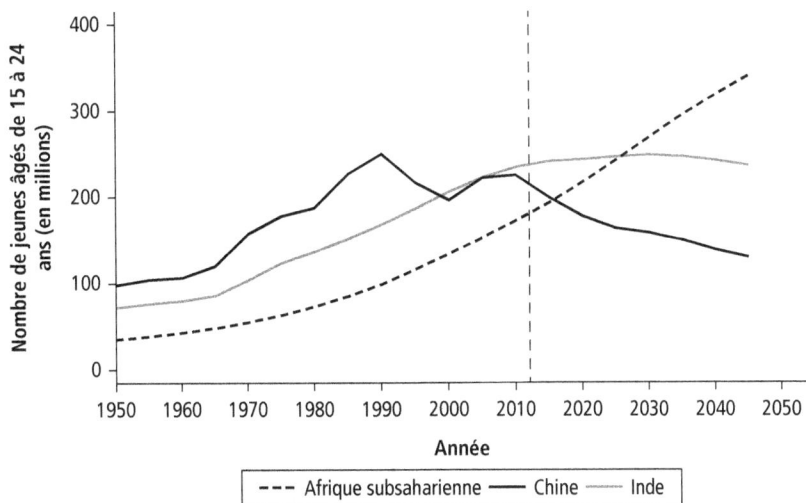

Source : Newhouse et Wolff, 2013b.

Les situations sur le marché du travail sont aussi très disparates. Ainsi, la proportion de jeunes travailleurs âgés de 15 à 24 ans varie entre les 5 % de l'Afrique du Sud et les 80 % du Cameroun. La plupart des jeunes travaillent dans le secteur agricole ou en tant que travailleurs non rémunérés ou indépendants, mais les pays africains les plus riches comme Maurice et l'Afrique du Sud ont une proportion nettement plus élevée de travailleurs salariés que les pays plus pauvres. Le statut professionnel et le secteur d'activité constituent de véritables corrélats pour la qualité du travail, étant donné que les personnes travaillant dans le secteur agricole ou en tant que travailleurs non rémunérés ou indépendants ont tendance à exercer des métiers de faible productivité ou mal rémunérés (O'Higgins, 2001 ; Banque mondiale, 2009).

Comment la variation de la croissance démographique explique-t-elle la variation des situations sur le marché du travail ? Les pays dans lesquels la population connaît une croissance plus lente ou a diminué ont enregistré des reculs modérés en matière d'emploi des jeunes. En particulier, une diminution de 10 % de la taille de la cohorte est associée à une réduction de 2,5 % de la proportion des jeunes qui travaillent. Compte tenu du nombre restreint de pays dans l'échantillon, l'effet ne peut toutefois être estimé de façon précise. Des hausses considérables de l'emploi— de 5 points de pourcentage—restent dans la marge d'erreur. Toutefois, la réduction modérée de la proportion de travailleurs dans les cohortes moins nombreuses ne semble pas se traduire par une augmentation des taux de fréquentation scolaire.

Pour les personnes qui travaillent, une baisse de 10 % de la taille de la cohorte n'est associée à pratiquement aucun changement de la proportion des personnes exerçant des emplois rémunérés ou de la proportion des travailleurs dans le secteur agricole. Les cohortes moins nombreuses semblent être associées à un léger report d'emplois industriels sur des emplois de services, mais il est difficile de savoir si, ou dans quelle mesure, ce report bénéficie aux travailleurs.

Enfin, le lien entre la taille de la cohorte et les résultats en matière d'emploi ne devient pas plus solide avec une cohorte plus âgée : la relation entre la taille de la cohorte et l'activité principale est en fait plus faible pour les personnes de 25 à 34 ans qui ont déjà terminé leurs études qu'elle ne l'est pour les jeunes. Les cohortes moins nombreuses sont associées à une plus faible proportion de travailleurs d'âge moyen, mais le résultat n'est pas statistiquement significatif.

Les deux groupes d'âge les plus jeunes (15–19 ans et 20–24 ans) réagissent différemment à des baisse de la taille de la cohorte, avec des effets plus importants sur la fréquentation scolaire, en partie parce qu'une proportion plus importante de jeunes fréquente plus l'école secondaire que l'université (tableau 4.1). Pour les personnes de 15 à 19 ans, une réduction de 10 % de la taille de la cohorte est associée à une baisse de 6 points de pourcentage de la proportion de jeunes fréquentant l'école ; pour les jeunes âgés de 20 à 24 ans, elle est associée à une baisse de 2,4 points de pourcentage uniquement, mais l'estimation est plus précise.

Tableau 4.1 Effet d'une baisse de 10 % de la taille de la cohorte sur l'emploi des jeunes âgés de 15 à 19 ans et de 20 à 24 ans en Afrique subsaharienne (2008–2011)
évolution en points de pourcentage

Indicateur	Jeunes âgés de 15 à 19 ans	Jeunes âgés de 20 à 24 ans
Participation au marché du travail		
Étudiant ou inactif	5,6	−1,1
Travailleur	−5,7	0,2
Chômeur	0,1	0,9*
Type de travail		
Salarié	−1,3	0,3
Non rémunéré	3,9	−0,3
Indépendant	−2,6	0,0
Secteur d'activité		
Agriculture	+0,7	+0,1
Industrie	−1,6	−4,0**
Services	+0,9	+3,9**
Fréquentation scolaire	−6,0*	−2,4**

Source : Newhouse et Wolff, 2013b.
*p <0,10, **p <0,05.

De façon globale, l'on ne peut guère dire autre chose que les jeunes des cohortes moins nombreuses semblent moins susceptibles de fréquenter l'école.

Il existe peu d'éléments montrant que les jeunes africains des cohortes moins nombreuses sont plus susceptibles de travailler ou, s'ils travaillent, qu'ils ont plus tendance à exercer des emplois salariés ou non agricoles, lesquels ont tendance à être plus productifs. Par ailleurs, au fur et à mesure que les travailleurs prennent de l'âge, les effets de la taille de la cohorte diminuent jusqu'à globalement disparaître pour les personnages âgées de 35 à 44 ans. Cela laisse à penser que, pour les cohortes moins nombreuses, les effets négatifs d'une réduction de la fréquentation scolaire sont moins importants.

Naturellement, la taille de la cohorte est déterminée par des facteurs qui peuvent également influencer les résultats sur le marché du travail. Par exemple, les conditions du marché du travail constituent un facteur clé de migration, laquelle a des conséquences sur la taille de la cohorte à un instant « t ». En outre, la taille de la cohorte est affectée par les taux de mortalité infantile, lesquels ont aussi un rapport avec les situation de travail. Les résultats ont été recoupés et validés en examinant la relation entre la taille de la cohorte à la naissance, laquelle n'est pas endogène de cette façon, et les situations résultantes sur le marché du travail. Il existe peu de différences dans les situations résultantes quand l'on part de la taille de la cohorte à la naissance plutôt que l'âge au moment d'entrer sur le marché du travail.

Identifier les différents moyens par lesquels la taille des cohortes affectent les situations résultantes sur le marché du travail est une question importante et difficile à quantifier. Les ménages décident d'avoir des enfants sur la base d'un ensemble de facteurs dont leurs conditions économiques et sociale et le rythme de développement économique. Il est donc possible que la relation entre la taille des cohortes et les situations sur le marché du travail soit en partie marquée par les effets des différents rythmes de développement. Par exemple, le Botswana et Maurice se sont développés rapidement, ce qui pourrait avoir réduit la fécondité à un moment où leurs économies en pleine expansion créaient des emplois productifs. La taille d'une cohorte de jeunes dépend cependant de la fécondité vingt ans avant son arrivée sur le marché du travail. Au final, la complexité du processus de développement peut signifier que les facteurs affectant la fécondité dans le passé peuvent avoir des répercussions sur la création d'emploi actuelle.

Ces effets pourraient également refléter l'impact des investissements en capital humain qui découlent des changements de fécondité. Un nombre réduit d'enfants permettrait aux ménages d'accroître les investissements par enfant et la taille de la cohorte à la naissance peut influer sur l'importance des investissements publics d'éducation et de santé qui sont réalisés par enfant, si les dépenses publiques totales dans ces domaines ne s'ajustent pas pleinement à la taille des cohortes (ce qui se produit rarement en pratique). Les enfants des cohortes moins nombreuses peuvent donc recevoir des investissements moins importants en matière de santé et d'éducation, les rendant ainsi moins compétitifs sur le marché du travail et ce désavantage persiste jusqu'à l'âge adulte. Bien qu'en théorie les cohortes de jeunes moins nombreuses permettent un niveau d'investissement par enfant plus élevé, dans certains cas, les chocs exogènes— par exemple les famines—peuvent réduire la fécondité et augmenter la mortalité infantile. Ce types de chocs peuvent réduire la taille d'une cohorte de jeunes et avoir des effets négatifs à long terme sur le développement physique et cognitif de cette cohorte, réduisant ainsi sa productivité au travail. Les effets sur la taille de la cohorte englobent l'effet du surpeuplement générationnel sur le marché du travail et celui des investissements dans l'enfance.

Effet de la participation des femmes au marché du travail

La théorie économique soutient que les changements en matière de fécondité peuvent avoir des conséquences sur la contribution des femmes sur le marché du travail et ce de nombreuses façons. L'un de ces effets vient d'un effet de spécialisation dans l'éducation des enfants, lequel découle du fait que la responsabilité première de la garde des enfants, tout particulièrement pour les très jeunes enfants, tend à incomber aux femmes (Becker, 1985). Une hausse de la fécondité contraindra les femmes à consacrer une plus grande partie de leur énergie et leur temps à la garde des enfants ; la responsabilité qu'elles ont vis-à-vis des enfants limite le temps que les mères peuvent consacrer au travail. En conséquence, une baisse de la fécondité peut accroître l'offre de main d'œuvre féminine en permettant aux femmes de consacrer plus de temps et d'efforts à des activité de marché plutôt qu'à élever leurs enfants. Le fait d'avoir plus d'enfants peut également augmenter la valeur marginale du temps passé par la mère dans l'éducation et la garde des enfants, ce qui s'ajoute au coût de l'éducation et de la garde des enfants et peut limiter les opportunités des femmes en dehors du domicile – ce phénomène s'appelle l'effet de forte intensité domestique (Lundberg et Rose, 2000).

En outre, l'éducation des enfants peut avoir des effets dynamiques de sentier sur le travail. Les salaires reflètent en partie l'expérience de travail donc le fait de se retirer du marché du travail réduit l'expérience qu'un travailleur peut accumuler. Cela peut, à son tour, réduire le salaire qui pourra être obtenu, parfois en-deçà du salaire d'acceptation et du coût d'entrée sur le marché du travail et de recherche d'un emploi (Lundberg, Sinha et Yoong, 2010). Par conséquent, l'absence sur le marché du travail prolonge cette même absence, étant donné la baisse de salaires et l'augmentation des coûts de la recherche d'emploi qui en résulte.

Dans tous ces cas, l'offre de main d'œuvre féminine et les revenus subséquents diminuent en réponse à une hausse de la fécondité, et les femmes recherchent alors des emplois à temps partiel ou moins exigeants ou abandonnent entièrement le marché du travail pour répondre aux obligations familiales (Jacobsen, Pearce et Rosenbloom, 1999). Dans le même temps, un revenu supplémentaire peut être nécessaire pour couvrir les coûts liés à la garde et à l'éducation d'un enfant supplémentaire, ce qui implique que l'offre de main d'œuvre féminine peut même augmenter en réponse à la fécondité (Iacovou, 2001). En conséquence, l'effet réel d'un enfant supplémentaire sur l'offre de main d'œuvre féminine dépend de l'ampleur relative de cette substitution concurrente et des effets de revenus.

Le problème d'endogénéité
Sur le plan empirique, il est difficile de mesurer l'impact de la fécondité sur l'offre de main d'œuvre et les revenus des femmes dans la mesure où les décisions sur la fécondité et le comportement en matière d'offre de main d'œuvre sont conjointement des conséquences endogènes du problème d'affectation des ressources des ménages (Barro et Becker, 1989 ; Schultz, 1978, 1990). Ainsi, toute association observée entre la fécondité et soit l'offre de main d'œuvre ou les revenus du travail peut être biaisée et ne pas être interprétée causalement. En particulier, les décisions des femmes en matière de fécondité et d'offre de main d'œuvre peuvent être affectées par d'autres variables, y compris l'éducation, la santé, la composition du ménage, le revenu du mari ou d'autres facteurs socio-économiques ; ne pas prendre en compte ces variables entraînerait des estimations biaisées de l'effet de la fécondité sur l'offre de main d'œuvre.

De plus, il peut s'avérer difficile d'isoler l'effet causal de la fécondité sur le travail des femmes du moment où la fécondité et l'offre de main d'œuvre peuvent être déterminées simultanément et peuvent se renforcer mutuellement par relations de causalité inversée (Browning, 1992 ; Rosenzweig et Schultz, 1985). D'autres facteurs non observés, tels que l'hétérogénéité dans les préférences des couples en matière d'enfants, doivent également figurer implicitement dans les estimations empiriques. Pour ces raisons et d'autres encore, le principal défi réside dans l'élaboration d'une mesure exogène de la fécondité comme moyen d'analyser l'impact de la fécondité sur l'offre de main d'œuvre féminine.

Certaines études ont démontré que les taux de participation des femmes mariées au marché du travail ont connu une hausse et que les taux de fécondité ont diminué dans la plupart des pays développés au cours des dernières décennies. Ces études utilisent un ensemble d'approches, en particulier des méthodes variables instrumentales dans le cas des données transversales, pour corriger l'endogénéité inhérente et identifier l'effet causal de l'évolution de la fécondité sur l'emploi, le travail des femmes et d'autres résultats comportementaux. Par exemple, les études microéconomiques réalisées par Angrist et Evans (1998) et par Rosenzweig et Wolpin (1980) se basent la naissance de jumeaux et sur la composition par sexe des naissances précédentes respectivement sur la comme sources de variation exogène à la fécondité. De même, Iacovou (2001) utilise des données transversales groupées pour démontrer que les effets imprévus de fécondité de la naissance de jumeaux affectent considérablement l'offre de main d'œuvre des femmes au cours des années suivant immédiatement cette double-naissance imprévue même si ces effets s'atténuent au fil du temps. Cela étant, les auteurs constatent que les naissances de jumeaux sont liées à une importante perte de revenus à court terme.

De façon similaire, des changements juridiques ont été utilisés comme des instruments pour agir sur la fécondité. En particulier, Angrist et Evans (1996) ont constaté qu'une baisse de fécondité amenée par les réformes législatives sur l'avortement aux États-Unis ont eu pour conséquence de baisser la fécondité, ce qui a, à son tour, eu pour conséquence d'augmenter la participation des afro-américaines au marché du travail. Des bases factuelles à l'échelle de pays fournies par Bloom et al. (2009) démontrent également que la suppression des restrictions légales sur l'avortement a sensiblement réduit la fécondité et augmenté la participation des femmes au marché du travail ; en moyenne, la naissance d'un enfant réduit la durée de travail de sa mère de près de deux ans sur la durée de sa vie reproductive. Récemment, plusieurs études ont également exploité les disparités dans l'accès à la contraception moderne et à la planification familiale comme variables de substitution de la fécondité. Bailey (2006) a par exemple mis à profit des différences en matière de législation sur l'accès à la pilule contraceptive entre États comme variable de substitution de la fécondité, trouvant un effet positif de la baisse de la fécondité sur l'offre de main d'œuvre féminine aux États-Unis.

À part l'utilisation de méthodes variables instrumentales, certaines études ont tenté de résoudre le problème lié à l'endogénéité en estimant directement les déterminants de la fécondité et de l'offre de main d'œuvre au sein d'un modèle à équations simultanées. Par exemple, Rosenzweig et Schultz (1985) et Schultz (1978) ont élaboré un cadre structurel pour dissocier l'offre de naissances des couples de leur demande de naissances afin d'évaluer l'effet direct d'une fécondité variable sur les décisions relatives à l'affectation des ressources des ménages et l'offre de ménages. Bien que les études produisent différentes estimations paramétriques de l'effet de la fécondité, les deux études démontrent que l'effet des décisions en matière de fécondité sur l'offre de main d'œuvre peut être identifié même lorsque la fécondité est endogène à la décision des femmes de travailler.

Études réalisées dans les pays en développement

Peu d'études ont été menées sur l'impact de la fécondité sur l'offre de main d'œuvre féminine dans des contextes de pays en développement, en particulier en Afrique subsaharienne. Les meilleures preuves de la relation entre la fécondité et l'offre de main d'œuvre proviennent sans doute de Cruces et Galiani (2007), lesquels ont repris le protocole de naissances de jumeaux comme variable instrumentale en Argentine et au Mexique et trouvé des effets comparables à ceux de l'étude réalisée aux États-Unis par Angrist et Evans (1998).

De la même façon, Chun et Oh (2002) se sont basés sur des données transversales issues de la République de Corée et ont approché la fécondité par le biais du sexe du premier enfant pour constater que le fait d'avoir un enfant supplémentaire réduisait la participation de main d'œuvre féminine de près de 28 %. Des enquêtes menées en Indonésie (Kim et Aassve, 2006) et au Maroc (Assaad et Zouari, 2003) se sont servies de l'éducation et de l'âge du mariage des femmes comme variables de substitution de la fécondité et ont obtenu des résultats semblables.

En revanche, Lundberg, Sinha et Yoong (2010) trouvent que la fécondité a peu d'impact sur la participation des femmes au marché du travail à Matlab, au Bangladesh même si les auteurs admettent que la faiblesse de cette corrélation peut être due à un facteur tiers, tel qu'un secteur d'activité, qui pourrait favoriser à la fois des décisions en matière de fécondité et de participation des femmes au marché du travail.

Si la plupart des études dans les pays développés ont trouvé une relation inverse entre la fécondité et l'offre de main d'œuvre féminine, la même relation n'est pas nécessairement vraie en Afrique subsaharienne, sachant que la composition des ménages et la division du travail entre les membres du ménages y sont très différentes de celles qui prévalent dans les pays développés (Westeneng et D'Exelle, 2011). En particulier, dans de nombreux pays africains, les ménages ont tendance à s'étendre bin au-delà de la cellule familiale nucléaire. Lorsque les jeunes adultes trouvent un partenaire, ils continuent souvent à vivre chez leurs parents et ne s'en séparent que lorsque leurs possibilités financières sont suffisantes. De même, des membres de la famille plus âgés pourront rejoindre les ménages de leurs enfants quand ils commencent à devenir plus dépendants du soutien de leurs enfants.

Ces différences dans la composition des ménages sont particulièrement importantes pour les décisions des ménages sur des questions liées au marché du travail les différences dans le nombre d'adultes vivant dans le ménage pouvant expliquer les différences en matière d'offre de main d'œuvre. Par exemple, le fait d'avoir plus d'hommes adultes dans une famille peut diminuer le besoin des femmes de participer au marché du travail. Toutefois, le fait d'avoir plus de femmes adultes peut aider certaines femmes (ainsi que les enfants plus âgés) de la famille à assumer le rôle de « substituts maternels » à l'égard des enfants plus jeunes, ce qui donne la possibilité au reste des femmes de réintégrer le marché du travail (Wong et Levine, 1992). L'effet négatif de la fécondité sur l'offre de main d'œuvre féminine peut diminuer pour chaque enfant supplémentaire (et même s'inverser et devenir positif), selon le nombre d'adultes dans le ménage.

En plus de la taille et de la composition du ménage, il peut également s'avérer important de tenir compte du statut des femmes dans le ménage lorsqu'il s'agit d'identifier leur contribution à l'offre de main d'œuvre. Dans la plupart des contexte de pays développés, la situation matrimoniale ainsi que le temps et le coût liés à la grossesse, à la procréation et à l'éducation des enfants ont ensemble un effet considérable sur l'offre de main d'œuvre féminine (Becker, 1985 ; Westeneng et D'Exelle, 2011 ; Wong et Levine, 1992). Plus spécifiquement, les couples sont plus susceptibles de quitter le ménage parental après le mariage et les carrières des femmes sont souvent interrompues pendant une longue durée après la grossesse et l'accouchement. En Afrique subsaharienne, les couples continuent souvent de vivre chez leurs parents et ont plus tendance à partager les responsabilités de garde et de soins des enfants après l'accouchement. De plus, les femmes ayant récemment fondé leur propre ménage pourraient voir leur participation aux activités génératrices de revenus baisser, du moins au début. Lorsqu'un statut supérieur est attribué à la maternité, les femmes acquièrent toutefois plus de pouvoir de négociation et d'accès aux réseaux sociaux et peuvent éventuellement être capables de consacrer plus de temps au marché du travail.

Les femmes d'Afrique subsaharienne ont tendance à être plus attachées au marché du travail, travaillant moins pendant la mais retournant sur le marché du travail après l'accouchement. Lorsqu'elles donnent naissance, l'impact de cette naissance sur leurs autres enfants et leur propre participation au marché du travail dépend du type de travail qu'elles font et des formes de soutien qu'elles ont pour élever leurs enfants. Étant donné que de nombreuses femmes d'Afrique subsaharienne sont des travailleuses indépendantes ou exercent dans le secteur informel, les mères peuvent souvent être accompagnées de leurs jeunes enfants lorsqu'elles travaillent. Par conséquent, une naissance supplémentaire pourrait ne pas avoir une incidence majeure sur la participation des femmes au marché du travail dans des contextes africains.

En Afrique subsaharienne, bien que le taux moyen de participation de la main d'œuvre soit plus élevé pour les femmes vivant avec un enfant de moins de deux ans que pour celles qui ne vivent pas avec un enfant en bas âge (graphique 4.10, volet a), les femmes vivant avec un jeune enfant sont plus susceptibles de travailler dans l'agriculture ou dans d'autres secteurs informels (graphique 4.10, volet b) et ont moins de chance d'être employées dans un travail salarié (graphique 4.10, volet c). En outre, la participation de la main d'œuvre féminine est plus faible chez les femmes plus scolarisées et ces dernières sont plus susceptibles d'exercer des emplois moins productifs à la suite d'un accouchement. De cette façon, les femmes peuvent continuer à contribuer aux revenus des ménages en prenant les emplois disponibles (des emplois dans l'agriculture ou d'autres secteurs informels) et flexibles (des emplois qui leur permettent d'être des travailleuses indépendantes). Cependant, il est plus probable que le fait d'avoir plus d'enfants favorise une transition de l'équilibre vie professionnelle/vie privée des mères vers la garde d'enfants et ait tendance à les éloigner des activités économiques sur le long terme, ce qui, en retour, réduira aussi leur capacité à réintégrer le marché du travail.

Graphique 4.10 Taux de main d'œuvre féminine en fonction de la fécondité en Afrique subsaharienne (2008–2011)

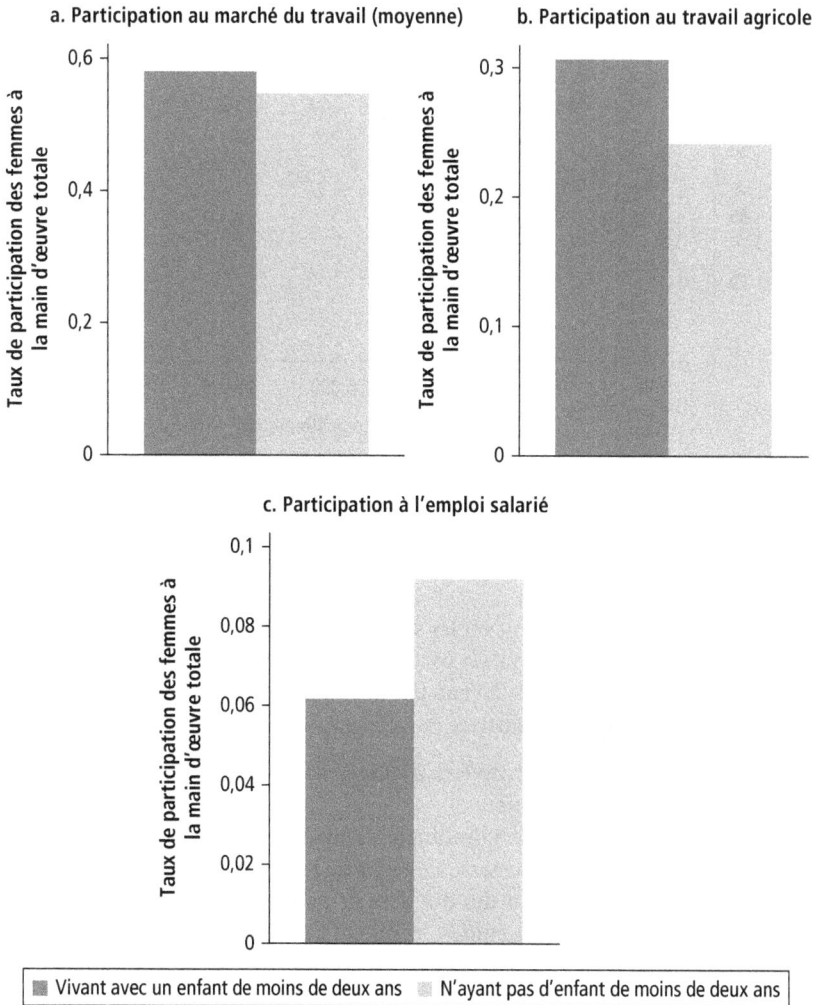

a. Participation au marché du travail (moyenne)

b. Participation au travail agricole

c. Participation à l'emploi salarié

■ Vivant avec un enfant de moins de deux ans   ▨ N'ayant pas d'enfant de moins de deux ans

Source : Newhouse et Wolff, 2013a.

Dans les pays d'Afrique à faible revenu, les femmes contribuent considérablement à la main d'œuvre totale. Cependant, à mesure que les emplois se formalisent, passant par exemple d'une activité agricole informelle à une activité manufacturière formelle, la participation des femmes au marché du travail commence à fléchir malgré l'augmentation du revenu moyen par habitant.

Graphique 4.11 Participation des femmes au marché du travail dans les pays d'Afrique subsaharienne et dans le reste du monde, par PIB et par pays (2011)

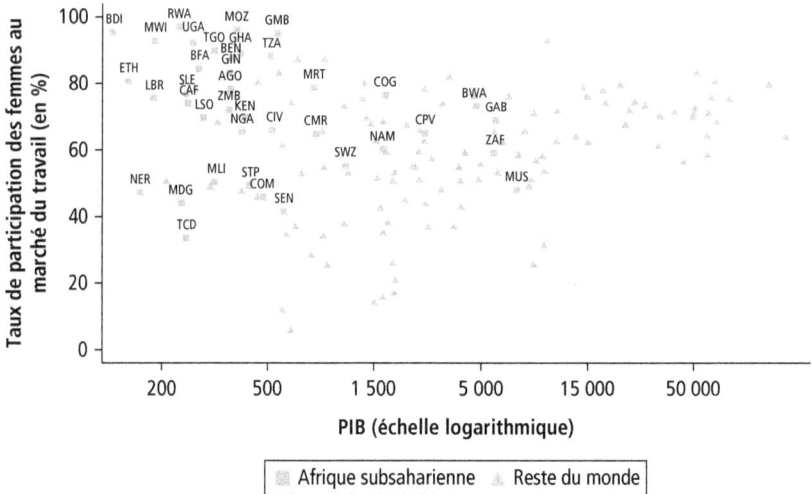

Source : Newhouse et Wolff, 2013a.
Note : PIB = Produit Intérieur Brut.

Toutefois, à partir du moment où les secteurs formels de service commencent à dominer le marché du travail, la participation féminine au marché du travail va augmenter à mesure que le revenu par habitant augmente, formant ainsi une relation en forme de « U », illustrée dans le graphique 4.11 (Goldin, 1994).

Tentatives de résolution du problème d'endogénéité : études réalisées en Afrique du Sud et en Tanzanie

Au travers de deux études longitudinales, David Newhouse et Claudia Wolff ont cherché à vérifier la robustesse de l'effet de la fécondité sur l'offre de main d'œuvre féminine en utilisant des données de panels collectées en Afrique du Sud et en Tanzanie. Dans ces études, les auteurs comparent les situations sur le marché du travail de femmes âgées de 15 à 55 ans ayant eu un enfant au cours des deux dernières années aux femmes qui n'en ont pas eu au cours des deux dernières années, en tenant compte de plusieurs caractéristiques observables.

Dans leur analyse de l'Afrique du Sud, Newhouse et Wolff ont utilisé des données de l'Étude dynamique sur le revenu national de 2008 et 2011, un panel à grande échelle de haute qualité qui a enquêté auprès de plus de 3 000 femmes sud-africaines. Des informations sur les antécédents de travail, l'historique des naissances, le contexte socioéconomique et d'autres contrôles individuels spécifiques (y compris la situation matrimoniale, l'âge et l'éducation) ont été collectées pour chaque femme ; une analyse de régression a été menée pour identifier l'impact du fait de donner naissance au cours des deux dernières années sur la participation des femmes au marché du travail

Les auteurs constatent une baisse considérable de l'emploi des femmes et une hausse correspondante du chômage après la naissance d'un enfant. Les femmes de cet échantillon voient leurs chances d'être employées diminuer de 8 points après la naissance d'un enfant, et celle de ne pas avoir un emploi salarié de 5 points (graphique 4.12). D'après leurs estimations, chaque naissance entraîne une baisse de l'emploi de la mère d'environ huit semaines. Les femmes de l'échantillon ont vu leurs chances d'être inactives (en dehors du marché du travail) augmenter de 7 points après la naissance d'un enfant (graphique 4.13).

Ces constatations portent à croire que le fait d'avoir un enfant est associé à une réduction importante de la participation des femmes au marché du travail en Afrique du Sud. En d'autres termes, l'effet de substitution associé au fait d'avoir un enfant semble dominer l'effet de revenu. Cela est peut être dû au fait que les femmes qui ont un enfant risquent plus de perdre leur travail que celles qui n'en ont pas, en raison du coût d'opportunité élevé des enfants en Afrique du Sud. Cette constatation laisse entrevoir qu'il est peu probable que ces résultats s'appliquent à la plupart des autres pays d'Afrique. Avec un PIB nominal de plus de 384 milliards d'USD, un revenu par habitant de plus de 8 000 USD et une fécondité totale de 2,4 enfants par femme, l'Afrique du Sud est l'une des plus grandes économies d'Afrique et est bien avancée dans la transition démographique (Banque mondiale, 2011b). Contrairement à beaucoup de pays africains,

Graphique 4.12 Estimation de l'évolution du statut professionnel suite à une maternité en Afrique du Sud (2008–2011)

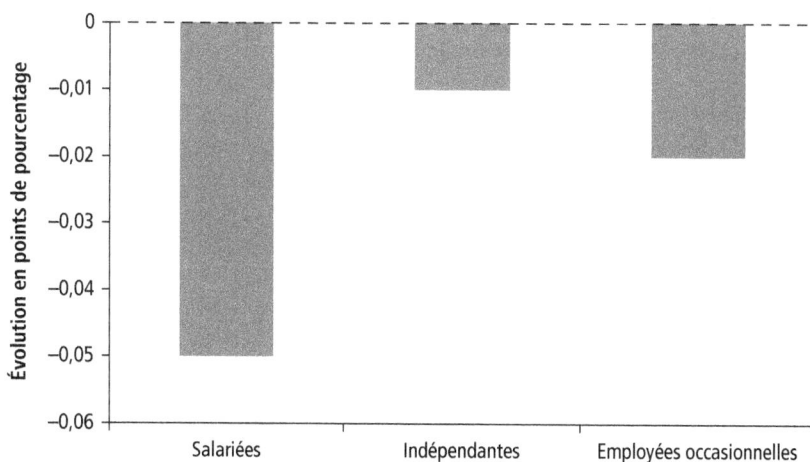

Source : Newhouse et Wolff, 2013a.

Graphique 4.13 Estimation de l'évolution de la participation au marché du travail suite à une maternité en Afrique du Sud (2008–2011)

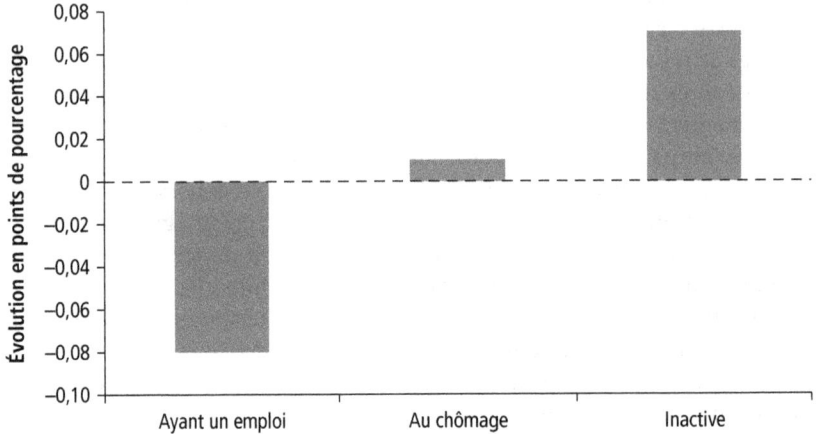

Source : Newhouse et Wolff 2013a.

un très faible pourcentage de la main d'œuvre sud-africaine (seulement 6 % des hommes qui travaillent et 4 % des femmes qui travaillent) travaille dans le secteur agricole. Par ailleurs plus de 60 % des femmes sont soit employées soit inactives, quel que soit le nombre d'enfants qu'elles ont porté. Parmi les autres caractéristiques distinctives de l'Afrique du Sud ont compte sa couverture santé et ses programmes sociaux généreux et la petitesse de son secteur informel.

Dans leur analyse réalisée en Tanzanie, Newhouse et Wolff utilisent les données de l'enquête nationale de panel de Tanzanie de 2008 et 2010, réalisée à plus petite échelle. De la même manière qu'avec l'analyse sud-africaine, les auteurs ont regroupé des informations sur les antécédents professionnels, l'historique des naissances et les caractéristiques des ménages (dépenses, actifs des ménages et consommation par membre de famille) et réalisé une analyse de régression pour identifier l'effet d'une naissance sur la participation au marché du travail chez les femmes tanzaniennes.

Les résultats tanzaniens indiquent également que la naissance d'un enfant contribue à une baisse d'emploi chez les femmes. De plus, le fait d'avoir un enfant réduit faiblement les chances d'une femme d'être salariée ou de travailler à leur propre compte. Toutefois, les estimations de l'analyse sont trop imprécises pour déterminer si l'effet est significatif ou non. Cette imprécision est très probablement la conséquence de la petite taille de l'échantillon, ce qui entraîne une incohérence dans la mesure des paramètres étudiés et d'autres incohérences entre les vagues de données qui sont vraisemblablement induites par des modifications apportées au format du questionnaire et à la conception de l'enquête.

Effets positifs sur l'épargne et l'investissement

En plus des effets positifs sur l'emploi, la transition démographique peut potentiellement accroître les taux d'épargne individuels et nationaux. Au niveau
macroéconomique, des taux d'épargne plus élevés peuvent se traduire par des
niveaux plus élevés d'investissement et par une croissance économique plus
rapide. Au niveau des ménages, cela aboutit également à un niveau plus élevé
d'auto-assurance et de protection du revenu.

La transition démographique accroît généralement les taux d'épargne par
trois moyens principaux. Pour commencer, le revenu par habitant peut progresser avec l'augmentation des ressources publiques et privées dédiées à l'éducation.
Deuxièmement, les taux d'épargne peut devenir positifs lorsque les individus travaillent et ceux-ci culmineront à la mi-carrière (Modigliani, 1990), de façon que
les changements de la structure par âge influent sur les taux d'épargne globaux,
même si les comportements spécifiques par âge restent les mêmes. Troisièmement,
les nouvelles cohortes de travailleurs devraient avoir moins d'enfants et une vie
plus longue que les cohortes plus âgées. Le fait d'avoir moins d'enfants signifie
que les dépenses sur des soins pour les personnes âgées pourraient être reportées
en épargne financière, le rallongement de la durée de vie faisant qu'il y a un plus
grand besoin pour une épargne qui financera la consommation pendant la durée
d'inactivité plus longue de la vieillesse (Schultz, 2004).

Dans quelle mesure ces trois facteurs sont-ils à l'œuvre en Afrique ? Sur la
base de données à l'échelle des ménages et de données macroéconomiques,
l'analyse examine les déterminants de l'épargne dans les pays d'Afrique. En parfaite concordance avec le reste de la littérature sur le sujet, les résultats tendent
à indiquer que le principal indicateur prévisionnel de l'épargne est le revenu
national par habitant. Par conséquent, si le dividende démographique fait augmenter les revenus, l'épargne devrait également connaître une hausse.

Néanmoins, l'Afrique présente peu de signes d'une épargne qui pourrait
suivre la théorie du cycle de vie. En effet, toutes choses étant égales par ailleurs, une augmentation de la proportion de travailleurs en milieu de carrière
(représentée par une baisse du ratio de dépendance des jeunes) n'entraîne pas
une hausse de l'épargne. Les hausses de l'espérance de vie ne semblent pas avoir
un impact significatif sur l'épargne globale, réduisant davantage les éléments
de preuve en faveur d'une théorie d'épargne de cycle de vie. L'Afrique pourrait
tout simplement être trop pauvre pour qu'une telle épargne puisse jouer un rôle
important dans l'accumulation de capital. Toutefois, l'importance de la structure
par âge est susceptible de croître à mesure que les revenus augmentent.[4]

Les données microéconomiques issues des enquêtes auprès des ménages
africains sont moins concluantes. Les données africaines sur le revenu sont
rarement fiables, ce qui rend impossible le calcul de taux précis. L'une des raisons de cette fragmentation est le niveau élevé de l'agriculture de subsistance et

de l'auto-emploi dans les entreprises informelles, ce qui entraîne souvent une sous-estimation de revenus pour les ménages africains. En fait, dans de nombreuses enquêtes auprès des ménages, la majorité des ménages africains déclare des dépenses bien supérieures à leurs revenus (ce qui sous-entend une épargne négative). Alors qu'un ménage peut ainsi réduire ses actifs lorsqu'il subit un choc négatif, la pratique peut ne pas être aussi répandue et persistante que les données le suggèrent – autrement, les ménages auraient des dettes énormes et de plus en plus lourdes, ce que 'on ne peut pas lire dans les données.

Même pour les rares pays africains où les données sur le revenu et la distribution observée de l'épargne semble plus plausible (Malawi, Mozambique et Ouganda), il n'y a pas de relation claire entre l'épargne et la structure par âge. Cependant, l'effet négatif des taux de dépendance des enfants et des jeunes n'est pas toujours significatif. En outre, l'âge du chef de famille ne semble pas affecter les taux d'épargne après avoir contrôle d'autres facteurs susceptibles de jouer un rôle. Il n'y a donc pas de preuves issue de pays africains ayant des données crédibles que l'épargne augmente avec l'âge, culminant à mi-carrière et diminuant ensuite aux âges plus avancés. Les résultats de plusieurs pays africains montrent cependant, que le revenu des ménages est le principal moteur de l'épargne des ménages. Toutes choses étant égales par ailleurs, les ménages d'Afrique subsaharienne ayant des revenus plus élevés ont des taux d'épargne plus élevés.

Bien qu'en augmentation, les taux d'épargne globaux en Afrique ont systématiquement été inférieurs à ceux des autres régions du monde (graphique 4.14), principalement en raison de la dépendance des jeunes et d'une forte fécondité.

Plusieurs études ont analysé les déterminants des taux d'épargne globaux en utilisant des données transversales multi-pays. Ces études s'inscrivent principalement dans le cadre de la théorie du cycle de vie (TCV – voyez Ando et Modigliani, 1963 ; Modigliani et Brumberg, 1954). La TCV part explicitement du principe que la durée de vie est finie et structurée et que le revenu et la consommation présentent des variations systématiques qui sont dues au cycle de vie des individus. Les phases sont toujours les mêmes : phase initiale inactive, phase active, phase de retraite. D'après la TCV, la population en âge de travailler contribue positivement à l'épargne du fait de leurs efforts pour lisser leur consommation au cours de leur cycle de vie tandis que la population dépendante (soit trop jeune, soit trop âgée pour travailler) contribuer négativement à l'épargne du fait de leur consommation (Hassan, Salim et Bloch, 2011).

Leff (1969) a été le premier à tester la TCV de manière empirique. Ces quatre dernières décennies, notre compréhension de l'effet de la structure par âge (et plus spécifiquement des taux de dépendance) sur l'épargne a connu des évolutions importantes (voyez Hassan, Salim et Bloch, 2011). Pour les pays développés, les prédictions de la TCV semblent être vérifiées, en particulier l'effet du taux de dépendance des personnes âgées sur l'épargne (Graham, 1987 ; Koskela et Viren,

Graphique 4.14 Part de l'épargne dans le PIB dans plusieurs régions du monde (1990–2010)

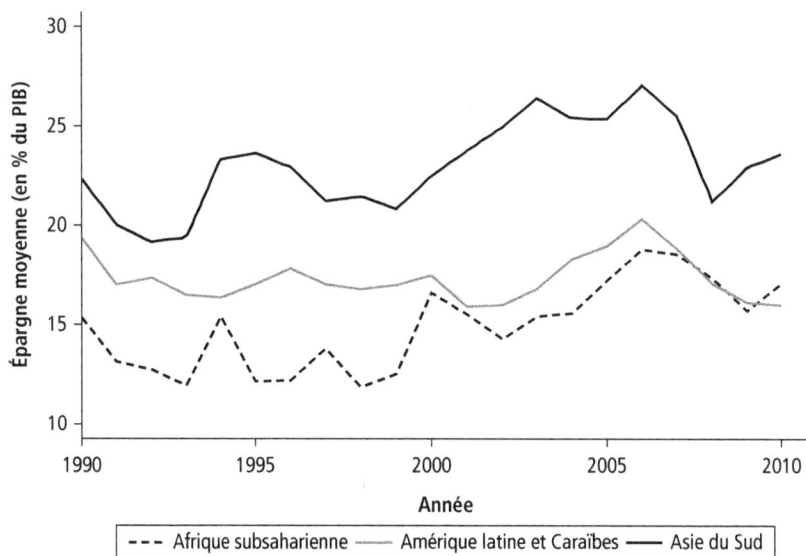

Source : Robalino, 2013.
Note : PIB = Produit Intérieur Brut.

1992 ; Masson, Bayoumi et Samiei, 1998 ; Miles, 1999). Toutefois, les données internationales des autres économies présentent des résultats mitigés.

Un certain nombre d'études confirment l'effet du taux de dépendance des personnes âgées et des jeunes sur l'épargne. Par exemple, Doshi (1994), Edwards (1996), Loayza, Schmidt-Hebbel et Servén (1999), Masson, Bayoumi et Samiei (1998), et Thimann et Dayal-Gulati (1997) trouvent que des taux de dépendance des personnes âgées et des jeunes plus élevés ont un effet négatif significatif sur l'épargne privée.

Cependant, Bailliu et Reisen (1998) ainsi que Ul Haque, Pesaran et Sharma (1999) n'ont trouvé aucun effet statistiquement significatif ni du taux de dépendance des jeunes ni du taux de dépendance des personnes âgées sur l'épargne privée. De même, Ozcan, Gunay et Ertac (2003) n'ont mis en évidence aucun effet significatif de la dépendance des personnes âgées sur l'épargne des ménages. Jorgensen (2011) a constaté, en analysant les implications macro économiques du vieillissement au Brésil, que l'augmentation du taux de dépendance des personnes âgées a d'ores et déjà entraîné une augmentation du taux d'épargne privée. Une analyse récente de dix-neuf pays asiatiques n'a identifié aucun effet statistique de la composition par âge de la population sur les taux d'épargne après comptabilisation endogène des épargnes différées (Schultz, 2004).

Bloom et al. (2007) affirment que l'effet de la structure par âge et de l'espérance de vie sur l'épargne de cycle de vie dépend du contexte réglementaire. Ils trouvent des effets importants dans les pays qui n'ont aucun régime de retraite ou d'épargne obligatoire. Cependant, ils constatent aussi que les facteurs démographiques jouent un rôle moins important dans l'épargne globale dans les pays ayant un régime de retraite universel, un système par répartition, ou des taux de remplacement (le rapport entre la retraite et les revenus effectifs) élevés. Dans les systèmes par répartition, les contributions qui sont faites peuvent ressembler à de l'épargne à l'échelle des individus mais au niveau global de tels systèmes peuvent en fait être couverts par très peu d'actifs réels.

L'analyse utilise ici des données de panel multi-pays sur le taux d'épargne, sur un grand nombre de pays dont un certain nombre en Afrique subsaharienne et sur un intervalle de temps très long, pour expliquer l'épargne intérieure brute, et notamment tracer l'épargne issue du gouvernement, des entreprises et des ménages. Théoriquement, l'épargne est affectée par le niveau de revenu du pays, le taux de dépendance des jeunes et des personnes âgées, l'indice de fécondité et l'espérance de vie, et d'autres paramètres encore, tels que le solde du compte courant des ménages. Le tableau 4.2 fait état des déterminants dont seules les variables contemporaines affectent les taux d'épargne.

L'effet du revenu par habitant est robuste pour l'ensemble des déterminants. Dans tous les modèles, le revenu par habitant le plus élevé est corrélé avec des économies plus importantes. Le ratio de dépendance des personnes âgées et des jeunes baisse les économies dans l'échantillon mondial, mais, lorsque cette analyse se limite aux pays qui se trouvent en Afrique subsaharienne cet effet disparaît ou s'inverse même, en concordance avec l'idée que la TCV ne peut pas expliquer les comportements d'épargne en Afrique. La majorité des ménages, en particulier dans les zones rurales, pourrait compter sur l'épargne de précaution pour gérer les risques plutôt que l'épargne de cycle de vie. Même dans le cas de l'épargne de précaution, d'autres mécanismes informels de gestion des risques, tels que le soutien de la communauté ou de la famille ou l'achat de terres ou d'animaux, ne sont pas mesurés par les données sur l'épargne. La myopie et les préjugés psychologiques pourraient également expliquer pourquoi les individus n'économisent pas plus en début de carrière et en mi-carrière, comme ils devraient le faire d'après la TCV.

Dans les colonnes 3 et 4 du tableau 4.2, le solde du compte courant et l'espérance de vie sont ajoutés comme variables explicatives. Un excédent de compte courant élevé est associé à des économies plus importantes. L'espérance de vie, qui peut refléter la nécessité d'épargner pour la retraite, ne semble pas être significative dans l'un ou l'autre des échantillons.

Le tableau 4.3 rapporte les résultats des ménages de salariés urbains. Cette approche permet d'éviter des difficultés dans le calcul de revenu des agriculteurs et des travailleurs indépendants. Au Kenya, il existe des preuves d'une épargne

Tableau 4.2 Déterminants des taux d'épargne dans le monde et en Afrique subsaharienne (1990–2010)

Indicateur	Monde (1)	Afrique (2)	Monde (3)	Afrique (4)	Monde (5)	Afrique (6)	Monde (7)	Afrique (8)
Croissance du PIB par habitant	0,351*** (4,77)	0,319** (3,23)	0,499*** (4,74)	0,447** (3,06)	0,353*** (4,32)	0,355** (3,27)	0,515*** (4,67)	0,471** (3,04)
Taux de dépendance des jeunes	−0,303*** (−7,03)	−0,115 (−1,05)	−0,131** (−2,94)	−0,016 (−0,16)				
Taux de dépendance des personnes âgées	−0,675*** (−4,58)	2,398* (2,32)	−0,473*** (−5,21)	2,304* (2,30)				
Comptes courants			0,601*** (7,70)	0,429*** (3,93)			0,632*** (7,70)	0,399** (3,55)
Espérance de vie			0,151 (1,70)	0,201 (1,32)			0,051 (0,57)	0,207 (1,27)
Fécondité					−2,230*** (−6,82)	−3,478** (−3,14)	−1,056* (−2,08)	−1,978 (−1,55)
Constante	45,890*** (10,76)	10,820 (0,73)	25,073** (2,93)	−4,466 (−0,32)	28,618*** (17,83)	36,488*** (4,92)	22,748** (2,90)	19,607 (1,28)
Nombre d'observations	2 720	840	2 714	840	2 719	840	2 713	840
Nombre de pays	132	40	132	40	132	40	132	40
R^2	0,230	0,194	0,505	0,395	0,170	0,197	0,476	0,362

Note : Les valeurs t sont indiquées entre parenthèses. Les écart-types robustes sont regroupés par pays. Des années fictives ont été utilisées.
*p <.05, **p <.01, ***p <.001.

de cycle de vie, l'âge croissant du chef de ménage initialement en corrélation avec l'économie, mais qui baisse par la suite. Ce n'est pas le cas cependant pour les six autres pays de l'échantillon.

L'effet majeur pour ceux-là est, une fois de plus, le revenu. Les ménages à revenu élevé ont des taux d'épargne élevés tandis que les ménages à faible revenu ont des taux d'épargne moins élevés. La part des enfants semble également avoir un effet, puisqu'un nombre élevé d'enfants dans un ménage diminue l'épargne. Cela pourrait être dû à des besoins de consommation élevés au sein des ménages ou à la perception que les enfants sont un substitut à l'épargne en termes de soins aux personnes âgées.

L'idée générale est que, dans les pays africains, le niveau du revenu et du nombre de personnes à charge impacte le comportement des ménages. Il n'y a cependant aucune preuve d'une relation entre l'âge et le taux d'épargne. Il se peut que le modèle du cycle de vie ne commence à jouer un rôle dans la détermination du comportement de l'épargne qu'à des niveaux de revenus plus élevés que ceux que l'on voit actuellement en Afrique.

Tableau 4.3 Taux d'épargne des ménages de salariés urbains dans plusieurs pays d'Afrique subsaharienne (1990–2010)

Variable	Kenya (1)	Malawi (2)	Mozambique (3)	Ouganda (4)	Côte d'Ivoire (5)	Ghana (6)	Sierra Leone (7)
Sexe (masculin = 1)	0,188*** (4,101)	0,229* (2,962)	0,150 (1,858)	-0,092 (-0,814)	0,311*** (2,988)	0,106*** (3,793)	0,315*** (6,014)
Âge	0,043** (2,569)	-0,061** (-5,156)	-0,012 (-2,659)	0,046 (0,828)	0,024 (0,921)	-0,017 (-0,899)	-0,048* (-3,059)
Âge²	-0,000** (-2,257)	0,001* (3,814)	0,000 (0,864)	-0,000 (-0,560)	-0,000 (-1,348)	0,000 (0,851)	0,000 (2,058)
Revenus faibles	-0,892*** (-18,503)	-0,676** (-7,353)	-0,775** (-4,705)	-0,590*** (-5,405)	-0,850*** (-14,778)	-0,792*** (-11,336)	-1,458*** (-23,975)
Revenus élevés	0,544*** (12,525)	0,661** (8,140)	0,714*** (24,940)	0,582*** (5,231)	0,577*** (9,838)	0,632*** (9,905)	1,766*** (121,677)
Aucune formation	-0,034 (-0,644)	0,026 (1,170)	0,258** (4,880)	0,237** (2,608)	0,280*** (4,292)	0,096 (1,684)	0,005 (0,043)
Formation élevée	0,019 (0,263)	-0,073 (-0,706)	-0,069** (-4,419)	-0,195 (-1,001)	0,015 (0,389)	-0,088 (-1,527)	-0,101 (-0,585)
Jamais marié	0,072 (1,225)	0,042 (0,686)	-0,081 (-0,748)	0,118 (0,522)	0,266*** (5,722)	0,400*** (6,681)	-0,178** (-3,482)
Polygame	-0,035 (-0,381)	0,190 (1,049)	-0,050 (-0,698)	-0,335 (-1,957)	0,137 (0,826)	-0,588** (-2,557)	0,050 (0,224)
Habitant ensemble	-0,211*** (-3,129)		-0,079 (-2,304)			-0,029 (-0,928)	0,055 (0,123)

(suite page suivante)

Tableau 4.3 (suite)

Variable	Kenya (1)	Malawi (2)	Mozambique (3)	Ouganda (4)	Côte d'Ivoire (5)	Ghana (6)	Sierra Leone (7)
Divorcés ou séparés	0,021 (0,258)	0,202 (1,090)	0,302*** (12,596)	−0,020 (−0,118)	0,140** (2,480)	0,204** (2,319)	−0,382 (−1,758)
Veufs/veuves	−0,069 (−0,655)	−0,032 (−0,248)	0,345** (5,969)	0,024 (0,085)	0,171 (1,064)	−0,242 (−1,130)	0,444* (2,447)
Propriétaire d'une maison (oui = 1)	−0,165*** (−2,947)	−0,175 (−2,663)	−0,102 (−1,912)	−0,003 (−0,014)	0,064 (1,500)	−0,103* (−1,970)	−0,096 (−2,074)
Part des enfants [0–14]	−0,007*** (−8,327)	−0,001 (−1,330)	−0,002 (−2,088)	0,009** (3,198)	−0,004*** (−3,897)	−0,003** (−3,071)	−0,005** (−3,188)
Constante	−0,632* (−1,978)	1,905*** (11,710)	0,101 (0,574)	−0,509 (−0,431)	−0,894 (−1,556)	−0,438 (−1,085)	2,933*** (10,865)
Nombre d'observations	2 078	919	1 746	219	1 338	1 271	325
R^2	0,440	0,302	0,229	0,298	0,363	0,381	0,260

*p<0,05 ; **p<0,01 ; ***p<0.001.

Modélisation de la croissance économique et dividende démographique : résultats des simulations pour le Nigeria

Pendant près d'un demi siècle, économistes et démographes ont débattu du degré d'incidence de la réduction de la fécondité sur la croissance et le développement économique dans les pays en développement. Ce modèle vise à faire la lumière sur le débat en identifiant l'effet de la baisse de la fécondité sur la croissance économique. Comme Ashraf, Weil et Wilde (2013), cette analyse spécifie les canaux par lesquels la fécondité affecte les résultats économiques et les auteurs étendent leur modèle pour prendre en compte des canaux importants jusqu'ici ignorés, y compris (1) l'effet de la fécondité sur l'épargne, (2) l'effet d'un modèle à deux secteurs plus réaliste, (3) l'effet de la fécondité sur la santé, et (4) l'effet des imperfections du marché, lesquelles sont répandues dans le monde en développement. La prise en compte de ces effets supplémentaires est nécessaire pour aboutir à une meilleure compréhension de la relation entre la fécondité et la croissance économique.

Une fois que les résultats de référence ont été déterminés, il est possible de les comparer aux résultats alternatifs issus d'une fécondité baissant plus rapidement au cours du temps. Ces scénarios de base et ses variantes permettent de simuler les implications économiques de la transition démographique d'indices de fécondité variables.

Tout en maintenant une grande partie de la structure de base du modèle d'Ashraf, Weil et Wilde, le modèle révisé permet la prise en compte de trois effets supplémentaires. Le premier est un effet malthusien, où la taille de la population créé une certaine pression sur les ressources fixes, plus particulièrement la terre. Le second est un effet de Solow, dans lequel la croissance démographique rapide réduit le ratio capital/main d'œuvre. Le troisième est un mécanisme par lequel les taux d'épargne répondent aux changements dans la structure par âge, bien que l'ampleur de cet effet puisse être atténué par des flux de capitaux internationaux qui dépendent du rendement du capital. Dans ce modèle, les changements dans la structure par âge dus à la baisse de fécondité peuvent changer à la fois l'offre de travail par habitant et la productivité de la main d'œuvre. La baisse de fécondité peut ainsi réduire le temps passé à élever les enfants, conduisant à une augmentation de l'offre de main d'œuvre, tout particulièrement par les femmes. Ce modèle est également renforcé par l'ajout de l'effet des investissements dans l'éducation, ainsi que la prise en compte de l'effet par lequel la taille physique, qui agit comme variable de substitution pour la santé, s'accroît quand la fécondité diminue. Cette amélioration peut provenir de l'amélioration de la planification et de l'espacement des naissances ou de l'augmentation des investissements de santé par enfant.

Plus important encore, des provisions ont été faites pour tenir compte des inefficiences de production. Cela pourrait être particulièrement important dans le cas de l'Afrique. La première inefficience prise en compte est une prime de risque ou une imposition des investissements. La seconde inefficience prise en compte concerne l'affectation des ressources. Un modèle à deux secteurs a également été établi pour examiner les effets de la population sur la composition sectorielle. Plutôt que de décrire le secteur agricole comme une simple fonction de production globale, il prend en compte le besoin en terres de l'agriculture, la division équitable de la production agricole entre les travailleurs, ainsi qu'un secteur moderne qui nécessite du capital et qui rémunère les travailleurs à leur valeur de production marginale. Du fait de cette structure, le secteur agricole a une productivité du travail inférieure à celle du secteur industriel. Cela ouvre la voie à une nouvel effet de population : l'accroissement de population peut contraindre les travailleurs à avoir des emplois faiblement productifs dans le secteur agricole. Enfin, un secteur extractif de ressources naturelles (tel que le pétrole), fournissant une production exogène, peut être pris en compte dans le modèle.

Ce cadre structurel permet d'identifier et d'analyser les canaux à travers lesquels les baisses de fécondité peuvent avoir une incidence sur la croissance économique. Les paramètres du modèle sont basés sur des estimations provenant d'études au niveau micro économique ainsi que les données de base sur la population et les indicateurs économiques du Nigeria pour fonder les simulations. Les données et paramètres peuvent néanmoins être adapté au contexte d'autres pays africains. Les détails du modèle sont disponibles dans la publication de Canning, Karra et Wilde (2013).

Résultats de la simulation macroéconomique

Le graphique 4.15 présente trajectoires de fécondité dans trois scénarios différents. Dans la variante haute, l'indice de fécondité baisse de 2,9 enfants par femme, passant de 5,61 en 2005 à 2,70 en 2095–2100. Dans le scénario central, l'indice synthétique de fécondité débute au même niveau que dans la variante haute mais décline plus rapidement, creusant une différence qui passe de 0,25 en 2010–2015 à 0,40 en 2015–2020 puis 0,50 au-delà. De la même façon, la variante basse diffère autant du scénario central que le scénario central de la variante haute.

Le graphique 4.16 présente l'évolution de la population totale dans chacun des trois scénarios de fécondité. Selon ces estimations, dans la variante de fécondité basse, la population sera de 10,6 % plus basse que dans le scénario central et de 19,6 % plus basse que dans la variante élevée en 2050.

Graphique 4.15 Indice synthétique de fécondité dans plusieurs variantes du scénario de référence au Nigeria (2010–2100)

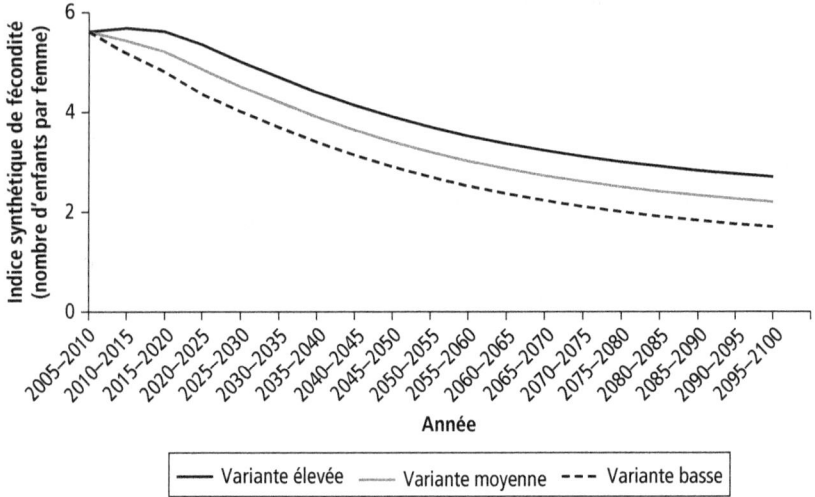

Source : Canning, Karra et Wilde, 2013.
Note : Chaque période va du 1er juillet de la première année au 30 juin de la dernière année.

Graphique 4.16 Taille de la population dans plusieurs variantes du scénario de référence au Nigeria (2010–2100)

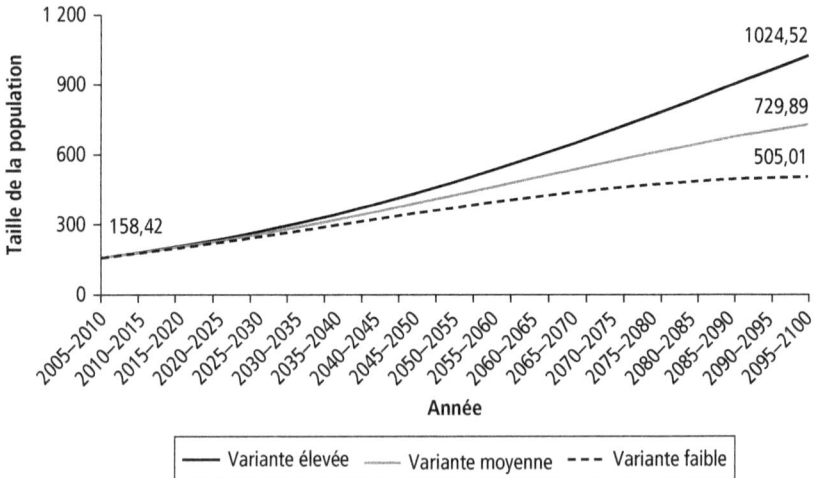

Source : Canning, Karra et Wilde, 2013.
Note : Chaque période va du 1er juillet de la première année au 30 juin de la dernière année.

Graphique 4.17 Revenu par habitant dans plusieurs variantes du scénario de référence au Nigeria (2010–2100)

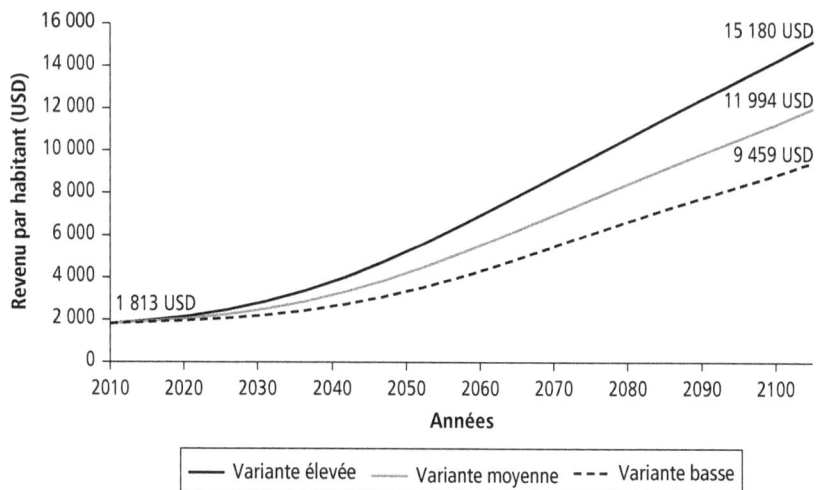

Source : Canning, Karra et Wilde, 2013.

Résultats du modèle économique à deux secteurs

Les graphiques 4.17 et 4.18 présentent respectivement la trajectoire du revenu par habitant et la trajectoire de la production par habitant par secteur et les compare à la part des travailleurs de l'industrie manufacturière dans la main d'œuvre totale. Chacune de ces trajectoires est présentée sous trois variantes de fécondité du scénario de référence. Tout comme Ashraf, Weil et Wilde (2013), 2010 a été choisi comme année du début de la simulation car il s'agit de la dernière année avant que les indices synthétiques de fécondité de chacune des variantes ne commencent à diverger.

Le graphique 4.17 indique que réduire la fécondité du scénario de référence à variante élevée pour passer sur les alternatives de fécondité médiane ou basse entraîne une augmentation du revenu par habitant de 21,1 %et 37,7 % respectivement sur une période de quatre-vingt dix ans. En outre, les taux de fécondité étant plus faibles dans les scénarios alternatifs que dans le scénario de référence sur l'ensemble de la période examinée, le revenu par habitant des trois scénarios continuera à diverger. Dans le scénario de fécondité élevée, le revenu par habitant devrait être tout juste supérieur à 9 000 USD en 2060 (à comparer avec seulement 2 000 USD actuellement) tandis que dans le scénario de fécondité basse, les projections font état de plus de 13 000 USD en 2060. Le scénario de fécondité basse élève le revenu par habitant de 0,7 points par an.

Graphique 4.18 Niveau de production par travailleur dans plusieurs variantes du scénario de référence au Nigeria, par secteur (2010–2100)

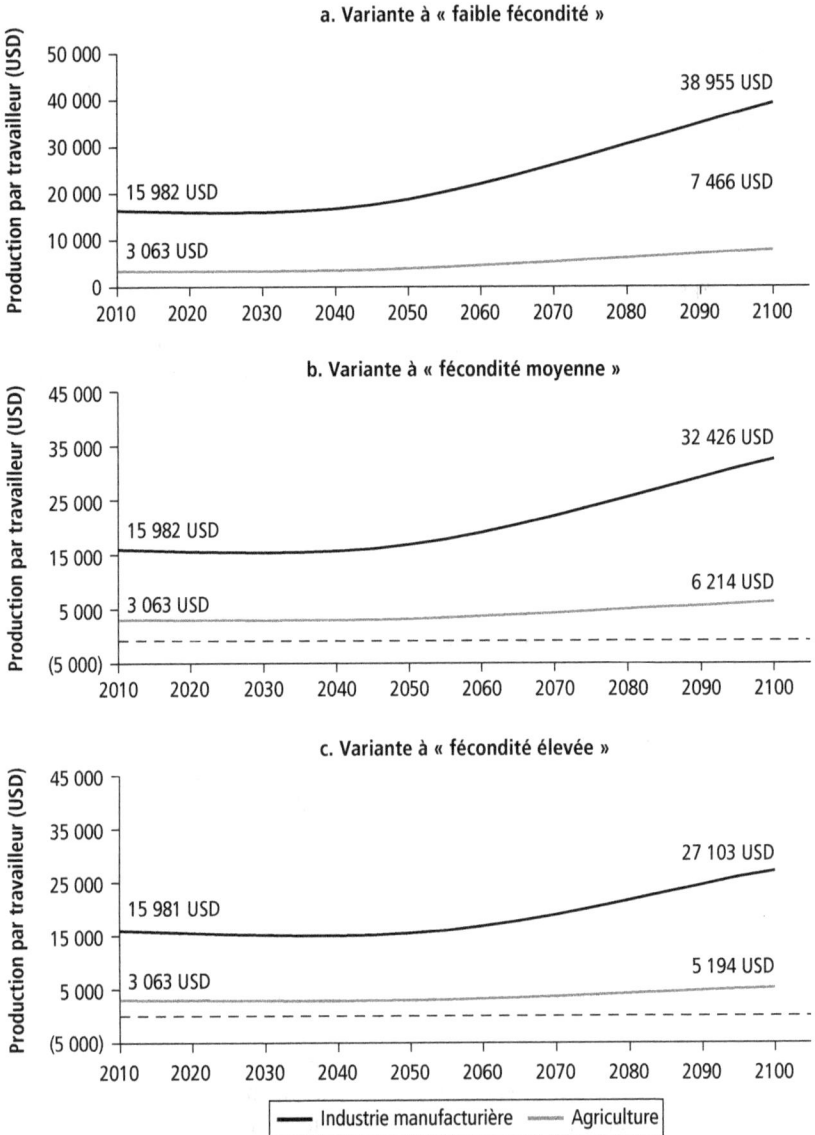

a. Variante à « faible fécondité »

b. Variante à « fécondité moyenne »

c. Variante à « fécondité élevée »

Industrie manufacturière   Agriculture

Source : Canning, Karra et Wilde, 2013.

Graphique 4.19 Part des travailleurs de l'industrie manufacturière dans la main
d'œuvre totale dans plusieurs variantes du scénario de référence au Nigeria, par secteur
(2010–2100)

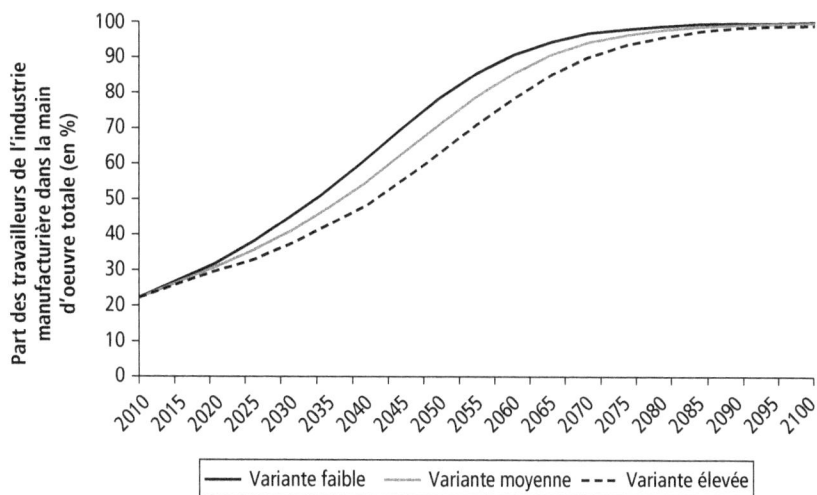

Source : Canning, Karra et Wilde, 2013.

Dans les deux secteurs, le niveau de production par travailleur est systématiquement plus élevé dans la variante de fécondité basse (graphique 4.18,
volet a) et le plus faible dans la variante élevée de fécondité (graphique 4.18,
volet c). Dans les trois scénarios, la production par travailleur est plus élevée
dans le secteur manufacturier que dans le secteur agricole. En outre, à compter de 2040 environ, la production par travailleur commence à croître plus
rapidement dans le secteur manufacturier que dans le secteur agricole, ce qui
reflète l'augmentation de la productivité industriel et le passage de la main
d'œuvre d'activités agricoles vers les autres secteurs de l'économie. La graphique 4.19 complète ce constat en illustrant l'augmentation de la part de travailleurs du secteur manufacturier en pourcentage de la main d'oeuvre totale.

Bien que les trois scénarios de fécondité indiquent une transition de
l'emploi agricole vers l'emploi manufacturier, la vitesse à laquelle cette transition se produit varie considérablement selon la variante de fécondité rete-
nue. En particulier, la part des travailleurs dans le secteur manufacturier
augmente rapidement et reste la plus élevée au fil du temps dans la variante
de fécondité basse.

Politiques pour récolter les dividendes économiques prometteurs de l'Afrique

Pour exploiter le dividende démographique, il faut des politiques qui non seulement accélèrent la transition vers des cohortes plus petites mais aussi qui permettent aux cohortes d'être plus productives. Il faut adapter les politiques à mener et leurs priorités respectives en fonction des pays, en prenant en compte la phase de transition dans laquelle ils se situent et leur contexte économique.

Le défi dans la plupart des pays d'Afrique subsaharienne consiste à engager l'importante cohorte de jeunes dans des emplois à forte productivité du secteur formel plutôt que dans des des métiers informels, peu productifs et mal payés dans le secteur agricole ou des activités basées à domicile. Dans les pays à revenu élevé comme l'Afrique du Sud, une importante cohorte de jeunes peut s'accompagner d'un chômage élevé des jeunes mais dans la plupart des pays d'Afrique subsaharienne, l'importance du secteur informel fait que le taux de chômage réel est relativement faible mais que ces jeunes sont par contre mobilisés par des emplois à productivité réduite.

Une approche pour exploiter le dividende de la jeunesse est d'augmenter la compétitivité de la production dans les pays africains et d'accroître les exportations et les emplois dans le secteur formel. Malgré les bas salaires, une grande partie de l'Afrique n'est pas très compétitive sur les marchés internationaux en raison de défaillances du gouvernement, d'entraves importantes au commerce, du manque d'infrastructures et du manque de main d'œuvre qualifiée. Comme la plupart des emplois sont dans le secteur informel, les politiques peuvent chercher à accroître la productivité du secteur informel. En même temps, des politiques peuvent chercher à accroître la compétitivité des exportations, ce qui permettra d'élargir le secteur formel (Banque mondiale, 2013).

L'augmentation de la productivité agricole requiert des politiques foncières qui améliorent la qualité titres fonciers et augmentent la productivité, par exemple des politiques qui favorisent la mobilisation de crédits pour l'investissement dans des nouvelles techniques agricoles. Elle requiert également des politiques visant à améliorer les compétences des agriculteurs et leur permette d'atteindre des meilleurs rendements, mais aussi à améliorer l'infrastructure nécessaire pour relier les fermes aux marchés. Un grand nombre d'entreprises familiales informelles offre des services de consommation et des consommables. Étant donné que ces entreprises sont situées en marge du système réglementaire, elles peuvent être confrontées à un harcèlement de la part des autorités. Elles représentent pourtant d'importantes opportunités de croissance. En donnant aux entreprises familiales un climat de sécurité dans leur exploitation, ainsi qu'une reconnaissance officielle, les pouvoirs publics peuvent leur permettre d'entrer à terme dans le secteur formel réglementé. Ce processus peut impliquer l'attribution d'espaces officiellement reconnus aux entreprises informelles opérant dans les villes et un accès légal aux services d'infrastructures publiques comme l'eau et l'électricité. Comme dans le secteur de l'agriculture, l'offre de services financiers et de compétences peut aider les entreprises du secteur informel à se développer.

Des caractéristiques importantes de la transition démographique en Afrique subsaharienne sont une explosion démographique de la jeunesse et une participation plus élevée des femmes au marché du travail. Tous les deux peuvent être abordées à la fois dans le cadre des politiques d'emploi en assurant que les jeunes et notamment les jeunes femmes ont des compétences de travail appropriées. Mais la taille de la main d'œuvre croissante signifie que les politiques d'emploi des jeunes et des femmes en elles-mêmes seront insuffisantes. Alors que la transition démographique assure l'offre de main d'œuvre de la croissance, la demande de main d'œuvre est nécessaire pour orienter la transition vers un dividende démographique.

En plus d'augmenter les opportunités d'emploi, l'Afrique subsaharienne a besoin de se préparer pour le second dividende démographique en augmentant l'épargne de retraite. Cet effort nécessite la mise en place de plans d'épargne à faible coût accessibles aux employés des secteurs formel et informel et l'orientation de la croissance vers des investissements productifs, remplaçant à terme les fonds étrangers comme principale source de financement des investissements.

Les pays d'Afrique doivent faire en sorte qu'une réglementation financière adaptée et des instruments appropriés soient en place pour permettre de capturer et d'affecter de manière efficace les flux potentiellement plus élevés d'épargne qui pourraient se dégager plus tard au cours de la transition démographique. Il est également nécessaire d'élargir la couverture des programmes d'assurance sociale. Aujourd'hui, moins de 10 % des travailleurs en Afrique subsaharienne sont couverts par une forme d'assurance contributive. Cette situation est peu susceptible de changer à court et à moyen terme. En effet, une partie du problème vient du fait que les systèmes bismarckiens contributifs sont destinés à des employés de grandes et moyennes entreprises du secteur formel, lesquelles n'emploient qu'une petite minorité des travailleurs africains.

Les programmes d'assurance maladie et d'assistance sociale non-contributifs (par exemple des transferts monétaires et des travaux publics) sont nécessaires pour aider les familles à gérer les risques de court terme, tels que le risque de chômage, de baisse des cours des matières premières, le handicap et la maladie. À la fois les programmes de transferts monétaires et de travaux publics ont été adoptés avec succès dans des pays à faibles revenus (Grosh et al., 2008 ; Subbarao et al., 2012). Par ailleurs, des pays comme l'Inde ont été en mesure d'étendre les programmes d'assurance maladie non-contributive aux pauvres grâce aux nouvelles technologies de l'information et de la communication (Banque mondiale, 2011a).

Il existe aussi des possibilités pour les pouvoirs publics de promouvoir l'épargne volontaire, encourager l'auto-assurance des risques de court-terme et fournir une protection du revenu pendant la vieillesse. Ces programmes devraient être ciblés sur les jeunes faisant leur entrée sur le marché du travail car ceux-ci ont le temps de se constituer une épargne. La stratégie générale dans ce cas serait d'offrir différents types de mesures incitatives, y compris des incitations financières, pour pousser à l'épargne. Des travaux récents au Kenya suggèrent qu'il faut envisager de rendre l'épargne tangible, fournir de l'information et des rappels, ainsi que des contributions jumelées. Ces dernières pourraient revêtir deux formes : *ex ante* (où le gouvernement réaliserait immédiatement les transferts mais saisirait à nouveau les montants si l'individu ne devait pas verser sa contribution) ou *ex post* (où le gouvernement ferait des versements sur les comptes d'épargne des individus après que ceux-ci y aient fait leurs dépôts (Hinz et al., 2012).

Pour que ces programmes fonctionnent, les coûts de transaction doivent être faibles. Les personnes ne doivent pas avoir le besoin de se déplacer vers les centres urbains ou de faire la queue pour s'inscrire. L'inscription doit pouvoir se faire dans des agences mobiles ou des groupements (des coopératives par exemple). Les technologies mobiles peuvent aussi être utilisées pour faciliter les paiement et les retraits, comme le montre par exemple le régime de retraite de Mbao au Kenya (Kwena et Turner, 2013). Une partie des motivations économiques qui poussent à s'inscrire dans ces programmes volontaires provient aussi du fait que le gouvernement garantirait un revenu minimum de vieillesse, et ce indépendamment du montant de l'épargne. Ce montant pourrait être fixe ou, idéalement, réduit proportionnellement à la quantité d'épargne accumulée au moment de la retraite, mais à un taux marginal d'imposition faible (Holzmann, Robalino et Takayama, 2009).

Ces programmes doivent être soutenables. Si les coûts peuvent être faibles à court terme, la population dans son ensemble finira par vieillir, mettant beaucoup de pression sur les systèmes par répartition, ce qui fait que les systèmes avec des contributions obligatoires et bien réelles sont à privilégier. De tels systèmes devraient par ailleurs stimuler l'épargne.

Si le vieillissement de la population n'est pas encore un défi majeur pour la plupart des pays africains à l'heure actuelle, les gouvernements africains doivent être en mesure de répondre à trois défis actuels et futurs : la retraite, l'épargne et la santé. Les systèmes de sécurité sociale qui poussent à prendre une retraite anticipée et qui pénalisent financièrement l'allongement de la vie active sont particulièrement préoccupants. La participation des personnes âgées au marché du travail est assez sensible aux effets incitatifs que peut avoir la sécurité sociale (Gruber et Wise, 1998). À l'heure actuelle, les systèmes de retraite publics en Afrique sont mal financés et encouragent fortement les départs en retraite anticipée. En outre, ces systèmes de retraite ont un impact limité à l'heure actuelle car ils ne concernent que le secteur formel (Holzmann, 2005), mais la croissance économique augmentera la couverture de ces systèmes et modifiera leur caractère incitatif (ou dissuasif) à l'égard du fait de travailler jusqu'à un âge plus avancé. En tout cas, la réforme de ces régimes de retraite la mise en place de mécanismes d'épargne pour la retraite et l'accès aux soins de santé pour les personnes âgées doivent être abordés avant que la population ne vieillisse beaucoup plus.

La population africaine en âge de travailler va continuer à s'accroître. Est-ce que cette croissance produira un dividende démographique ou une catastrophe démographique ? Avec des politiques appropriées, les marchés du travail africains pourront fournir suffisamment d'emplois productifs pour cette main d'œuvre en progression rapide, permettant ainsi à l'Afrique de réaliser un gigantesque dividende démographique lui permettant d'impulser son décollage économique.

Notes

1. Dans cette partie, les statistiques sur l'investissement, l'épargne, les IDE, l'APD et les transferts de fonds par les migrants sont basés sur des moyennes mobiles sur trois ans.

2. Il convient d'émettre des réserves sur l'évaluation de la relation entre la transformation structurelle et la croissance de la PGF en Afrique subsaharienne. L'agriculture est très saisonnière et les travailleurs agricoles peuvent ne pas être employés de façon continue, semant la confusion dans les efforts engagés pour mesurer leur productivité. Étant donné que beaucoup de ménages africains sont engagés à la fois dans des activités agricoles et non agricoles, cela peut être particulièrement problématique. En outre, la croissance de la PGF n'est pas nécessairement plus lente dans le secteur de l'agriculture que dans d'autres secteurs. Les quelques études qui comparent la croissance de la PGF du secteur agricole à celle de la PGF dans les secteurs non agricoles n'aboutit pas sur des résultats concluants. Par exemple, Block (2010) suggère que la croissance de la PGF présente un caractère fortement non-linéaire au fil du temps.

3. Les données sur les situations résultantes sur le marché du travail proviennent de l'enquête internationale sur la répartition des revenus (I2D2). I2D2 est une collection harmonisée d'enquêtes auprès des ménages et d'enquêtes sur le travail datant d'entre 1990 et 2010 qui a été construite et tenue par le groupe de recherche de la Banque mondiale. L'ensemble des données est décrit en détail Monténégro et Hirn (2008). Les données sur la population sont tirées des statistiques de la santé, la nutrition et la démographie de la Banque mondiale. La base de données contient des estimations de la population par sexe et tranche d'âge par pays à partir de 1960. Cette période a été choisie parce que les données sur les situations sur le marché du travail sont généralement disponibles à partir de 1990.

4. Il existe une corrélation négative perceptible entre la fécondité et l'épargne en Afrique, étayant l'hypothèse selon laquelle les ménages ont tendance à remplacer l'épargne par des enfants.

Références

Ando, A. et F. Modigliani. 1963. "The 'Life Cycle' Hypothesis of Saving: Aggregate Implications and Tests." *American Economic Review* 53 (1): 55–84.

Angrist, J. D. et W. N. Evans. 1996. "Schooling and Labor Market Consequences of the 1970 State Abortion Reforms." NBER Working Paper 5406, National Bureau of Economic Research, Cambridge, MA. http://www.nber.org/papers/w5406.

———. 1998. "Children and Their Parents' Labor Supply: Evidence from Exogenous Variation in Family Size." *American Economic Review* 88 (3): 450–77.

Arbache, J. et J. Page. 2010. "How Fragile Is Africa's Recent Growth?" *Journal of African Economies* 19 (1): 1–24.

Ashraf, Q. H., D. N. Weil et J. Wilde. 2013. "The Effect of Fertility Reduction on Economic Growth." *Population Development Review* 39 (1): 97–130.

Assaad, R. et S. Zouari. 2003. "The Timing of Marriage, Fertility, and Female Labor Force Participation in Morocco." University of Minnesota, Humphrey Institute of Public Affairs ; Université de Sfax, Faculté des Sciences Economiques et de Gestion (Tunisie). http://www.mafhoum.com/press4/136S27.pdf.

Bailey, M. J. 2006. "More Power to the Pill: The Impact of Contraceptive Freedom on Women's Life-Cycle Labor Supply." *Quarterly Journal of Economics* 121 (1): 289–320.

Bailliu, J. N. et H. Reisen. 1998. "Do Funded Pensions Contribute to Higher Aggregate Savings? A Cross-Country Analysis." *Weltwirtschaftliches Arch* 134 (3): 692–711.

Banque mondiale. 2011a. *Social Protection for a Changing India*. Vols. I and II. Washington, DC : Banque mondiale.

———. 2011b. *Indicateurs du développement dans le monde (WDI) 2011*. Washington, DC : Banque mondiale.

———. 2013. *Youth Employment in Sub-Saharan Africa*. Africa Region Regional Study. Washington, DC : Banque mondiale.

Barro, R. J. et G. S. Becker. 1989. "Fertility Choice in a Model of Economic Growth." *Econometrica* 57 (2): 481–501.

Becker, G. S. 1985. "Human Capital, Effort, and the Sexual Division of Labor." *Journal of Labor Economics* 3 (1): S33–58.

Block, S. 2010. "The Decline and Rise of Agricultural Productivity in Sub-Saharan Africa since 1961." NBER Working Paper 16481, National Bureau of Economic Research.

Bloom, D. E., D. Canning, G. Fink et J. Finlay. 2009. "Fertility, Female Labor Force Participation, and the Demographic Dividend." *Journal of Economic Growth* 14 (2): 79–101.

Bloom D. E, D. Canning, R. K. Mansfield et M. Moore. 2007. "Demographic Change, Social Security Systems and Savings." *Journal of Monetary Economics* 54 (1): 92–114.

Browning, M. 1992. "Children and Household Economic Behavior." *Journal of Economic Literature* 30 (3): 1434–75.

Buffie, E., A. Berg, C. A. Pattillo, R. Portillo et L.F. Zanna. 2012. "Public Investment, Growth, and Debt Sustainability: Putting Together the Pieces." Mimeo, Fonds monétaire international, Washington, DC.

Canning, D., M. Karra et J. Wilde. 2013. "A Macrosimulation Model of the Effect of Fertility on Economic Growth: Evidence from Nigeria." Papier de travail, Harvard University, Cambridge, MA.

Cho, Y. et B. Tien. 2013. "Compilation of 29 SSA Countries." Document de référence sur lequel s'appuie cette publication, Banque mondiale, Washington, DC.

Chun, H. et J. Oh. 2002. "An Instrumental Variable Estimate of the Effect of Fertility on the Labour Force Participation of Married Women." *Applied Economic Letters* 9 (10): 631–34.

Cruces, G. et S. Galiani. 2007. "Fertility and Female Labor Supply in Latin America: New Causal Evidence." *Labour Economics* 14 (3): 565–73.

Doshi, K. 1994. "Determinants of the Saving Rate: An International Comparison." *Contemporary Economic Policy* 12 (1): 37–45.

Easterly, W. et R. Levine. 1997. "Africa's Growth Tragedy: Policies and Ethnic Divisions." *Quarterly Journal of Economics* 112 (4): 1203–50.

Economist. 2011. "The Sun Shines Bright." *The Economist*, édition du 3 décembre 2011.

Edwards, S. 1996. "Why Are Latin America's Savings Rates So Low? An International Comparative Analysis." *Journal of Development Economics* 51 (1): 5–44.

FMI (Fonds monétaire international). 2012. *Regional Economic Outlook: Sub-Saharan Africa*. Washington, DC : FMI.

Gindling, T. H. et D. Newhouse. 2014. "Self-Employment in the Developing World." *World Development* 56: 313–31.

Goldin, C. 1994. "The U-Shaped Female Labor Force Function in Economic Development and Economic History." NBER Working Paper 4707, National Bureau of Economic Research, Cambridge, MA.

Graham, J. W. 1987. "International Differences in Saving Rates and the Life-Cycle Hypothesis." *European Economic Review* 31 (8): 1509–29.

Grosh, M. E., C. del Ninno, E. Tesliuc et A. Ouerghi. 2008. *For Protection and Promotion: The Design and Implementation of Effective Safety Nets*. Washington, DC : Banque mondiale.

Gruber, J. et D. Wise. 1998. "Social Security and Retirement: An International Comparison." *American Economic Review* 88 (2): 158–63.

Hall, R. E. et C. I. Jones. 1999. "Why Do Some Countries Produce So Much More Output per Worker Than Others?" *Quarterly Journal of Economics* 114 (1): 83–116.

Hassan, A. F. M., R. Salim et H. Bloch. 2011. "Population Age Structure, Saving, Capital Flows, and the Real Exchange Rate: A Survey of the Literature." *Journal of Economic Surveys* 25 (4): 708–36.

Hinz, R., R. Holzmann, D. Tuest a et N. Takayama. 2012. *Matching Contributions for Pensions: A Review of International Experience*. Washington, DC : Banque mondiale.

Holzmann, R. A. 2005. *Old-Age Income Support in the 21st Century: An International Perspective on Pension Systems and Reform*. Washington, DC : Banque mondiale.

Holzmann, R., D. A. Robalino et N. Takayama. 2009. *Closing the Coverage Gap: Role of Social Pensions and Other Retirement Income Transfers*. Washington, DC : Banque mondiale.

Iacovou, M. 2001. "Fertility and Female Labour Supply." ISER Working Paper 2001–19, Institute for Social and Economic Research, Essex.

Jacobsen, J. P., J. W. Pearce III et J. L. Rosenbloom. 1999. "The Effects of Childbearing on Married Women's Labor Supply and Earnings: Using Twin Births as a Natural Experiment." *Journal of Human Resources* 34 (3): 449–74.

Jorgensen, O. H. 2011. "Macroeconomic and Policy Implications of Population Aging in Brazil." Banque mondiale, Washington, DC. https://openknowledge-worldbank-org .ezp -prod1.hul.harvard.edu/handle/10986/3292.

Kim, J. et A. Aassve. 2006. "Fertility and Its Consequence on Family Labour Supply." IZA Discussion Paper 2162, Institute for the Study of Labor, Bonn. http://papers.ssrn .com /sol3/papers.cfm?abstract_id=910227.

Korenman, S. et D. Neumark. 2000. "Cohort Crowding and Youth Labor Markets (A Cross-National Analysis)." *Youth Employment and Joblessness in Advanced Countries*, édité par D. G. Blanchflower and R. B. Freeman. 57–106. Chicago : University of Chicago Press.

Koskela, E. et M. Viren. 1992. "Inflation, Capital Markets and Household Saving in the Nordic Countries." *Scandinavian Journal of Economics* 94 (2): 215–27.

Kwena, R. M. et J. A. Turner. 2013. "Extending Pension and Savings Scheme Coverage to the Informal Sector: Kenya's Mbao Pension Plan." *International Social Security Review* 66 (2): 79–99.

Leff, N. H. 1969. "Dependency Rates and Savings Rates." *American Economic Review* 59 (5): 886–96.

Lewis, W. A. 1954. "Economic Development with Unlimited Supplies of Labour." *The Manchester School* 28 (2): 139–91.

Loayza, N., K. Schmidt-Hebbel et L. Servén. 1999. *What Drives Private Saving around the World?* Washington, DC : Banque mondiale.

Lundberg, M., N. Sinha et J. Yoong. 2010. "Fertility and Women's Labor Force Participation in a Low-Income Rural Economy." Papier présenté à la quatrième conférence annuelle de recherche sur la population, la santé reproductive et le développement économique, Le Cap, Afrique du Sud. http://www2.econ.iastate.edu/faculty /orazem/TPS_papers/sinha_et_al.pdf.

Lundberg, S. et E. Rose. 2000. "Parenthood and the Earnings of Married Men and Women." *Labour Economics* 7 (6): 689–710.

Masson, P. R., T. Bayoumi et H. Samiei. 1998. "International Evidence on the Determinants of Private Saving." *World Bank Economic Review* 12 (3): 483–501.

McKinsey Global Institute. 2010. "Lions on the Move: The Progress and Potential of African Economies." McKinsey Global Institute, New York.

Miles, D. 1999. "Modeling the Impact of Demographic Change upon the Economy." *Economic Journal* 109 (452) : 1–36.

Modigliani, F. 1990. "Recent Declines in the Savings Rate: A Life-Cycle Perspective." In *The Collected Papers of Franco Modigliani*, 107–40. Cambridge, MA : MIT Press.

Modigliani, F. et R. Brumberg. 1954. "Utility Analysis and the Consumption Function: An Interpretation of Cross-Section Data." In *Post Keynesian Economics*, édité par K. K. Kurihara, 338–436. New Brunswick, NJ : Rutgers University Press.

Montalvo, J. G. et M. Reynal-Querol. 2005. "Ethnic Diversity and Economic Development." *Journal of Development Economics* 76 (2): 293–323.

Montenegro, C. et M. Hirn. 2008. "A New Disaggregated Set of Labor Market Indicators Using Standardized Household Surveys from around the World." Document de référence pour le Rapport sur le développement dans le monde 2009, Banque mondiale, Washington, DC. https://openknowledge.worldbank.org/handle/10986/9033.

Newhouse, D. et C. Wolff. 2013a. "Fertility and Female Labor Participation in Africa." Document de référence sur lequel s'appuie cette publication, Banque mondiale, Washington, DC.

———. 2013b. "Youth Cohort Size and Youth Employment in Africa." Document de référence sur lequel s'appuie cette publication, Banque mondiale, Washington, DC.

O'Higgins, N. 2001. *Youth Unemployment and Employment Policy: A Global Perspective*. Genève : Organisation internationale du travail. http://mpra.ub.uni-muenchen.de/23698/.

Oosthuizen, Morné. 2013 "Maximising South Africa's Demographic Dividend." Development Policy Research Unit, (DPRU) Working Paper, School of Economics, University of Cape Town, Afrique du Sud.

———. publication prochaine. "Bonus or Mirage? South Africa's Demographic Dividend." In *Exploring the Generational Economic*," édité par Concepcio Patxot, Ronald Lee et Andrew Mason. *Journal of the Economics of Ageing*, special issue.

Ozcan, K. M., A. Gunay et S. Ertac. 2003. "Determinants of Private Savings Behaviour in Turkey." *Applied Economics* 35 (12) : 1405–16. ·

Pradhan, E. et D. Canning. 2013. "The Effect of Educational Reform in Ethiopia on Girls' Schooling and Fertility." Manuscrit non-publié à ce jour, Harvard School of Public Health, Department of Global Health and Population, Cambridge, MA.

Robalino, D. 2013. "Saving in Africa." Document de référence sur lequel s'appuie cette publication, Banque mondiale, Washington, DC.

Rosenzweig, M. R. et T. P. Schultz. 1985. "The Demand for and Supply of Births: Fertility and Its Life-Cycle Consequences." *American Economic Review* 75 (5): 992–1015.

Rosenzweig, M. R. et K. I. Wolpin. 1980. "Life-Cycle Labor Supply and Fertility: Causal Inferences from Household Models." *Journal of Political Economy* 88 (2): 328–48.

Sachs, J. D. et A. M. Warner. 1995. "Natural Resource Abundance and Economic Growth." NBER Working Paper W5398, National Bureau of Economic Research, Cambridge, MA.

———. 1997. "Sources of Slow Growth in African Economies." *Journal of African Economies* 6 (3): 355–76.

Saxena, A. 2013. "Demographic Transition and Aging in Sub-Saharan Africa" Document de référence sur lequel s'appuie cette publication, Banque mondiale, Washington, DC.

Schultz, T. P. 1978. "The Influence of Fertility on Labor Supply of Married Women: Simultaneous Equation Estimates." *Research in Labor Economics* 2 : 273–351.

———. 1990. "Testing the Neoclassical Model of Family Labor Supply and Fertility." *Journal of Human Resources* 25 (4): 599–634.

————. 2004. "Demographic Determinants of Savings: Estimating and Interpreting the Aggregate Association in Asia." Working Paper 901, Yale University, Economic Growth Center, New Haven, CT. http://www.econstor.eu/handle/10419/20778.

Subbarao, K., C. del Ninno, C. Andrews et C. Rodriquez-Alas. 2012. *Public Works as a Safety Net: Design, Evidence, and Implementation.* Washington, DC : Banque mondiale.

Temple, J. 1998. "Initial Conditions, Social Capital, and Growth in Africa." *Journal of African Economies* 7 (3): 309–47.

Thimann, C. et A. Dayal-Gulati. 1997. "Saving in Southeast Asia and Latin America Compared: Searching for Policy Lessons." IMF Working Paper 97110, Fonds moné-taire international, Washington, DC.

Ul Haque, N., M. H. Pesaran et S. Sharma. 1999. "Neglected Heterogeneity and Dynamics in Cross-Country Savings Regressions." Cambridge Working Paper 9904, Cambridge University, Cambridge, MA.

Welch, F. 1979. "Effects of Cohort Size on Earnings: The Baby Boom Babies' Financial Bust." *Journal of Political Economy* 87 (supplement): S65–97.

Westeneng, J. et B. D'Exelle. 2011. "The Influence of Fertility and Household Composition on Female Labor Supply: Evidence from Panel Data on Tanzania." DEV International Development Working Paper 29, University of East Anglia.

Wong, R. et R. E. Levine. 1992. "The Effect of Household Structure on Women's Economic Activity and Fertility: Evidence from Recent Mothers in Urban Mexico." *Economic Development and Cultural Change* 41 (1): 89–102.

Young, A. 1995. "The Tyranny of Numbers: Confronting the Statistical Realities of the East Asian Growth Experience." *Quarterly Journal of Economics* 110 (3): 641–80.

————. 2012. "African Growth Miracle." NBER Working Paper 18490, National Bureau of Economic Research, Cambridge, MA.

Déclaration sur les avantages environnementaux

Le Groupe de la Banque mondiale s'est engagé à réduire son empreinte environnementale. À l'appui de cet engagement, la Division des éditions et de la connaissance tire maintenant parti des options d'édition électronique et des possibilités d'impression à la demande, à partir de centres régionaux situés partout dans le monde. Ensemble, ces initiatives permettent une baisse des tirages et des distances de transport, ce qui favorise une réduction de la consommation de papier, de l'utilisation de produits chimiques, des émissions de gaz à effet de serre et des déchets.

La Division des éditions et de la connaissance suit les normes relatives à l'utilisation du papier recommandées par l'*Initiative Green Press* (Initiative pour une presse verte). Lorsque possible, les livres sont imprimés de 50 à 100% sur un papier postconsommation recyclé, et au moins 5 % de la fibre utilisée dans la version papier est soit écru ou blanchie à travers a procédé totalement sans chlore (*Totally Chlorine Free*, TCF), de traitement sans chlore (*Processed Chlorine Free*, PCF), ou élémentaire sans chlore amélioré (*Enhanced Elemental Chlorine Free*, EECF).

Davantage d'informations sur la philosophie environnementale de la Banque sont disponibles à l'adresse suivante : http://www.worldbank.org/corporateresponsibility.

www.ingramcontent.com/pod-product-compliance
Lightning Source LLC
Chambersburg PA
CBHW061211220326
41599CB00025B/4602

* 9 7 8 1 4 6 4 8 0 8 2 1 0 *